W0187637

Die Ethnologin Florence Weiss begibt sich auf eine zweimonatige Reise nach Papua-Neuguinea, um dort ihre Freundin, die Iatmul-Frau Miat, zu treffen. Diese ältere Frau, die sie schon seit ihrem ersten Feldforschungsaufenthalt vor vierzehn Jahren kennt, lebt in einer Dorfgemeinschaft am Fluß Sepik und ist Alleinernährerin einer großen Familie. Sie selbst hat elf Kinder, die zum Teil schon erwachsen sind, versorgt aber auch noch die Kinder ihres verstorbenen Bruders mit. Die Iatmul leben vor allem vom Fischfang und vom Sammeln; die Frauen sind die Fischerinnen und für den größten Teil der Nahrungsbeschaffung zuständig, die Männer sind mit den gröberen Arbeiten wie dem Hausbau beschäftigt, außerdem sind sie kunstvolle Schnitzer, deren Arbeiten weit über Papua-Neuguinea hinaus geschätzt werden. Während ihres Aufenthalts führt Florence täglich ein einstündiges Gespräch mit Miat, in dem es um deren Gefühle geht. Der Begleiter und Ehemann von Florence, Milan, übernimmt die Rolle eines Supervisors, mit dem sie die tägliche Sitzung und ihre eigenen Gefühle dabei bespricht. Florence Weiss schildert hier die praktische Umsetzung der ethnopsychoanalytischen Methode, die von Fritz Morgenthaler, Paul Parin und Goldy Parin-Matthèy entwickelt wurde.

›Die dreisten Frauen‹ ist jedoch eher Reise- als Forschungsbericht, eine Schilderung des alltäglichen Lebens von Florence und Milan am Rande des Iatmul-Dorfes. In die Beschreibung der Dorfgemeinschaft aus dem Blickwinkel einer Europäerin sind die Aufzeichnungen der Gespräche mit Miat eingefügt: Der Außensicht der Besucherin wird eine Innensicht gegenübergestellt. In den Gesprächen wird deutlich, wie Miat ihr Leben sieht, welche Bedeutung der tägliche Fischfang und die Nahrungsbereitung für sie haben und welche Gefühle sie ihrer Familie entgegenbringt. Wir lernen ihre Einstellung zu Körperlichkeit und Sexualität, zu den anderen Frauen im Dorf und zu den Männern kennen.

Florence Weiss, Dr. phil., ist Dozentin am Ethnologischen Seminar der Universität Basel; seit 1972 zum Teil mehrjährige ethnologische Forschungen; 1979/80 erste ethnopsychoanalytische Forschung zusammen mit Fritz Morgenthaler. Im Fischer Taschenbuch Verlag veröffentlichte sie 1984 gemeinsam mit Fritz und Marco Morgenthaler ›Gespräche am sterbenden Fluß. Ethnopsychoanalyse bei den Iatmul in Papua-Neuguinea‹.

Unsere Adresse im Internet: www.fischer-tb.de

Florence Weiss

Die dreisten Frauen

Eine Begegnung
in Papua-Neuguinea

Fischer Taschenbuch Verlag

Die Frau in der Gesellschaft
Herausgegeben von Ingeborg Mues

2. Auflage: April 2001

Veröffentlicht im Fischer Taschenbuch Verlag GmbH,
Frankfurt am Main, August 1996

Lizenzausgabe mit freundlicher Genehmigung des
Campus Verlages, Frankfurt am Main/New York
© Campus Verlag, Frankfurt am Main und New York 1991
Druck und Bindung: Clausen & Bosse, Leck
Printed in Germany
ISBN 3-596-12831-5

Inhalt

Für Fritz Morgenthaler

Vorwort
Friederike Kretzen

1. Stellen wir uns die Verhaltenswissenschaften als inszeniertes Theater und theatralischen Dialog vor, der auf verschiedenen, wechselnden Bühnen stattfindet. Die Bühne der ethnologischen Feldforschung wäre das »Dort«. Das »Hier« wäre der Ort der Erinnerung, Wiedererinnerung an die Rolle, die man »dort« gespielt hat, und an die Rollen, die mit einem gespielt haben.

Wiedererinnern, nachdem man in einer fremden Kultur in die Lehre gegangen ist: Im Zusammenhang der Feldforschung heißt Lernen Wiedererinnern. Das systematisierte Gedächtnis von ethnologischer Wissenschaft und Psychoanalyse stellt dafür Entzifferungs- und Interpretationsmöglichkeiten zur Verfügung.

Dem hier vorliegenden Buch geht es um die Vermittlung der Erfahrung, wie Verständnis zwischen zwei Frauen aus unterschiedlichen Kulturräumen erarbeitet werden kann; die Ethnologin versucht ihr Wissen und ihre Erfahrungen mit der fremden Kultur als Teleskop zu handhaben, ihr geschultes Auge schaut, bündelt und kehrt zu sich selbst zurück. So arbeitet sie an der Ferne, indem sie den nahen Blick behauptet. Je klarer sie die Ferne anerkennt, desto dichter kann sie die Nähe bestimmen. Eine Ferne, die nicht nahegebracht wird, kann als Fernes und Fremdes nicht erkannt werden. Ferne kann nur dann deutlich werden, wenn der Beobachter/die Beobachterin die größte Nähe zu behaupten wagt und bereit ist, der allergrößten Nähe, der zu sich selbst, ins ferne, unwirsche Auge zu schauen.

Was für die Feldforschung und ihre Aufarbeitung gilt, läßt sich ebenso für die Vermittlung von Erfahrungen und Erkenntnissen behaupten; auch da ist man Handelnde, Herstellende einer Realität der Vermittlung. Eigene Motive und Ausdrucksvorstellungen müssen an der Darstellung des anderen reflektiert und korrigiert werden. Ethnologinnen und Ethnologen, die Erfahrungen und Erkenntnisse vermitteln wollen, stellen diese im allgemeinen in der Form von Schrift zur Verfügung. Sie sind immer auch Schrift-Steller/Schrift-Stellerinnen; ihre Sprache und ihr Stil stellen eine Erfahrung dar, in der eine andere Erfahrung zur Vermittlung gebracht werden soll.

In welch eigenständiger Form die Frauen der Iatmul etwas zu sagen haben, hat Florence Weiss bereits in früheren Publikationen gezeigt. Dabei wurde auch das Ausmaß deutlich, in dem Ethnologen durch ein unreflektiertes Erkenntnisinteresse die Vorurteile gegenüber »Sprachlosigkeit« und »Bedeutungslosigkeit« der Iatmul-Frauen festgeschrieben haben.

Florence Weiss ist sich in dem Bericht über ihre psychoanalytisch orientierten Gespräche mit einer Iatmul-Frau sehr genau bewußt, in welchem abgedrängten Bereich sie spricht, mit welcher Stimme. Ihr so klar daherkommender Bericht fällt nicht vom Himmel und schreibt sich keiner Seele aus der Enge.

2. Nun, nach diesen Ausflügen möchte ich das Vorwort beim Namen nehmen und versuchen, etwas vor den Worten Liegendes, doch durchaus in ihnen Enthaltenes, am Kragen zu packen. Was vorher war, bevor es zu diesem Buch kommen konnte, ist eine in Jahren gewachsene Beziehung zwischen der Ethnologin Florence Weiss und der Iatmul-Frau Miat. Sie beschließen, sich ihrer Beziehung auf einem Weg hintenherum wieder anzunähern. Was vorher war, ist nicht ohne das Jetzt und dieses nicht ohne das Vorher. Die Arbeit der Geschichte ist eine ständige, vor- und zurückreichende, in der das in den Jahren erworbene Kontingent an Wissen und Erlebnissen zum Grund gemeinsamen Handelns werden kann, auf das hin und von dem fort sich neue Bedeutungen entdecken und in Angriff nehmen lassen.

Florence Weiss ist einer Beziehung verbunden geblieben, über deren Bedeutung sie bereits in ihren vorhergehenden Büchern und Aufsätzen über das Leben der Kinder und Frauen bei den Iatmul im Nordosten Papua-Neuguineas berichtet hat. Daß sie sich nun ausschließlich dieser Beziehung zuwendet, stellt eine Radikalisierung ihrer bisherigen ethnopsychoanalytisch orientierten Forschungstätigkeit dar.

Die in diesen Voraussetzungen begründete Intimität und Existentialität von Beziehung teilt sich der Leserin und dem Leser dann auch gleich von der ersten Seite an mit und schlägt sie in Bann: Da hat sich eine Forscherin etwas aufgespart; hat viele Gespräche mit anderen Frauen geführt, hat Analysen, Verständigungen versucht, bis es ihr an der Zeit schien, sich der Erforschung dieser für sie besonderen Beziehung ganz und ausschließlich zuzuwenden. Insofern ließe sich sagen, daß das vorliegende Buch sowohl mittelbar als auch unmittelbar von Treue handelt.

Und wie Weiss' Bericht sich gestattet, mit der genauesten Rationalität sich den Gedanken, Konflikten und Emotionen zuzuwenden, die entstehen, wenn man sich um Verständnis zwischen zwei Menschen aus unterschiedlichen Kulturen bemüht, mag es erlaubt sein, Treue als konzeptionellen Begriff zu verwenden.

Ich wage den Begriff der Treue hier zu benutzen, um emotionale Bindungen und Faszinationen als wesentlich bestimmende Faktoren von Forschung, Rationalität und Verstehen deutlich zu machen, deren man sich bewußt sein muß, um weiter, »ferner« suchen zu können, was wir noch nicht begreifen.

In meiner schriftstellerischen Arbeit bedeutet Treue die Arbeit an meinen Figuren, bis nichts mehr in mir sie noch an mich verrät. Dann erst kann ich sie versöhnt gehen lassen. Diese Arbeit ist eine an der Sprache, sie ist mein lebendiges Gegenüber, mit dem ich um Verständnis für mich und meine Figuren ringe.

Für die Ethnopsychoanalyse ist dieses Gegenüber der Mensch der anderen, fremden Kultur. Die Ethnopsychoanalytikerin ringt in und mit ihrer Sprache um ein Verstehen der anderen, indem sie ihr eigenes Unverständnis zu entziffern versucht. Was sie dabei herausfindet, stellt sie der anderen als Deutung

9

bzw. Bedeutung wieder zur Verfügung. Insofern ist dieser Bericht hier über die Gespräche der beiden Frauen eine radikale Selbstdarstellung der Ethnologin, die bereit ist, Auskunft zu geben, wie ihre Beobachtungen auf sie als Beobachterin wirken.

Oft sind unsere besten Gedanken und Ideen die unausdenklichen, die wir weiter und weiter tragen, bis wir wieder ein Vorhaben finden, in dem wir sie ein wenig genauer ausprobieren, doch nicht ausdenken können. Nur durch Treue — eine vorsätzliche, zu der man sich immer wieder aufs neue entschließen muß — gelingt es uns, noch nicht zu Ende gedachten Gedanken und Ideen nachzugehen, ihrer Spur in uns zu folgen — einer Spur zudem, die uns in unsere Gründe und Abgründe zu führen scheint, sonst wäre sie nicht so gut verborgen.

3. Florence Weiss' Bericht unternimmt eine Gratwanderung zwischen literarischer Verdichtung und ethnopsychoanalytischer Aufzeichnung. In ihrem Stil lehnt sie sich vor in den Bereich der Literatur, deutet den Raum sprachlichen Handelns in seiner verdichtetsten Form an, bleibt aber in ihrem dezidierten Forschungsinteresse und der deutenden Sprache außerhalb. Ihr Terrain bleibt die analytische Wissenschaft, zugleich steht ihr die ganz andere Annäherung an das Leben der Menschen zur Seite, wie sie der Literatur entspricht.

In ihren Gesprächen gehen die beiden Frauen einen Prozeß miteinander ein, in dem Erkenntnis nur in einer reziproken Balance stattfinden kann. Der Wissensvorsprung der Ethnopsychoanalytikerin ist dabei nur dann sinnvoll und wirksam, wenn er dazu beitragen kann, Verständnis zu ermöglichen und zu erarbeiten.

Die in diesem dialogischen Prozeß gewonnenen Erkenntnisse totalisieren sich nicht, sie breiten sich aus. Hier wird nicht eine stumme Wahrheit über eine fremde Kultur und eine ihrer Stellvertreterinnen ausgesprochen. Die Forscherin reflektiert ihre eigene Kultur in der Begegnung mit der anderen und setzt sich mit Macht und Herrschaft auseinander, deren Subjekt und zugleich Instrument sie ist. Das heißt, sie muß auch immer wieder in Frage stellen und Antworten darauf suchen, was Wissen, Wahrheit, Bewußtsein ist.

Über das dabei entstehende Wechselspiel von Anziehung und Abwehr, Begeisterung und Enttäuschung, Gemeinsamkeit und Einsamkeit will Florence Weiss berichten. Subjektive Authentizität wird so als Modell von Kommunikation, als Ziel existentieller Auseinandersetzung mit fremder Kultur deutlich.

Die große, faszinierende Leistung, die dem Buch zugrunde liegt, ist die Behauptung und das ungeheure Vertrauen, das die Forscherin haben muß, zu sagen: »Wir können uns verstehen.« Das heißt, der anderen ebensolche Gefühle wie sich selbst zuzugestehen, mögen sie noch so anders ihren Ausdruck finden. Das zu behaupten braucht Mut, und damit meine ich den Entschluß, sich mit seinen Ängsten zu konfrontieren, um Menschen zu erforschen, indem man sich als Mensch zu erkennen gibt.

4. Im Titel dieses Buches drückt sich etwas von der Gewalt aus, die sich Frauen in unserer Kultur antun müssen, um sich für sich zu entscheiden und ihre Interessen durchzusetzen. Dieser Entschluß geschieht oft genug mit einem unverhältnismäßigen Kraftaufwand, worin sich Unsicherheit ausdrückt, als Reflex des Blicks der anderen, der Männer und ihres Mißtrauens: Was kann daraus schon werden, die gehen baden oder die drehen auf, und dann, na ja. Schon gelten sie als dreist und nicht etwa als eigenwillig.

Frauenforschung hat sich als anerkannter, eigenständiger Forschungsbereich der Ethnologie zunehmend durchgesetzt. Infolge der dabei entstandenen Perspektiverweiterung ist eine Geschichte der Ethnologie deutlich geworden, in der es immer wieder erstaunliche Ansätze von Frauenforschung gegeben hat. Warum diese Ansätze nicht fortgesetzt werden konnten, was mit ihnen im Verhältnis zur »herrschenden« Ethnologie geschah, ist Teil einer Aufarbeitung ethnologischer Praxis und Theorie, die sich dem »unsichtbaren« Bereich von Gesellschaft zuwendet, in dem die Frauen eine ganz andere, nichtrepräsentative Art von Bedeutung und Macht entfalten.

Von seiten unserer Kultur stehen diesem unsichtbaren Bereich auch weiterhin große Widerstände entgegen, ihn ans Licht zu heben, in einen anderen Blick zu bekommen, braucht Kraft und Eigenwillen, Attribute, die bei Frauen oft aggressiv wirken, als ob sie zu allem entschlossen wären, eben dreist.

Die dreisten Frauen

Lorette ruft an. Sie will nicht, daß ich nach Papua-Neuguinea reise. Von meiner Forschung mag sie nichts mehr hören. Als ich einwende: »Ich besuche meine Freundin Miat«, entgegnet sie: »Was soll das heißen? Meine Freundin Miat besuchen. Und ich? Ich bin auch deine Freundin. Mich läßt du hier zurück. Du wirst mir fehlen. Weshalb reist du wieder zu den Papuas?« Ich freue mich darauf, wegzufahren. Ich will nicht nur alte Freunde wiedersehen, sondern neue Menschen kennenlernen und meine Forschungen fortsetzen. Das Unbekannte zieht mich an. Manchmal wache ich mitten in der Nacht aus einem Traum auf. Das ist immer so vor der Abreise. Das Unbekannte macht mir angst. Ich muß mich in Bewegung setzen, um von hier wegzukommen. Lorette reist selbst viel in der Welt umher, und sie weiß, weshalb ich gehe. Das ändert nichts an den Gefühlen. Trennungen fallen uns schwer. Nachdem wir ein letztes Treffen verabredet haben, hänge ich auf und kehre zu meinem Schreibtisch zurück.

Zuoberst auf den Papieren liegt ein Brief. Er ist von einem irischen Freund. Er unterrichtet an der Universität in Port Moresby, der Hauptstadt von Papua-Neuguinea. Er lädt Milan und mich ein, bei ihm zu wohnen. Seit meiner ersten Forschung in Papua-Neuguinea hat sich vieles verändert. Die Widersprüche zwischen Stadt und Land, Arm und Reich, Frauen und Männern treten schärfer hervor. In den Städten häufen sich Überfälle und Vergewaltigungen. Die Vorstellung, eine Woche in einem klimatisierten und bewachten internationalen Hotel zu verbringen, ist mir unangenehm. Ich bin erleichtert, daß wir bei unserem Freund wohnen können, der so gut über alles Bescheid weiß, was im Lande vor sich geht. Ich bin auch neugierig. Er schreibt, daß er vor vier Monaten Susan geheiratet hat. Ich glaube nicht, daß ich sie kenne. Ich erinnere mich an die Frauen, die ich in seiner Umgebung getroffen habe: die Amerikanerin, die Engländerin, die Australierinnen – keine von ihnen hieß Susan.

Ich schaue auf den Tisch, auf dem sich Papiere und Bücher stapeln. Mein Blick fällt auf das Foto von Miat. Es ist ein altes Bild. Vor vielen Jahren habe ich es aufgenommen. Seither steht es da. Miat ist eine Papua-Frau mit gekraustem Haar und brauner Haut. Während der langen Zeit, die ich in ihrem Dorf gelebt und geforscht habe, ist sie meine Freundin geworden. Miat sitzt im Schneidersitz auf der Erde und hält ihren Säugling in die Höhe. Ein Haus auf Pfählen mit einem blättergedeckten Dach ist unscharf im Hintergrund zu erkennen. Ich erinnere mich an die Hitze und an den schweren Geruch der tropischen Vegetation.

Lorette hat recht. Weshalb fahre ich weg? Und während ich das Foto von Miat anschaue, fällt mir wieder Susan ein. Warum bin ich davon ausgegangen, sie sei eine weiße Frau? Sie könnte doch genausogut eine Neuguinenserin sein wie Miat. Bestimmt wird sie gebildet sein und nicht wie Miat, die weder lesen noch schreiben kann. Susan eine schwarze Frau, ihr Mann ein Politologe aus Irland? Es wäre möglich. Ich, die ich mich nie um die Hautfarbe gekümmert habe, stelle mir solche Fragen. Die Hautfarbe, die Bildung, der Besitz, die Macht, das Geschlecht spielen eine Rolle. Was habe ich mit all dem zu tun? Ich fahre von neuem in die Fremde, in ein Land der Dritten Welt, wo ich die Fremde sein werde. In ein Land, das von Weißen kolonisiert und entkolonisiert wurde, in dem immer noch Weiße herrschen. Soll ich mich erneut in solche Situationen begeben? Manchmal vergehen mir meine Neugier und Lust.

Zwei Wochen später sitzen Milan und ich im Flugzeug. Als wir in Port Moresby landen, ist es Nacht. Die Tür wird geöffnet, und wir gehen die Treppe hinunter in die Halle. Von der Decke hängen Ventilatoren, die sich langsam drehen. Nach den Stunden im Flugzeug wärmt die nächtliche Luft meinen Körper. Ich halte nach unserem Freund Ausschau. Selbst im Taxi sei es gefährlich, nachts zu fahren. Er steht hinter der Schranke, neben ihm eine schwarze Frau. Das muß Susan sein. Als wir uns begrüßen, lacht sie mich an. Er macht eine Bemerkung über die reiche Schweiz. Er liebt die Provokation. Dann erzählt er die letzten Neuigkeiten. Zu Hause lassen wir uns in seinen bequemen Sesseln nieder. Er holt eine Flasche australischen Wein aus dem Kühlschrank. Wir reden über Sexskandale hoher Beamter, über Geldprobleme der Universität, über das Gold, das im ganzen Land gefunden wird. Es sollen die größten Vorkommen der Welt sein.

Ich schaue Susan an. Sie sitzt mir gegenüber und hat das Glas Wein vor sich auf den Boden gestellt. Auch sie schaut mich immer wieder durch ihre großen Brillengläser an. Susan trägt ein Kleid, und ihre Füße stecken in Schuhen mit Absätzen. Sie sagt wenig. Wenn sie in das Gespräch eingreift, spricht sie ein gutes Englisch.

Am nächsten Morgen hat sie ein Tuch um die Hüfte gebunden und eine Bluse angezogen. Und würde sie keine Brille tragen, könnte man meinen, sie sei eine Frau aus dem Dorf. Später erfahre ich, daß sie gestern eine Sitzung an der Universität hatte und sich deshalb australisch gekleidet hat, damit ihre Argumente bei ihren Kollegen mehr Gewicht haben. Susan gefällt mir. Sie kennt sich in der Welt des Dorfes aus, wo sie als Kind aufwuchs, und in der Welt der Hauptstadt, der Universität, der Elite. Ich genieße es, mit ihr zu diskutieren. Sie hat in Sydney studiert und spricht die Sprache der Intellektuellen.

Es ist später Nachmittag. Susan kommt eben von ihrer Vorlesung zurück. Ich verbrachte den ganzen Tag in der Bibliothek. Ich fand neue Arbeiten über die ökonomische Entwicklung des Landes, doch über die Situation der Frauen stand wenig darin. Susan sitzt mir gegenüber und dreht sich eine Zigarette. So würde sie weniger rauchen, sagt sie. Ich frage mich, was sie für eine Einstellung hat. Ist sie vielleicht der

Ansicht, den Frauen gehe es gut und die Probleme bestünden nur in den Köpfen der Feministinnen? Als ich ihr erzähle, wie es mir in der Bibliothek erging, steht Susan auf und verschwindet im hinteren Zimmer. Mit mehreren Manuskripten unter dem Arm kehrt sie zurück. Sie hält sie mir hin und sagt: »Wenn du dich für die Situation der Frauen interessierst, ich habe darüber geschrieben.« Ich nehme den obersten Artikel in die Hand: »Tradition als Instrument der Unterdrückung der Frau«. Das habe ich nicht erwartet. Susan und ich geraten in Diskussionen. Ich erfahre, wie es dazu kam, daß sie als Mädchen studieren konnte. Wie sie auf Widerstand stieß, als sie sich für naturwissenschaftliche Fächer entschied. Daß ihr Chef sie nicht mag, weil sie mit ihrer Meinung nicht zurückhält. Wie sie und eine Freundin zur Internationalen Frauenkonferenz in Nairobi eingeladen wurden und an ihrer Stelle zwei Männer hinfuhren. Diese waren der Meinung, sie wüßten über die Frauen ihres Landes besser Bescheid. Vor allem aber wollten sie sich die Gelegenheit nicht entgehen lassen, eine Reise ins ferne Afrika zu machen.

Ich denke an Miat und die Frauen im Dorf und wie sehr sich ihr Leben und ihre Probleme von jenen Susans unterscheiden. Mit Susan finde ich sogleich eine gemeinsame Ebene. Die Sprache der Intellektuellen, die Universität, das Patriarchat, der Kapitalismus und unsere Interessen verbinden uns. Mit den Frauen im Dorf gibt es solche Gemeinsamkeiten nicht. Sie leben ein Leben, von dem ich zunächst nichts wußte, das so verschieden ist von meinem eigenen. Erst meine lange Beschäftigung mit der Dorfkultur der Iatmul und meine Beziehung zu Miat führten dazu, daß mir die Frauen im Dorf heute nahestehen.

Susan steht auf und holt eine Flasche aus dem Kühlschrank. Wir sitzen in bequemen Stühlen, der Ventilator dreht sich, der kühle Wein schmeckt uns. Es ist still. Susan beginnt zu sprechen: »Früher brauchte in diesem Lande niemand Geld, was man nicht selbst hatte, wurde eingetauscht. Heute sind es die Männer, die in den Dörfern Produkte anbauen, die auf dem

Weltmarkt verkauft werden: Kaffee, Kakao, Kopra. Wem gibt man Kredite, um ein Unternehmen aufzubauen? Den Männern. Die Frauen ernähren wie früher ihre Familien, doch da diese Arbeit unbezahlt ist, scheint sie weniger wertvoll zu sein. Wer bestimmt die Politik dieses Landes? Wer studiert an den Universitäten? Wer besitzt einen Laden oder eine Tankstelle? Und wen siehst du in den Hotels und in den Bars? Überall nur Männer. Und dabei hatten alle bei der Unabhängigkeit im Jahre 1975 die besten Absichten. Wir wollten die von den Australiern eingeführten Strukturen aufbrechen und Gleichheit zwischen Frauen und Männern und zwischen allen Bevölkerungsgruppen in unserem Land schaffen. Wir dachten, unser Land könnte wirklich unabhängig werden. Doch dazu ist es wie überall auf der Welt nicht gekommen. Die Ungleichheiten sind größer denn je, und Neuguinea ist abhängiger vom internationalen Kapital als je zuvor.« Susan spricht leidenschaftlich und ohne Vorwurf. Sie ist über die Entwicklung nicht erstaunt und erwartet nicht, daß sich die Männer den Frauen zuliebe ändern werden. »Weshalb sollten sie auf all die Privilegien, welche ihnen das Patriarchat bietet, verzichten?« Susan kommt aus einer Gesellschaft, in der die Frauen sich von den Männern abgrenzen und es immer verstanden haben, ihre Interessen zu vertreten. Ich sehe Susan an und beneide sie. Sie beugt sich zu mir, und wie ein Geheimnis klingt, was sie mir nun sagt: »Heute erhielt ich einen Brief von einer Freundin. Sie ist die sechste Frau unseres Landes, die ein Stipendium für ein Studium im Ausland erhielt. Auch sie hat ihre Studien in kürzerer Zeit als die Männer abgeschlossen. Die meisten von uns schaffen es. Wir werden dies als Argument benutzen, damit vermehrt Frauen statt Männern Stipendien gewährt werden.«

Eine Woche später fliegen Milan und ich in die kleine Provinzhauptstadt im Norden. Wir steigen wie immer im gleichen Hotel ab, nehmen ein Zimmer mit einem Ventilator, das aufs Meer hinausgeht. Nur ein Sandstrand, von Palmen gesäumt, trennt uns vom Pazifischen Ozean. Wir finden seit unserem ersten Aufenthalt vor vierzehn Jahren, dies sei das schönste Hotel der Welt.

Als der Abend sich nähert, werde ich unruhig. In der Stadt leben mehrere Leute vom Dorf, und die Wahrscheinlichkeit, daß wir jemanden treffen, ist groß. Die weiße Hotelbesitzerin hat den Schwarzen hinter dem Speisesaal einen Platz zugewiesen, wo sie den Gästen Schnitzereien, Taschen und Schmuck zum Kauf anbieten können. Beim Einbruch der Dunkelheit gehe ich über die Hotelterrasse zum Verkaufsplatz. Ich sehe mich um und erblicke Karu. Ich kenne sie gut, denn ich habe mit ihr und ihren Geschwistern vor vierzehn Jahren Gespräche über den Alltag der Iatmul-Kinder geführt. Karu breitet ein Tuch aus und legt Muschelketten und Taschen sorgfältig darauf. Ich gehe auf sie zu, da schaut sie auf, hebt beide Arme in die Höhe und ruft meinen Namen. »Du bist es!« sagt sie immer wieder und läßt meine Hand nicht mehr los. Sie zieht mich zu sich auf den Boden. Karu will wissen, wie lange ich bleiben werde, wo Milan sei und ob wir ins Dorf fahren würden. Dann erzählt sie, was sich in der Zwischenzeit ereignet hat. Sie, die das Dorf nie verlassen wollte, sei in die Stadt gezogen. Sie habe Arbeit gefunden, und dann habe sie sich in einen Mann von hier verliebt und ein Kind bekommen. Wir lachen beide, denn Karu hielt früher nichts von Männern und dachte nicht daran, sich zu verlieben. Während wir miteinander reden, spazieren einzelne Gäste an uns vorbei und sehen sich die ausgebreiteten Waren an. Sie wundern sich über uns. Eine weiße Frau sitzt nicht mit einer schwarzen Frau zusammen am Boden und führt mit ihr vertrauliche Gespräche. Bevor ich mich von Karu verabschiede, will ich wissen, wie es Miat geht. Es gehe ihr gut, und all ihre Kinder außer der ältesten Tochter lebten zur Zeit auch im Dorf. Als ich aufstehe, um zu gehen, sagt Karu, daß sie morgen wahrscheinlich wieder kommen wird.

Den ganzen Tag machen Milan und ich Einkäufe. Wir müssen einen Haushalt zusammenstellen und Lebensmittel besorgen, die es im Dorf nicht gibt. Wir füllen Kartonschachteln mit Pfannen, Geschirr, Suppenbeuteln, Spaghetti, Tomatenbüchsen und Getreideflocken. Wie ich von Karu erfahren habe, fanden die Frauen heraus, daß sich Vervielfältigungsmatrizen besser zum Einfärben von Schnüren eignen, aus denen sie Taschen für den Verkauf an Touristen herstellen, als die Pulverfarben, die sie früher benutzt hatten. Die Farben der Matrizen sind ausgiebiger und haltbarer. Das sei ein gutes Geschenk für die Frauen im Dorf, meinte Karu. Solche Matrizen gibt es nur im Laden für die Regierungsbeamten. »Wieviel wollen Sie haben?« will der Verkäufer wissen. — »Je zehn Blatt von blauen, grünen und roten Matrizen.« — »Wir verkaufen nur schachtelweise à vierzig Blatt.« Ich zögere. Material für die Büros der Staatsbeamten soll nun gleich schachtelweise fürs Einfärben von Taschen umfunktioniert werden. »Okay«, sage ich und denke, daß die Frauen im Dorf besser wissen als ich, wozu das gut ist. Ich packe die Matrizen in einen Karton ein, in dem bereits Stoffe und Fischhaken für die Frauen im Dorf liegen.

Am Abend, zurück im Hotel, gehe ich zum Verkaufsplatz, um nach Karu zu sehen. Da springt eine Frau auf, die mit anderen zusammen Waren anbietet, und ruft mir aus mehreren Metern Entfernung zu: »Die Frau von gestern ist heute nicht da. Du könntest jetzt mit mir sprechen. Aber du verstehst ja kein Iatmul. Was bist du nur für eine Frau, du kommst immer wieder zum Sepik und kannst nicht einmal unsere Sprache. Der weiße Mann, der bei uns gelebt hat, der konnte alles, auf die Jagd ging er, geschnitzt hat er, er lebte wie wir, und er sprach Iatmul. Du aber kannst nur Pidgin!« Ich kenne die Frau nicht. Sie veranstaltet mit mir eine Art aggressiven Flirt. Sie hat die Vertrautheit, die sich gestern abend zwischen mir und Karu gezeigt hat, wahrgenommen und mischt sich nun ein, sie will auch etwas mit mir haben. Auf den Mund gefallen ist sie nicht. Sie provoziert und prüft mich. Jetzt muß ich, wie eine Iatmul-Frau das tun würde, mit derselben Frechheit und Sprachgewandtheit parieren. Ich sage: »Ah, jetzt verstehe ich, weshalb ich nur schlecht Iatmul kann. Hätte ich dich schon früher getroffen, du hättest mir Iatmul längst beigebracht. Eine Frau, wie du eine bist, die hat mir gefehlt.« Sie lacht und verwickelt mich in ein

Gespräch, jetzt stört sie mein Pidgin nicht mehr. Plötzlich fühle ich mich müde. »Das sind die Einkäufe«, denke ich und verabschiede mich.

Ich gehe über die Terrasse zum Hotelzimmer, um mich auszuruhen. Da sehe ich Milan. Er sitzt da, mit einem Papua in ein Gespräch verwickelt. Er lehnt sich im Stuhl zurück, hält ein Glas in der Hand und hört sich aufmerksam an, was ihm der Schwarze erzählt. Ich setze mich hinzu. Kennen sich die zwei von früher? Ich weiß es nicht und habe auch keine Lust zu fragen. Ich suche eine möglichst bequeme Lage im Sessel und bemerke, daß meine Müdigkeit verflogen ist. Es war diese fuchtelnde Frau mit ihrer aufgedrehten und provozierenden Art, die mich müde machte. Es ist, als ob ich es vergessen hätte, als ob ich hierherkommen mußte, um es wieder zu erfahren: Expansiv, verbal versiert und provokativ sind die Iatmul. Frauen, Männer und Kinder, Karu kann so sein und auch Miat. Eben diese Expansivität, Verbalität und Nonchalance hat mir an den Iatmul-Frauen immer gefallen. Frauen, die ihre Familie ernähren, die Mutterschaft und außerhäusliche Arbeit vereinen können, die offen ihre Meinung äußern, die eine Frauengruppe haben, das war etwas Neues für mich, und ich war voller Bewunderung. Auch nachdem ich begriffen hatte, daß die Lebensweise und Kraft dieser Frauen nicht einfach ihre persönliche Leistung sind, sondern daß sie eng mit den gesellschaftlichen Bedingungen zusammenhängen, blieb meine Bewunderung bestehen. Weshalb also meine plötzliche Müdigkeit? Freue ich mich etwa nicht darauf, Miat wiederzusehen? Miat ist seit meinem ersten Aufenthalt vor vierzehn Jahren die wichtigste Person für mich im Dorf. Während anderthalb Jahren haben wir uns fast täglich gesehen, ich habe bei Miat gewohnt, mit ihr Gespräche geführt, bin mit ihr auf die Seen und zum Markt gefahren. Alle nannten uns die zwei Schwestern. Und dann, als wir Jahre später ins Dorf zurückkehrten, kam es zwischen uns zu einer heftigen Auseinandersetzung. Ich hatte mir erhofft, daß die psychoanalytische Methode mir ermöglichen würde, das Denken und Fühlen der Iatmul besser zu verstehen. Doch als wir begannen, psychoanalytische Gespräche mit ihnen zu führen, wollte ich Miat nicht einbeziehen. Ich dachte, Psychoanalyse und Freundschaft schließen sich aus. Wie falsch meine Überlegungen waren, merkte ich erst, als es schon zu spät war. Miat akzeptierte es nicht, daß ich mich täglich anderen Frauen zuwandte. Um so mehr, als eine dieser Frauen ihre eigene Tochter war. Da kam es zwischen uns zu einem Streit, der zum Tagesgespräch des ganzen Dorfes wurde.

Ich finde im Sessel keine bequeme Stellung mehr und gehe zum Hotelzimmer. Nein, ich freue mich, Miat wiederzusehen. Was mich plagt, ist Angst. Seit Wochen setze ich alles in Bewegung, um nach Neuguinea reisen zu können. Ich beantrage Forschungsgelder, ich überzeuge Milan, mich zu begleiten, und ich organisiere all die tausend Dinge, die vor einer langen Abwesenheit erledigt werden müssen. Jetzt stehe ich auf der Terrasse des Hotels am Pazifischen Ozean und spüre die Brise, die vom Meer her weht. Was mich plagt, ist die Angst vor der Erfüllung der eigenen Wünsche: Miat wiederzusehen und mit ihr täglich Gespräche zu führen. Ich öffne die Tür zum Hotelzimmer. Da stapeln sich die Kartonschachteln voller Eßwaren und Hausrat für den Aufenthalt im Dorf. Ich stelle den Ventilator an und setze mich aufs Bett, den einzigen freien Platz.

Zwei Tage später laden wir unser Gepäck auf einen kleinen Lastwagen und nehmen Abschied von der Provinzhauptstadt und all dem Luxus, den dieser nichtssagende Ort zu bieten hat. Im Vergleich zum Dorfleben sind elektrisches Licht, fließendes Wasser, gekühlte Getränke, ein Ventilator und ein Kino der Inbegriff von Luxus.

Nach sechs Stunden mühsamer Fahrt auf ungeteerten und ausgefahrenen Straßen kommen wir am Sepikfluß an. Ich springe von der Ladefläche und gehe zum Ufer, um mich nach einer Transportmöglichkeit umzusehen. Mir fällt ein junger Mann auf, der in einem silbergrau bemalten Kanu steht und mich durch seine große Sonnenbrille keck anschaut. Ob er bereit sei, uns zu fahren. Er zögert, springt ans Ufer und kommt auf mich zu. Er nennt einen völlig überhöhten Preis. Ich gehe auf die Hälfte herunter. Er will wissen, wieviel Gepäck und Personen zu fahren sind. Nach einigem Hin und Her ist er einverstanden. Zufrieden, so schnell eine Transportmöglichkeit gefunden zu haben, kehre ich zum Lastwagen zurück. Milan ist dabei, eine Kartonschachtel von der Ladefläche zu heben. Er hält inne und wundert sich: »Weshalb hast du es so eilig, wir haben doch Zeit. Hier am Sepik führt Eile nirgendwo hin!«

Die Reise dauert vier Stunden. Der junge Mann kennt sich aus und fährt sicher. Bald schlafe ich ein. Milan weckt mich, als wir uns dem Ufer nähern. Ich setze mich, löse das Tuch, das ich gegen die Sonne um den Kopf gebunden habe, und fahre mit der Hand durch die Haare. Vielleicht ist Miat gerade heute zum Fluß gekommen und erscheint in diesem Augenblick am Ufer. Die Frauen, die hier wohnen, Kinembe und Pamdaua, werden bestimmt da sein. Es tauchen drei Kinder auf, die aufgeregt hin und her laufen, und da sind auch schon die Frauen. Das Kanu legt an, und als ich das steile Ufer hinaufsteige, kommt mir Kinembe entgegen. Sie sagt in einem fort: »Es ist gut, euch wiederzusehen.« Sie hat mich fest bei der Hand gefaßt und geht voran. Als wir oben angekommen sind und uns gegenüberstehen, umarmen wir uns. Jetzt hält mir Pamdaua die Hand hin, schaut mich von oben bis unten an, wirft einen Blick ins Kanu und sagt: »Du hast noch immer kein Kind und reist noch immer umher wie ein Mann!« Das ist Pamdauas Art, trocken und treffend. Ein kleines Mädchen springt an mir hoch. Es ist Goli, Kinembes Tochter, die mich ohne Scheu umarmt. Watkut aber, Kinembes jüngste Tochter, versteckt sich hinter ihr und streckt neugierig den Kopf hervor. Auch Pamdauas Sohn, der immer mit Jimmy und nie mit seinem Iatmul-Namen angesprochen wird, verbirgt sich hinter seiner Mutter. Neben den Frauen und den Kindern steht ein junger Mann, den ich zuerst nicht erkenne. Er stellt sich als Schwiegersohn von Miat vor.

Außer den Wohnhäusern steht hier am Fluß noch ein leeres Haus. Die Frauen, die zum Markt fahren, oder Leute, die in den Gärten arbeiten, die zwischen dem Dorf und dem Fluß liegen, finden darin Schutz vor einem plötzlichen Regen und können Geräte und Habseligkeiten einstellen. Milan hat mitgeholfen, das Haus zu bauen, und so können wir es während unseres Aufenthaltes benützen. Alle wissen das, und niemand verliert ein Wort darüber. Die drei Kinder heben begeistert Gepäckstücke hoch und gehen voran. Kinembe und ich tragen einen schweren Metallkoffer. Schweißperlen laufen uns übers Gesicht. Wie viele Waren wir Weißen stets mit uns haben müssen, als ob wir ohne sie verloren wären! Beim Haus angekommen, stellen wir den Koffer auf den Boden. Die Treppe, die hinauf führt, ist kaputt. Die Bindungen haben sich gelöst, und zwei Stufen hängen schräg herunter. »Niemand sorgt für dieses Haus«, sagt Kinembe. Sie ruft den jungen Mann und schickt ihn ins Dorf, er soll Temben, Miats Mann, ausrichten, daß Florence und Milan gekommen sind und die Treppe geflickt werden muß. Der junge Mann nickt und macht sich auf den Weg.

Mit einiger Mühe tragen wir unser Gepäck hinauf. Dann setzen wir uns inmitten der Kartonschachteln, Metallkoffer und der zusammengerollten Matratze auf den Boden. Obwohl wir schon mehr als zwei Wochen in Papua-Neuguinea sind, habe ich erst jetzt den Eindruck, angekommen zu sein. Das Wiedersehen mit Kinembe, Pamdaua und den Kindern, das Haus, in dem wir nun die nächsten Monate leben werden, geben mir das Gefühl von Vertrautheit. Ich ziehe meine Sandalen aus und sehe mich um. Wie alle Häuser der Iatmul besteht auch dieses aus einem großen überschaubaren Raum ohne Zwischenwände und mit einem offenen, hohen Dachstuhl. Es ist angenehm hell; da hier niemand wohnt, sind die Wände und die Innenseiten des Daches nicht vom Rauch des Feuers geschwärzt. Licht fällt vorne durch die Tür und zwei Fensteröffnungen herein, hinten durch eine weitere Öffnung. Durch die Tür sehe ich über die grüne Fläche tropischer Gräser zum Fluß, hinten auf den Weg, der vom Fluß zum Dorf führt. Alle Leute, die zum Sepik kommen, gehen hier vorbei.

Milan und ich beraten mit Kinembe und Pamdaua, wie wir uns am besten einrichten. In den hinteren Teil gehört das

Moskitonetz, vorne links, neben der Tür, wird die Küche eingerichtet. Das nimmt Milan in die Hand, er hat versprochen, für
das Essen zu sorgen. Nachdem ich mit Kinembe das Netz aufgehängt und die Matratze hineingelegt habe, zünde ich mir eine
Zigarette an. Ich schaue auf die Uhr. Das Dorf liegt dreißig
Minuten entfernt. Vor einer Stunde hat sich der junge Mann auf
den Weg gemacht. Jetzt könnten Miat und Temben schon da
sein. Ich gehe am Moskitonetz vorbei zum Fenster, auf dem
Weg ist niemand zu sehen. Kinembe, die sich bei der Tür niedergelassen hat und mich beobachtet, meint: »Du bist ungeduldig. Sie kommen schon.« Ich denke, wie aufmerksam Kinembe
ist, und setze mich zu ihr hin. Sie beginnt zu erzählen, was sich
seit meinem letzten Aufenthalt vor anderthalb Jahren zugetragen hat. Während ich ihr zuhöre und sie anschaue, habe ich ein
Gefühl von Genugtuung und Freude. Wie verändert Kinembe
ist, wie selbständig und sicher sie geworden ist. Die Ver-
gangenheit geht mir durch den Kopf. Ich begreife, wie es dazu
gekommen ist, daß Kinembe ihre frühere Hemmung überwun-
den hat.

In diesem Moment ruft Goli: »Temben kommt!« Milan und
ich stehen gleichzeitig auf und gehen zur Tür. Unten an der
Treppe steht Temben. In der Hand hält er ein Stück Rotang.
»Ich flicke zuerst die zwei Sprossen, dann erst begrüßen wir
uns.« — »Aber nein«, sage ich, »laß das, das hat noch Zeit.«
Doch Temben beginnt ruhig, mit einem Messer den Rotang in
Streifen zu zerschneiden, und hält Jimmy an, die alten Bindun-
gen restlos aufzulösen. Als er genügend Stücke zurechtge-
schnitten hat, gibt er dem Knaben Anweisungen, wie er die
Treppensprosse halten soll, und beginnt sie festzubinden. Ich
möchte fragen, wo Miat bleibt, doch ich mache es noch nicht.
Ich gehe in den hinteren Teil des Hauses und schaue Richtung
Dorf. Von Miat fehlt jede Spur. Ich kehre zur Tür zurück.
Temben ist dabei, die zweite Stufe festzubinden. Als er damit
fertig ist, kommt er die Treppe herauf, wippt auf den Stufen,
um zu prüfen, ob sie auch gut halten. Er nickt zufrieden.

Mit weit ausgebreiteten Armen geht er auf Milan zu, und die

24

beiden umarmen sich. Dann wendet er sich an mich, und wir geben uns die Hand. Temben schaut sich im Haus um, nimmt einen kleinen Besen, der auf einem Balken liegt, und fegt damit Spinnweben, welche das Gebälk und die Innenseite des Daches überziehen, herunter. Milan und ich stehen ratlos da und schauen ihm zu. Temben hat in seiner Art, für uns zu sorgen, etwas Selbstverständliches, ja Souveränes. Wir sagen nichts und setzen uns hin. Nach einer Weile legt er den Besen auf den Balken zurück und setzt sich zu uns. »Das Haus ist in Ordnung«, sagt er, »was noch fehlt, ist eine Toilette. Ich werde euch eine bauen. So lange könnt ihr die von Kinembe und Pamdaua benützen.« Tembens Treppenreparatur und seine Putzaktion haben meine Frage nach Miat in den Hintergrund treten lassen, doch jetzt will ich wissen, wo sie ist. Temben wirft mir einen kurzen Blick zu, greift hinter das rechte Ohr und bringt eine selbstgedrehte Zigarette zum Vorschein, die er sich in aller Ruhe anzündet. Ich schätzte Temben stets als etwas harmlos ein, in diesem Augenblick wird mir klar, wie unrecht ich damit habe; Temben scheint meine Ungeduld und Neugier genau wahrzunehmen, und er weiß auch, daß seine Frau und mich etwas Besonderes verbindet. Temben ist vorsichtig und abwartend. Er nimmt einen tiefen Zug und beginnt zu sprechen: »Als ich gestern vom Garten zurückkam, fand ich Miat ohnmächtig vor dem Haus am Boden liegen. Es schüttelte sie vor Kälte. Ich glaube, sie hat Malaria. Sie ist noch immer krank und konnte nicht kommen. Sie grüßt dich.«

Ich mache mir Sorgen: ausgerechnet Malaria. An Malaria ist Miat während meines ersten Aufenthaltes am Sepik beinahe gestorben. Als ich ihr Medikamente gab, mußte sie sich erbrechen. Vier Tage lag sie schon auf ihrer Matte, ohne zu essen, mit hohem Fieber. Krankheiten zu heilen ist vor allem Aufgabe erfahrener Männer. In Miats Familie gab es mehrere: ihren Vater, ihren Onkel und ihren Schwiegervater. Am vierten Tag schickte Temben nach seinem Vater. Er kam, machte einen Zauber, doch Miats Zustand besserte sich nicht. In der Regel verhielt ich mich gegenüber den Angelegenheiten der Iatmul zurückhaltend. Als ich aber sah, wie sich Miats Zustand von Tag zu Tag verschlechterte, mischte ich mich ein. Ich ging zu Miats Vater, Nagwan, und sagte: »Miat ist deine einzige Tochter und meine beste Freundin. Sie ist schwer krank. Morgen möchte ich mit ihr auf die Missionsstation fahren, wo sie eine Spritze gegen Malaria bekommen kann. Ist dir das recht?« Nagwan war einverstanden, doch wollte er noch am selben Abend einen Zauber machen, und erst wenn es Miat am folgenden Morgen nicht besser ginge, sollte ich es mit der Medizin der Weißen versuchen.

Am nächsten Tag war Miat unverändert krank. Den Weg vom Dorf zum Sepik legt man bequem in 30 Minuten zurück, wir benötigten weit mehr als eine Stunde. Miat stützte sich auf mich, und immer wieder setzte sie sich an den Wegrand, um Kräfte zu sammeln. Kaum hatten wir das Motorkanu bestiegen, schlief sie erschöpft ein. Auf der Missionsstation eilten zwei schwarze Schwestern zum Ufer. Sie stützten Miat links und rechts und trugen sie mehr, als daß sie ging, ins einzige Krankenzimmer. Dort gaben sie ihr eine Spritze. Zurück im Dorf, fiel Miat in tiefen Schlaf. In der Nacht schaute ich nochmals bei ihr vorbei, da saß sie auf einer Matte und wartete ungeduldig auf ihr Essen, das ihre älteste Tochter zubereitete. Ich war erleichtert und mit mir zufrieden. Einige Tage später erwähnte Miat beiläufig: »Nun siehst du, wie der Zauber meines Vaters gewirkt hat. Er hat mich wieder ganz gesund gemacht.« Das hatte ich nicht erwartet. Ich fühlte mich zurückgestoßen. Ich hatte den Eindruck, daß Miat mein Engagement für sie als unwesentlich abtat. Erst später verstand ich, weshalb es für sie so wichtig war, daß ihr Vater und nicht ich und die weiße Medizin sie gesund gemacht hatte. Gerade weil ich mich so sehr für sie eingesetzt hatte, mußte sie das Gefühl bekommen, von mir abhängig zu sein. Indem sie sich auf ihre eigene Kultur und die Zauberkräfte ihres Vaters bezog, konnte sie sich mir gegenüber weiterhin als selbständige Frau erleben. Damals begriff ich, wie geschickt es Miat verstand, mit unserer Beziehung umzugehen.

Die Sorgen um Miats Krankheit müssen auf meinem Gesicht

geschrieben stehen, denn Temben versichert mir, ich solle mir keine Gedanken machen, da Miats Krankheit praktisch vorbei sei.

Am folgenden Tag richten wir uns ein: Eßwaren müssen umgepackt, Kleider ausgepackt und auf Schnüre gehängt werden, damit sie in der Feuchtigkeit nicht schimmeln. Mitten in unsere Emsigkeit kommt Kinembe. Sie hält mir mein eigenes Buch entgegen, »Gespräche am sterbenden Fluß«. Das habe ihr eine weiße Frau, die mit dem Touristenschiff gekommen sei, geschenkt. Strahlend zeigt Kinembe auf ihr Foto: »Nicht schlecht sehe ich da aus. Ich zeige es immer wieder Leuten, und alle sind sehr beeindruckt.« Das Exemplar, das ich ihr mitgebracht habe, möchte sie dennoch haben, eines sei zum Zeigen, das andere für sie.

Während Milan und ich im Haus arbeiten, werfe ich immer wieder einen Blick zur hinteren Öffnung oder zur Tür hinaus, um zu sehen, wer vorbeigeht. Die Erwachsenen haben keine Scheu, direkt zu uns ins Haus zu kommen, Kinder und Jugendliche aber sind zurückhaltender. Als ich zwei junge Männer, die ich zu kennen glaube, auf dem Weg daherspazieren sehe, rufe ich ihnen zu. Es sind die ältesten Söhne von Miat und Temben: Kaso und Wundan. Kaso ist der ältere, er ist größer und schmal gebaut, Wundan ist fester, er hat ein rundes Gesicht und einen großen Mund. Während sein Bruder schweigend neben ihm steht, spricht er ganz unbefangen mit mir. Miat sei wieder gesund, meint er und lacht über das ganze Gesicht. Dann schlagen die beiden den Weg zum Fluß ein. Ich kehre zu meiner Arbeit zurück. Den ganzen Tag sind wir mit Einrichten beschäftigt. Bis die Dämmerung einbricht, habe ich erwartet, daß Miat kommen wird. Jetzt, da es dunkel ist, weiß ich, daß ich sie auch heute nicht sehen werde.

Spät am Abend setze ich Wasser für einen Tee auf. Ich lege mich auf den Boden und warte auf das brodelnde Geräusch. Wenn Miat gesund ist, weshalb kommt sie mich nicht begrüßen, wie es am Sepik Sitte ist? Weshalb dieses Warten? Ist es vielleicht doch so, wie ich es immer wieder befürchte, daß mir Miat noch böse ist wegen des letzten Mals, als ich mit ihrer Tochter und nicht mit ihr Gespräche geführt habe? Will sie mich etwa gar nicht treffen? Oder ist sie nur vorsichtig und abwartend? Ich merke, wie gerne ich es hätte, daß sie mir entgegenkommt und mich willkommen heißt. Und nun wird mir klar, daß ich nicht länger warten werde. Morgen gehe ich Miat im Dorf besuchen.

Die täglichen Gespräche

Nach dem Frühstück packe ich die Geschenke für Miat und Magendaua in meine Tasche. Für beide habe ich einen Rock gekauft und für Magendaua noch ein Exemplar der »Gespräche am sterbenden Fluß« mitgenommen. Milan und ich machen uns auf den Weg. Er setzt sich eine Mütze gegen die Sonne auf den Kopf, ich drücke auf den Knopf des großen, schwarzen Regenschirmes, der sich ruckartig, von einem dumpfen Geräusch begleitet, öffnet. Diese in Shanghai hergestellten Schirme sind am Sepik weitverbreitet, sie werden weniger als Schutz vor dem Regen als gegen die unerbittlichen Strahlen der Sonne gebraucht. Der Weg führt zuerst durch ein Wäldchen, dann öffnet sich der Blick auf die flache Gras- und Sumpflandschaft. Auf der einen Seite ist ein Bach, der in dieser Jahreszeit nur wenig Wasser führt, auf der anderen Seite reiht sich Garten an Garten. Hier werden Zuckerrohr, Yams, Taro, Süßkartoffeln und Bananen angepflanzt.

Das erste Haus, das wir von weitem erblicken, ist das von Miat und Temben. Es steht etwas abseits am Dorfrand. Unterwegs haben wir niemanden getroffen, und auch vor dem Haus ist kein Mensch zu sehen. Es ist still. Unten an der Treppe bleiben wir stehen, und ich rufe: »Miat, bist du da?« Leise kommt aus dem Haus zurück: »Du, Florence?« Ich steige die Stufen hinauf, in der Tür zögere ich, als wolle ich die Begegnung hinausschieben. Da spüre ich Milans Hand im Rücken, er stößt mich leicht, und nun gerate ich wieder in Bewegung. Geblendet vom Tageslicht, sehe ich zuerst nichts. Ich schließe die Augen. Als ich sie wieder öffne, erblicke ich Miat. Sie liegt auf einer Matte auf dem Boden gleich neben der Tür. Sie richtet sich auf und streckt mir beide Arme entgegen. Ich lasse mich neben ihr auf den Boden nieder, und wir umarmen einander.

Florence: Ich bin froh, dich endlich zu sehen. *Fest drückt mich Miat an sich. Dann läßt sie mich los, zieht das Kissen unter den Kopf und hält Milan die Hand hin.*

Miat: Ich konnte euch nicht besuchen, ich bin krank. Ich scheiße, pisse und kotze hier im Haus. Ich habe keine Kraft, die Treppe hinunter und in den Wald zu gehen. Meine Kinder kümmern sich nicht um mich und treiben sich irgendwo draußen herum. Temben ist auch weg. Er wurde heute früh zu einem Treffen in ein Nachbardorf gerufen. Als zweiter Dorfvertreter ist er dauernd unterwegs.

Ich ärgere mich über Temben und die zwei Söhne, die Miats Krankheit verharmlost haben. Da fällt mir wieder ein, daß die Iatmul das immer tun. Milan hat sich im hinteren Teil des Hauses den einzigen Stuhl geholt und sich zu uns gesetzt. So ist es richtig: Die Frauen sitzen am Boden und die Männer etwas erhöht auf Hockern und Stühlen. Miat erzählt. Es ist wie bei unserer ersten Begegnung vor vierzehn Jahren. Ihre direkte und anschauliche Art zu sprechen, ihre Lebhaftigkeit und Herzlichkeit faszinieren mich. Und wie ich ihr jetzt zuhöre und sie anschaue und ihren ernsthaften Gesichtsausdruck wahrnehme, wird mir klar, daß Miat an unserer Beziehung liegt wie mir. Wie konnte ich gestern nur daran zweifeln.

Seitdem wir den Raum betreten haben, wundere ich mich darüber, wie schön Miat angezogen ist, als ob sie zu einem Fest gehen würde. Sie trägt eine neue blaue Bluse und einen roten Rock. Sie wirkt nicht wie eine Frau, die an Malaria erkrankt ist und nun schon mehrere Tage zu Hause liegt. Miat hat sich für uns schön gemacht. Wie konnte sie wissen, daß wir sie heute besuchen werden? Jetzt unterbricht sie ihre Erzählung, fährt sich mit der Hand über ihre kurzen Haare und schaut zur Seite.

Miat: Ich habe Lust, Tee zu trinken und Reis zu essen. Doch wir haben nichts im Haus. Sagofladen und Fisch sind mir zu schwer.

Florence: Du mußt essen, worauf du Lust hast. Milan und ich werden noch Leute im Dorf besuchen. Wenn wir zurückkommen, soll uns eines deiner Kinder zum Sepik begleiten, und ich werde ihm Reis, Tee und auch Medikamente gegen die Malaria mitgeben.

Miat hält mich am Arm: Du bist eine gute Frau. *Aus meiner Tasche hole ich die beiden Röcke hervor und lege sie auf den Boden.*

Florence: Das ist ein Geschenk für dich, suche dir einen aus. *Ohne zu zögern, entscheidet sich Miat für den blau-weiß gemusterten. Auch das gefällt mir an ihr, sie weiß immer, was sie will. Ich packe den roten Rock wieder in meine Tasche ein, und da erblickt Miat das Buch.*

Miat: Was hast du da?

Florence: Das ist das Buch mit den Gesprächen, die wir das letzte Mal geführt haben. *Miat blättert darin und stößt auf das Foto ihrer Tochter.*

Miat: Kwaigambu lebt jetzt mit ihrem Mann in der Stadt.

Florence: Von dir ist auch ein Bild drin. *Als ich ihr das Foto zeige, lacht sie.*

Miat: Da war ich jung und hatte ein volles Gesicht. Jetzt bin ich eine alte Frau. *Pause.* Ist das Buch für mich?

Florence: Nein, ich habe es für Magendaua mitgebracht.

Miat: Gib es ihr nicht, ihre Kinder werden es zerreißen. Laß es hier, bei mir ist es besser aufgehoben.

Mir fällt nichts ein, und ich merke, daß es mir nicht recht ist, kein Buch für Miat mitgebracht zu haben. Ich sage nichts und überlege, ob ich ihr das Buch, das für ihre Tochter bestimmt ist, geben soll. Miat unterbricht die Stille.

Miat: Es ist schon gut, ich wollte nur wissen, wie wichtig ich dir bin. Gib das Buch ruhig Magendaua. *Milan und ich verabschieden uns und machen uns auf den Weg.*

Das Dorf besteht aus rund sechzig Häusern. Um jedes Haus ist ein freier Platz, von Gräsern bewachsen, die, würden sie nicht regelmäßig geschnitten, alles überwucherten. In den Nachmittagsstunden, wenn die große Hitze vorbei ist, sitzen hier die Frauen; sie tauschen Neuigkeiten aus, flechten Fischreusen oder schlingen Taschen. Dieser Platz zwischen den Häusern ist auch ein beliebter Aufenthaltsort der Kinder. Auf schmalen Hügeln neben den Häusern werden Kokospalmen angepflanzt, auch Bananenstauden und Sträucher, deren Blätter als Gemüse gegessen werden. Inmitten des Dorfes liegt die große Zeremonialwiese. An ihren Längsseiten wird sie von hohen Kokospalmen gesäumt, an ihren Enden stehen zwei mächtige Zeremonialhäuser. Sind die Wohnhäuser der Aufenthaltsort der Frauen und Kinder, gehört dieser Raum den Männern. Wird ihnen der Lärm zu Hause zu stark, ziehen sie sich hierhin zurück. Alle wichtigen Angelegenheiten des Dorfes werden hier besprochen, denn es sind die Männer, welche das Dorf nach außen vertreten. In den Zeremonialhäusern werden aber auch Rituale vorbereitet und durchgeführt. Dann verwandelt sich der große Platz davor in eine Bühne, auf der geschmückte Männer auftreten, von tanzenden Frauen mit Säuglingen auf den Armen umringt. Immer, wenn ich in Europa Fotos vom Dorf zeige, glauben die Leute, es stehe in einem Park. Es sind die satten Farben der tropischen Pflanzen und das Fehlen jeder Abschrankung zwischen den Häusern, welche diesen Eindruck verstärken.

Seit unserem ersten Aufenthalt hat sich das Dorf verändert. Der Ort, wo wir anderthalb Jahre gelebt haben, ist heute zu einem Dickicht verwachsen. Fast alle unsere Freunde, die damals schon alt waren, sind gestorben, und viele Jüngere haben das Dorf verlassen, um das Überleben in den Städten zu versuchen. Häuser stehen leer und verfallen.

Es ist Mittag, und alle haben sich ins Innere der Häuser zurückgezogen. Wir gehen von Haus zu Haus. Überall werden wir herzlich begrüßt. Milan erhält einen Hocker oder einen Stuhl, ich setze mich auf den Boden zu den Frauen; nach all den Jahren sind wir ein Teil des Dorfes geworden. Als wir Stunden später zu Miats Haus zurückkommen, steht Taga, ihre elfjährige Tochter, bereit. Gemeinsam gehen wir zum Sepik hinaus. Zu Hause packe ich Reis, Salz, Zucker, Tee und Malariatabletten in eine Tüte. Goli, Watkut und Jimmy, die Nachbarskinder, sitzen im Schneidersitz bei der Tür und beobachten aufmerksam jede meiner Bewegungen. Taga steht die ganze Zeit neben mir. Als ich ihr erkläre, wie Miat die Pillen zu schlucken hat, nickt sie nur. Mit der großen Tüte auf dem Arm steigt sie ruhig die Treppe hinunter. Goli, Watkut und Jimmy stehen auf und schauen ihr nach, bis sie hinter dem Haus verschwunden ist.

Ich bin froh, daß ich hier bin und mich um Miat kümmern kann. Die Rolle der großzügigen Freundin, die Miat mit all den Dingen der Weißen verwöhnt, die sie sich so sehr gewünscht hat, übernehme ich gerne. Da fällt mir ein, wie Miat schon einmal nichts von der Wirksamkeit der weißen Medizin wissen wollte. Wie wird sie wohl jetzt meine Geste und die Wirkung der Malariatabletten beurteilen?

Die lange Reise, die Besuche im Dorf und das tropische Klima machen müde. Wir schlafen und wachen erst auf, als die Sonne schon hoch steht und es im Hause heiß wird. Nach dem Frühstück nehme ich ein neues, mit Wachstuch überzogenes Heft aus meinem Koffer und schreibe: 1. Treffen mit Miat. Ich beschreibe unsere gestrige Begegnung, halte die Sätze fest, die wir zusammen gesprochen haben, und erinnere mich an meine Erwartung, Miat wiederzusehen.

Am Nachmittag ertönt vor dem Haus lautes Kindergeschrei. Dann Miats Stimme: »Wartet, hört auf, laßt das Gedränge!« Miat steht in der Tür, strahlt übers ganze Gesicht und hält mir die Hand hin. »Willkommen hier am Sepik«, sagt sie einmal zu mir, ein zweites Mal zu Milan. Es ist, als würden wir uns heute zum ersten Mal begegnen, gerade so, wie ich es mir vorgestern noch gewünscht hatte: Eine aktive, herzliche Miat, die mich willkommen heißt. Ich weise auf die Matte, und wir setzen uns. Die Kinder sind ruhig geworden und folgen unserem Beispiel.

Miat: Deine Medizin ist ausgezeichnet. Ich schluckte die zwei

Pillen, und Stunden später war ich gesund. *Miat schaut sich im Haus um, sie nickt zufrieden.* Einzig eine Toilette fehlt euch. Wenn nur Temben endlich zurückkommen würde, er sollte sie längst gebaut haben.

Florence: Es geht gut, wir können die Toilette von Kinembe und Pamdaua benützen. *Pause.*

Du hast dich gestern beklagt, Temben würde sich nicht um dich kümmern.

Miat: Du hast recht. Kommt er zurück, schlage ich ihm mit einem Beil den Schädel entzwei.

Florence: Weshalb bist du so wütend?

Miat: Ach, ich rede nur so daher.

Florence: Ich möchte dich gerne etwas fragen. *Miat schaut mich erwartungsvoll an.* Hast du Zeit und Lust, jeden Tag mit mir eine Stunde zu sprechen?

Miat: Selbstverständlich, ich habe ja nichts zu tun.

Zufrieden stelle ich fest, daß auch Miat sehr an unserer Beziehung liegt, sonst würde sie nicht sagen, sie habe nichts zu tun. Immerhin beschafft sie täglich Essen für elf Personen, und das ist keine kleine Arbeit. Jetzt schiebt sie den kleinen Paswat, der zwischen uns sitzt, auf die Seite, rückt nahe zu mir und beginnt flüsternd zu sprechen.

Miat: Du kennst das Touristenschiff, das regelmäßig hier am Ufer anlegt. Der Kapitän von diesem Schiff, ein Mann von Neubritannien, hat Kinembe gefragt, ob sie ihn nicht heiraten möchte. Stell dir das vor! Als mir Kinembe davon erzählte, wollte ich ihm bei der erstbesten Gelegenheit ins Gesicht sagen, daß das überhaupt nicht in Frage kommt. Schließlich ist Kinembe die Frau meines verstorbenen Bruders, und ich will nicht, daß ein anderer Mann sie heiratet, und schon gar nicht ein Fremder. Kinembe war anderer Meinung. Sie wollte den Kapitän zwar nicht heiraten, sagte aber: »So kannst du das nicht machen, ihm alles frech ins Gesicht sagen. Warten wir besser ab. Leben wir nicht davon, daß immer wieder Touristen ins Dorf kommen und bei

uns Taschen und Kunstgegenstände kaufen? Zerstreiten wir
uns mit dem Kapitän, wird er hier mit dem Schiff nicht
mehr anlegen. Wir sind von ihm abhängig.« Kinembe hatte
recht, und ich hielt meine Wut zurück.

Obwohl ich an der Geschichte vom Kapitän zu sehen glaube,
daß Miat damit auch über unseren alten Streit spricht, zögere
ich, sie darauf anzusprechen. Ich schweige und überlege hin
und her. Schließlich nehme ich meinen Mut zusammen.

Florence: Als ich das letzte Mal hier war, sprach ich mit
Kinembe, Magendaua und deiner Tochter; jetzt bin ich wieder da und möchte mit dir sprechen. Eben hast du gesagt, du
seist damit einverstanden. Nun fällt dir die Geschichte von
Kinembe und dem Kapitän ein, der sie heiraten wollte. Bin
ich wie dieser Kapitän, der aus der Fremde kommt und un-
verschämte Vorschläge macht? Bist du mir böse, daß ich das
letzte Mal mit Kinembe und den anderen Frauen tägliche
Gespräche geführt habe? *Miat schaut mich aufmerksam an,
dann wendet sie den Kopf zur Seite und schweigt. Jetzt
schaut sie wieder zu mir.*
Miat: Ich verstehe nicht, worüber du redest.

Ich wiederhole, was ich eben gesagt habe. Wieder schweigt sie.
Sie wirkt nachdenklich und in sich gekehrt. Die Kinder werden
unruhig. Der kleine Paswat steht auf und hält sich an der
Schulter seiner Mutter fest. Miat setzt ihn etwas unwirsch neben
sich. Erstaunt und unzufrieden schaut er zu ihr hoch. Nun steht
Miat langsam auf und mit ihr alle Kinder.

Miat: Ich gehe jetzt zum Sepikufer. *In der Tür bleibt sie stehen
und sagt über die Schulter:* Es gibt Frauen, die haben ein
Riesenmaul wie ein Barsch und reden einfach daher.

Ich sitze da, und mir fällt nichts ein, was ich Miat darauf sagen
könnte. Ich sehe, wie sie zum Ufer geht und sich ins Gras setzt.
Ich denke nach. Ich möchte ihr sagen, daß es nicht meine Absicht war, sie zu verletzen, ihr die Sprache zu verschlagen und

sie zum Weggehen zu bewegen. Und daß ich auch einsehe, daß ich mir viel herausgenommen habe, als ich mit Kinembe, Magendaua und sogar mit ihrer Tochter tägliche Gespräche führte, und jetzt komme ich wieder und schlage ihr dasselbe vor. Und daß ich auch verstehe, daß sie mich mit dem dreisten Kapitän vergleicht, der aus der Fremde kommt und Kinembe schamlos eine Heirat vorschlägt. Und daß ich einem frech daherredenden Barsch zu gleichen scheine, wenn ich ganz direkt unseren Konflikt anspreche. Doch würde ich all dies nicht tun, wenn wir nicht schon eine alte Beziehung hätten und wenn sie eben nicht Miat, sondern irgendeine Iatmul-Frau wäre. Als ich aufstehe, um zu ihr zu gehen, ist sie nicht mehr da. Nach unserer Begegnung gestern schien alles so einfach, jetzt bin ich unsicher, wie es mit Miat weitergeht.

Zum Frühstück gieße ich heißes Wasser über das Kaffeepulver, rühre um und füge wenig Milch bei. Meine Aufmerksamkeit bleibt an der Packung hängen, und ich lese die Angaben genau durch. Die Milch stammt von australischen Kühen, wurde sterilisiert und gut verpackt. Sie muß auf einem Schiff nach Papua-Neuguinea gebracht worden sein. Sie ist mehr als fünf Monate haltbar. Es handelt sich um ein Importprodukt, für Devisen gekauft und für den Genuß von Weißen bestimmt. Als wir in der Provinzhauptstadt die Einkäufe machten, überlegte ich, ob ich mir diesen Luxus leisten soll: Milch zum Frühstück am Sepik. Doch die Vorstellung, täglich den Geschmack von Milchpulver auf der Zunge zu haben, machte mir die Entscheidung leicht. Nun stapeln sich im hinteren Teil des Hauses zwei mit Plastik verschweißte Kartons mit achtzig Milchpackungen, eine pro Tag. In die absurde Lektüre über die Werte von sterilisierter Milch vertieft, schaue ich auf, als jemand meinen Namen ruft. In der Tür erscheint das runde Gesicht von Wundan, Miats zweitältestem Sohn. Er hält mir ein zusammengebundenes Seerosenblatt hin. »Das ist für dich, Miat schickt mich. Sie kommt am Nachmittag vorbei.« Er will nicht hereinkommen, er habe im Garten zu tun, sagt er, klemmt sein großes Buschmesser unter den Arm und verschwindet Richtung Sepik. Ich lege das Paket auf den Boden, löse die feine Bastfaser, die es zusammenhält, und falte das Blatt auseinander: Ein silbern glänzender *makau*-Fisch und Wasserspinat, mein Lieblingsgemüse, sind darin eingewickelt. Meine Stimmung ist verändert, es kommt mir nicht in den Sinn, meine Lektüre über australische Milch fortzusetzen.

Am Nachmittag achte ich auf jedes Geräusch, das von draußen zu hören ist. Die Iatmul-Häuser mit ihren Wänden aus aneinandergereihten Blattrippen der Sagopalme und ihren erhöhten Böden aus nebeneinander gelegten Palmbrettern bilden keinen akustisch abgegrenzten Raum. Durch die zahlreichen Spalten dringt jeder Laut. Ich höre Schritte und Stimmen. Zuerst kommt Temben, dann die Söhne Wundan und Kaso, dann Miat. Temben will die Toilette bauen, und Miat meint, daß wir heute mit den täglichen Gesprächen beginnen können, so wie wir es gestern verabredet haben. Die Spannung von gestern ist verflogen. Auch Miat hat sich ihre Gedanken gemacht. Ich erzähle, wie sie mich mit ihrem Geschenk überrascht hat und wie gut mir der *makau*-Fisch und der Wasserspinat geschmeckt haben. Miat sagt, daß die Seen voller Fische sind und ich noch viele essen werde. Temben und die Söhne machen sich an die Arbeit. Milan geht zum Sepik. Nur wir zwei bleiben im Haus zurück. Wir setzen uns wie gestern auf die Matte am Boden. Miat schweigt, sie scheint sich etwas zu überlegen, und da sie lange nichts sagt, beginne ich zu sprechen.

Florence: Wir zwei kennen uns schon lange, seit vierzehn Jahren. Während meines ersten Aufenthaltes haben wir viel miteinander gesprochen, du hast mir über dein Leben erzählt: Wie du deinen Kopf durchgesetzt und Temben geheiratet hast, die Geburt deines ersten Kindes, über deine eigene Kindheit. Ich erinnere mich gut, worüber wir gesprochen haben. Bei meinem zweiten Aufenthalt haben wir uns auch getroffen, doch nicht sehr oft. Ich war mehr mit anderen Frauen beschäftigt. Jetzt werden wir jeden Tag miteinander sprechen. Obwohl ich soviel über dein Leben weiß, über deine Gefühle weiß ich nur wenig.

Miat schaut mich fragend an: Du weißt nur wenig über meine Gefühle?

Florence: Deshalb möchte ich mit dir in deinen Gedanken und Gefühlen spazierengehen. *Miat schaut zur Tür hinaus zum Sepikfluß, dann wendet sie sich zu mir.*

Miat: Wenn ich auf dem See bin und fische oder wenn ich zu Hause bin, denke ich an meinen verstorbenen Bruder und an meinen verstorbenen Vater, und ich weine. Ich halte Temben und meine Söhne dazu an, Schnitzereien herzustellen, um sie den Touristen zu verkaufen. Fange ich keine Fische, haben wir nichts zu essen, und wir brauchen Geld, um etwas einkaufen zu können.

Als ich Miat kennenlernte, lebten ihr Vater, ihr Bruder, ihr Onkel und viele weitere Männer ihres Klans noch. Im Lauf der Jahre sind sie alle gestorben. Ich habe mich oft gefragt, wie sie damit zurechtkommt, denn sie hing ganz besonders an ihrem Vater und ihrem Bruder.

Florence: Du fühlst dich verlassen und auf dich selbst angewiesen. Dein Vater und dein Bruder sind tot und können dich nicht mehr unterstützen. Nun sind vier Jahre vergangen, seitdem die beiden gestorben sind. Du bist noch immer sehr traurig.

Miat: Meine Augen sind vom vielen Weinen zerstört. *Pause.*

Als für meinen Sohn Wundan das große Initiationsfest durchgeführt wurde, mußten wir bei verschiedenen Leuten Geld ausleihen, um Reis, Fischkonserven, Hühner und Betel zu kaufen. Bald darauf kam ein japanischer Tourist ins Dorf und kaufte für viel Geld Schnitzereien, die Temben und die Söhne hergestellt hatten. Da konnten wir das Geld zurückgeben, und auch für Kinembe und Pamdaua blieb etwas übrig. Seit mein Bruder gestorben ist, sind sie ohne Mann und haben es nicht einfach. *Pause.*

Eines Tages fing ich auf dem See keinen einzigen Fisch. Ich

dachte an die Kinder und wollte Bananen holen. Ich ging zur Pflanzung, die gegenüber vom Haus der Schwiegermutter meiner Tochter liegt, und schnitt eine ganze Staude ab. Da erschien die Schwiegermutter und beschimpfte mich. Sie behauptete, dies seien ihre Bananen, und was mir einfalle, davon zu nehmen. Sie suchte Streit. Sie fuchtelte herum und schrie, ich könne meine Tochter zurückhaben, sie sei eine schlechte Frau für ihren Sohn und gebäre auch keine Kinder.

Florence: Die Frau suchte Streit und beleidigte dich.

Miat: Die kann mich nicht beleidigen. Der habe ich es zurückgegeben. Ich fragte sie, wo der Rest der Brautgabe für meine Tochter sei. Da verstummte sie. Ich nahm kein Blatt vor den Mund, ich hätte mich auch mit ihr geprügelt, doch dann dachte ich, sie ist alt und schwach, und ließ es bleiben. *Pause.*

Wie eine Wiederholung der Szene von gestern, als sich Miat durch meine Aussage verletzt fühlte und wegging, erscheint ihre Auseinandersetzung mit der Schwiegermutter ihrer Tochter. Ich bin ihr gestern zu nahe getreten, als ich ihre Enttäuschung und Wut aussprach. Heute liegt Miat daran, sich als stark und unverletzlich zu erleben. Niemand kann sie beleidigen, und wenn, dann hat auch sie Mittel zur Hand, sich zu wehren.

Miat: Jetzt ist meine Tochter Kwaigambu mit ihrem Mann in der Stadt. Ich habe von Leuten gehört, sie sei schwanger. Vor etwa vier Jahren sind wir alle drei zur gleichen Zeit schwanger gewesen. Ich und meine beiden Töchter. Später hatte Kwaigambu eine Totgeburt. Ich gebar Paswat. Es war eine schwierige Geburt, wie die erste, an der ich beinahe gestorben bin. Doch jetzt ist Schluß. Ich werde kein Kind mehr gebären. Mein Blut ist aufgebraucht.

Florence: Du hast elf gesunde Kinder, fünf Mädchen und sechs Knaben. Keine Frau im Dorf hat soviel wie du.

Miat: Ja. Erst die zwei ältesten Töchter sind verheiratet. Kaso, der älteste Sohn, wird von vielen Mädchen umschwärmt. Ich glaube, mehrere möchten ihn heiraten. Doch er ist scheu. *Pause.*

Geben sie bei euch auch eine Brautgabe?

Florence: Nein, die Frauen werden bei uns nicht so geschätzt wie bei euch.

Miat erstaunt: Ja, ist es denn so, daß die Männer bei euch die Kinder gebären?

Florence: Sie tun so, als ob das Kindergebären und -aufziehen keine wichtige und wertvolle Arbeit sei und nur die Arbeit der Männer einen Wert habe. Sie spielen sich maßlos auf.

Miat: Das ist nicht in Ordnung. Ohne Frauen gäbe es kein Leben, keine Dörfer, keine Städte, auch bei euch. *Pause.*

Will eine Frau Kaso heiraten, müssen wir ihrer Familie viele Geschenke machen. Die Kinder meinten, du könntest auch etwas dazu beitragen. Alle sagen: Jetzt ist Florence, deine Schwester, wieder hier.

Florence: Und Schwestern helfen sich gegenseitig aus.

Miat: So ist es.

Unser Gespräch ist zu Ende, und wir verabreden, daß ich morgen um dieselbe Zeit zu Miat ins Dorf komme. Dann ist sie vom Fischfang zurück und hat gekocht und gegessen. Ich begleite Miat bis zur Treppe. Da bleibt sie stehen und fragt nach einer Zigarette. Ich nehme aus dem Paket eine heraus und halte sie ihr hin. Sie steckt sie in den Mund, und ich zünde sie an. Genüßlich nimmt sie einen Zug und bläst den Rauch in die Luft. »Also, bis morgen«, sagt sie.

Ich schaue ihr zu, wie sie die Treppe hinuntergeht, mit festem Schritt, die nackten Füße etwas nach außen gedreht, mit geradem Rücken. Ich vergesse immer, daß sie mindestens einen Kopf kleiner ist als ich. Auch zierlicher gebaut, obwohl sie kräftig ist. Unten an der Treppe angelangt, biegt sie nach links ab zum Weg. Auf der anderen Seite beginnt ein Wald. Dort arbeiten Temben, Wundan und Kaso an unserer Toilette. Miat spricht mit ihnen. Sie lacht laut. Sie wird ihnen etwas Freches gesagt haben. Die Frauen nehmen die Männer immer hoch. Miat wirkt jünger, als sie ist. Um die 50 Jahre alt muß sie sein. Zwölf Kinder hat sie geboren, das erste war eine Totgeburt, dann folgte alle drei Jahre ein neues. Es ist ihre Art, die sie jünger macht, ihre Beweglichkeit und ihre Offenheit. Ich sehe, wie Wundan auf sie zugeht, wie sie ihm die halb zu Ende gerauchte Zigarette hinhält und er, über das ganze Gesicht strahlend, einen tiefen Zug nimmt.

Am Abend, im Schein einer Petroleumlampe, schreibe ich das Gespräch mit Miat auf. Anschließend lese ich es Milan vor. Er hört zu, stellt Fragen und sagt, was ihm auffällt. In unsere Überlegungen ziehen wir die unbewußten Tendenzen mit ein, jene von Miat und jene von mir. So wird es nun jeden Tag sein.

Gegen Mittag bringt uns Kinembe Yams aus ihrem Garten. Ich koche ihn und vermische ihn mit einer Büchse Maiskörner zu einem Salat. Yams hat einen zurückhaltenden, doch besonderen Geschmack, der mit keinem unserer europäischen Gemüse vergleichbar ist. Nach dem Essen legen wir uns für eine Siesta hin, über Mittag ist die Hitze unerträglich. Bevor ich mich auf den Weg ins Dorf zu Miat mache, reibe ich Arme und Füße mit einem Mittel ein, das die Mücken fernhält. Ich schlüpfe in meine roten Sandalen aus Plastik, hänge meine Tasche um, nehme den schwarzen Schirm und steige die Treppe hinunter. Ich spanne den Schirm auf, doch schon nach wenigen Schritten laufen mir Schweißtropfen über den ganzen Körper. Es ist zwei Uhr und noch immer sehr heiß. Auf halbem Weg sehe ich in der Ferne jemanden daherkommen. Es ist eine Frau. Frauen und Männer sind auf Distanz nur an den Kleidern zu unterscheiden. Da alle die Haare kurz schneiden und Frauen ebenso muskulös sind wie Männer, fällt es schwer, sich zu orientieren. Es muß eine Frau sein, denn ich erkenne die Umrisse eines Rockes. Jetzt winkt sie mir zu. Das kann nur Miat sein. Schritt für Schritt kommen wir uns näher, bis wir voreinander stehenbleiben.

Florence: Welche Überraschung, dich hier auf dem Weg zu treffen! Wo wollen wir miteinander sprechen?

Miat: Bei dir zu Hause.

Florence: Gut.

Und so kehren wir gemeinsam den Weg, den ich eben gekommen bin, zurück. Miat geht voran, und ich folge ihr. Hie und da weist sie auf einen Garten.

Miat: Das ist der Garten von Bolkara, dieser da von Susendu. Dieser von Wundan. Weitere Gärten von uns liegen am Ufer des Sepik. *Zu Hause angekommen, schlüpfe ich aus den Sandalen, und wir setzen uns auf die Matte am Boden.* Heute morgen kam mein Sohn Pengal mit auf den See. Während ich die Reusen nachschaute, fischte er mit dem Speer. Wir hatten Pech, keinen einzigen Fisch haben wir gefangen. Zu Hause schickte ich zwei Kinder in den Garten, um Süßkartoffeln auszugraben. Die setzte ich auf, mischte eine geraspelte Kokosnuß darunter und ließ das Ganze kochen. Dann verteilte ein Kind den Eintopf auf die elf Teller, und wir aßen.

Miat schweigt. Sie wirkt bedrückt und schaut zur Tür hinaus zum Sepikfluß. Für die Iatmul sind nur Fisch und Sagofladen richtiges und gutes Essen, alles andere ist Ersatz. Heute konnte Miat ihrer Familie nichts Gutes nach Hause bringen. Und als ob sie auch mir nichts Gutes anbieten könnte, sitzt sie schweigend und bedrückt da.

Florence: Ich erinnere mich gut daran, was du mir gestern alles erzählt hast. Über den Tod deines Bruders und deines Vaters, über die Schwierigkeiten, zu Geld zu kommen, und über deine Auseinandersetzung mit der Schwiegermutter deiner Tochter. *Miat fällt mir ins Wort.*

Miat: Ich muß dir noch etwas erzählen. Es ist schon lange her. Meine älteste Tochter war noch ein Mädchen. Eines Tages wollte sie an meiner Stelle auf den Markt fahren, um Fisch gegen Sago einzutauschen. Zusammen mit einem anderen

Mädchen paddelte sie im Kanu auf den Markt im nördlichen Wald. Als sie dort ankamen, fragten die Frauen aus dem Wald, woher sie kämen, wer sie seien, und wollten mit ihnen nicht tauschen. Ohne Sagomehl kamen sie nach Hause zurück. Ich wurde wütend und beschloß, selbst hinzufahren. Ich beschimpfte die Frauen vom Wald, was ihnen einfalle, meiner Tochter den Tausch zu verweigern. Die behaupteten, sie hätten nicht gewußt, daß dies meine Tochter wäre. *Pause.*

Du kannst dir gar nicht vorstellen, wie sehr ich auf dem Markt aufpassen muß. Die Frauen aus dem Wald sind schamlos, sie sind gierig nach den Fischen, die wir Frauen vom Fluß zum Tausch freihalten. Schau! *Sie hebt den rechten Oberschenkel etwas hoch und stopft ihre Tasche darunter, so daß sie nicht mehr zu sehen ist.* Die Taschen sind wie die Fische, die ich verstecke. Drei Fische lege ich offen hin. Kommt eine Frau und gibt mir für einen Fisch einen Brocken Sagomehl, nehme ich einen neuen unter dem Schenkel hervor und lege ihn hin. Anders geht es nicht. Lege ich alle Fische offen hin, werden sie von den Frauen geklaut. Im Tumult des Marktes ist es nicht möglich, den Überblick zu behalten. *Miat zieht ihre Tasche wieder hervor und lehnt sich zurück.*

Florence: Du bist wirklich eine geschickte Frau.

Ich denke, das ist ganz Miat, anschaulich und präzis. Ich mußte auch wegen des Bildes der gierigen Marktfrauen lachen, denn ich glaube, Miat meint damit auch mich: Stürze ich mich nicht gierig darauf, was sie mir anzubieten hat, auf die täglichen Gespräche? Dagegen waren die Bemühungen ihrer Tochter nichts. Die Marktfrauen waren nicht einmal bereit, mit ihr zu tauschen. Miat aber ist eine geschickte und interessante Tauschpartnerin.

Miat: Mein Bruder kam nur wegen mir aus der Hauptstadt ins Dorf zurück. Er war schon sehr krank. In der Nacht kam er hier in der Siedlung am Sepik an. Er ließ mein Trommelsignal schlagen. Den ganzen Weg vom Dorf bis hierher rannte ich nur. Als ich ihn sah, erschrak ich, denn er war ganz verändert. Ich umarmte ihn und legte mich neben ihn. Vor dem Einschlafen sagte er: »Wer wird dir helfen, wenn ich tot bin? Dann haben auch meine Kinder niemanden mehr. Ich übergebe sie dir.« *Pause.*

Zu Hause bewahre ich in der großen Truhe die Hosen auf, die Piakna trug, als er starb. Ich sagte, daß man sie mir ins Grab mitgeben soll, wenn ich einmal sterben werde.

Ich schaue auf meine Beine, auf die langen Hosen, die ich trage. Ich bin gekleidet wie ein Mann, wie Piakna. Miat schaut zur Tür hinaus. Unser Gespräch ist zu Ende, und wieder verabreden wir, daß ich morgen zu ihr nach Hause kommen werde.

Miat steigt die Treppe hinunter und schlägt den Weg nach links zurück ins Dorf ein. Ich setze mich in die Tür und schaue zum Sepikfluß. Ich erkenne die gegenüberliegende Seite, ein schmaler grüner Streifen aus Gräsern, Büschen und Bäumen. Darüber steht ein hoher Himmel. Es ist ruhig, und niemand ist zu sehen. Nur Wasser, ein weiter Himmel und das Grün tropischer Pflanzen. Muß denn alles in Tod, Verlassenheit und einer abgetragenen Hose enden? Was heißt es, zu den eigenen elf Kindern noch weitere zwölf anvertraut zu bekommen? Was heißt es, den Bruder als so anhänglich zu erleben, daß er wegen seiner Schwester Miat und nicht wegen seiner drei Frauen und Kinder zurück ins Dorf kam, um hier zu sterben? Was heißt es hier am Sepik, alleine zurückgelassen zu werden? Auch Miat und ich kennen uns schon lange, und wir werden die zwei Schwestern genannt. Auch ich wende mich auf eine ganz besonders ausschließliche Weise an sie, ich möchte jeden Tag mit ihr sprechen und nicht mit einer anderen Frau. Auch ich werde wieder abreisen und sie zurücklassen. Es ist, als ob die Gefühle der Erwartung auf unsere täglichen Treffen durch das Ende, mein bevorstehendes Weggehen, überschattet würden. Ich werde zu Piakna und bin doch Florence.

Ich stehe auf und gehe die Treppe hinunter, ich biege nach

rechts ab, und nach zehn Schritten bin ich beim Baumstamm, der über den Bach führt. Barfuß fällt es mir leicht, den glatten Stamm zu überqueren. Auf der anderen Seite komme ich zum Haus, das Nagwan, Miats Vater, für seine Frau Amuia gebaut hat. Jetzt ist es verlassen, die Türe verschlossen. Die alte Amuia, die zehn Pidgin-Worte kennt, selbst noch die Zeiten der Kopfjagd erlebt hat, ist auf Besuch in einer Stadt. Zum ersten Mal verließ sie das Dorf, um sich mehrstöckige Häuser, geteerte Straßen, Läden mit Gestellen voller unbekannter Waren, von denen sie nur gehört hat, mit eigenen Augen anzusehen. Als ich erfuhr, daß Amuia weg ist, war ich enttäuscht, denn ich mochte diese alte und eigenwillige Frau ganz besonders.

Ich mache drei Schritte und stehe unter ihrem Haus. In der Regenzeit schwellen die Flüsse an und treten über die Ufer. Die flache Landschaft des Sepik steht in dieser Zeit unter Wasser. Kein Stück begehbarer Erde bleibt übrig, und das einzige Mittel, sich fortzubewegen, ist das Kanu. So stehen alle Häuser auf hohen, massiven Pfosten. Der Raum, der dadurch unter jedem Haus entsteht, wird vielfältig genutzt. Hier gibt es Gestelle, auf denen Geräte liegen, eine breite Sitzbank zum Arbeiten und Ausruhen und eine Feuerstelle, auf der ein Imbiß angeröstet und mit dem Rauch von feuchtem Holz Mücken vertrieben werden können. Unter den Häusern ist es kühler als im Hausinnern, da der Raum auf allen Seiten offen ist. Ich sehe mich unter Amuias Haus um. Auf dem Gestell liegen mehrere Fischreusen, daneben Holz, das die Frauen fürs Kochen brauchen. Ein Fischspeer und ein Frauenpaddel lehnen an einem Pfosten. In der Feuerstelle liegen zwei angebrannte Holzstücke und weiße Asche. Es ist, als ob Amuia eben weggegangen wäre oder in diesem Moment zurückkommen würde. In diesem Haus könnte ich mit Miat sprechen, hier ist es ruhig, und Milan müßte nicht immer weggehen, wenn wir zwei unsere Gespräche haben.

Ich kehre zum Weg zurück, komme zu einem verfallenen Haus, dem Laden, den Miats Bruder vor mehreren Jahren aufmachte, der aber bald wieder wegen Streitigkeiten geschlossen wurde. Dahinter steht das große Wohnhaus, das er seinen drei Frauen und Kindern gebaut hat. Hier leben heute Kinembe, Pamdaua und vier ihrer Kinder. Es ist Piaknas Idee gewesen, am Ufer des Sepik diese kleine Siedlung aufzubauen. Piakna, der lange bei der Regierung gearbeitet hatte und zum Schluß mehrere Jahre zum Vertreter des Dorfes und der ganzen Mittelsepikprovinz gewählt worden war, ist ein besonderer Mann gewesen. Da er bei den Frauen und in der Politik Erfolg hatte, wurde er von vielen Männern beneidet. Doch das galt nicht nur für ihn. Auch sein Vater Nagwan und sein Onkel Maso waren Männer mit Ausstrahlung. Heute sind sie alle tot, und Miat bleibt mit einigen jüngeren Klansbrüdern und -schwestern alleine zurück. Viele zu sein und gute Beziehungen untereinander zu haben sind die Basis von Sicherheit und Stärke in Miats Gesellschaft. Heute ist ihr einst mächtiger Klan der Mbowi auf eine kleine Gruppe zusammengeschrumpft.

Wir sitzen beim Frühstück, als Temben mit seinen Söhnen Kaso und Wundan erscheint. Sie wollen die Toilette zu Ende bauen. Ohne sich zu einem Kaffee einladen zu lassen, machen sie sich an die Arbeit. Miat, so sagt mir Temben, sei jetzt noch auf dem See, doch werde sie anschließend auch kommen. Die Sonne steht im Zenith, als sie in der Tür erscheint. Sie wischt sich mit einem Tuch den Schweiß vom Gesicht und läßt sich auf die Matte nieder. Sie tut mir leid. Ich biete ihr von unserem klaren, gefilterten Wasser an, und während sie sich ein zweites Glas eingießt, komme ich auf meine Idee von gestern zu sprechen und frage, ob wir im leeren Haus ihrer Stiefmutter sprechen könnten. Sie meint, daß gehe gut, das Haus würde nur selten von ihrer Schwägerin benützt, sie lasse dort ihre Habseligkeiten zurück, wenn sie in den Garten gehe. Miat hebt ihre Stimme und bespricht mit Temben, der neben dem Haus arbeitet, die Angelegenheit. Auch er meint, daß wir das Haus ohne weiteres benützen könnten, um so mehr, als er beim Bau mitgeholfen habe.

Nun stehen wir beide auf, steigen die Treppe hinunter und

gehen über den Baumstamm auf die andere Seite des Baches zu Amuias Haus. Als Miat die Tür aufstoßen will, gibt diese nicht nach. Sie entdeckt ein Stück Holz, das die Tür von innen verschließt. Es gelingt ihr, durch einen Seitenschlitz das Holz zu verschieben und die Tür zu öffnen. Der Innenraum ist vom Rauch der Feuerstelle geschwärzt. Zuerst sehe ich nichts. Miat aber kennt sich aus. Von einem Balken nimmt sie einen Besen und beginnt den Boden zu fegen. Sie weist auf den Platz neben einer Öffnung in der Wand, dort lassen wir uns nieder. Auch hier ist alles so, wie wenn Amuia eben weggegangen wäre: die Feuerschalen an der Wand, daneben zwei große Töpfe aus Ton, in welchen die Sagobrocken aufbewahrt werden, gegenüber liegt eine zusammengerollte Matte, die Schlafstelle. Während ich mich umschaue, holt Miat aus ihrer Tasche eine Betelfrucht hervor und beginnt sie zu schälen.

Miat: Gestern nach unserem Gespräch hatte ich Lust, Brotfrüchte zu essen. Ich schickte die Kinder zum Baum hinter dem Haus, Früchte zu holen. Sie brachten eine ganze Tasche voll zurück. Wir rösteten sie in der Glut. Alle Kinder waren versammelt und aßen mit. Dann löschte ich die Petroleumlampe und legte mich schlafen. Pengal stand am Morgen als erster auf und ging zum See. Ich blieb noch eine Weile liegen. Als ich zum Seeufer kam, sah ich die Kanus von Turi und Guse. »Die beiden sind noch zu Hause«, dachte ich und schöpfte das Regenwasser aus ihren Kanus. Vor einiger Zeit hatten wir zusammen eine breite Schneise ins Schilf geschnitten, um unsere Reusen auszulegen. Seit deinem letzten Aufenthalt haben mehrere Familien das Dorf verlassen und sind in die Stadt gezogen. Wir sind nicht mehr viele. Doch wir drei treffen uns jeden Tag auf dem See und helfen uns gegenseitig aus. Turi und Guse sind älter als ich, und ihre Kinder sind schon groß. Als ich dabei war, meine Reusen nachzusehen, kam Guse. Nur ein einziger Aal war in meinen Reusen, sie aber fing vier. Als sie sich über mein Kanu beugte und meine klägliche Beute sah, nahm sie den größten unter ihren vier und gab ihn mir. Zurück im Dorf, schickte ich ein Kind, Blätter des *apika*-Strauches zu holen, ein anderes spaltete unter dem Haus Holz. Ich machte Feuer und backte Sagofladen. Da kam meine Tochter Kasoagwi vorbei. Ich bot ihr einen Aal an, sie lehnte ab: »Behalte ihn, ihr seid viele, wir sind nur zu zweit.« Ich zerschnitt die Fische in mehrere Stücke und kochte sie mit den *apika*-Blättern. Als alles fertig war, verteilte ich das Essen in elf Portionen. Bevor ich zu dir kam, gab ich den kleinen Paswat in die Obhut meiner Tochter Taga.

Florence: Jeden Tag beschaffst du für deine große Familie das Essen und hast viel Arbeit damit. Gestern hast du mir von Piaknas Rückkehr ins Dorf erzählt. Wie er komme auch ich ins Dorf zurück und wende mich an dich, ich möchte jeden Tag mit dir sprechen. Vielleicht kannst du dich darüber gar nicht freuen, da du denkst, sie geht sowieso bald wieder weg, wie ja auch Piakna starb und dich alleine zurückließ. Vielleicht bin ich dir auch eine Belastung wie eines deiner vielen Kinder. Nun mußt du auch noch mich täglich mit Gesprächen füttern.

Miat: Aber nein, du bist mir keine Belastung. *Pause.*
Ich gebe den Kindern Piaknas immer wieder etwas. Doch sie geben mir nie etwas zurück.

Florence: Und ist es so, daß nur ich etwas von unseren Gesprächen habe?

Miat: Zwischen dir und mir ist es anders. Wir sitzen zusammen und reden, du und ich.

Florence: Piakna war dein Bruder, ihr habt euch von klein auf gekannt. Ich bin eine fremde, weiße Frau, die vor vierzehn Jahren zum ersten Mal ins Dorf kam. An den Tag, an dem wir uns das erste Mal begegnet sind, kann ich mich gut erinnern. Du … *Miat fällt mir ins Wort.*

Miat: Ja, du hast mich ausgewählt.

Florence: Wirklich?

Miat: Ja, so war es. Du bist zu mir nach Hause gekommen und hast gefragt, ob ich hier wohne. Du hast dich auf den Boden gesetzt und meinen Namen aufgeschrieben, dann hast du nach meinen Kindern gefragt. Du hast dich umgeschaut. Dann bist du weggegangen. Du hast nicht gesagt, daß du wiederkommen würdest, doch wenige Tage später kamst du wieder, jetzt mit Milan, und hast gefragt, ob ihr bei uns einige Zeit wohnen könntet. Du hast mich ausgewählt.

Florence: So wie du das beschreibst, hört es sich an, als hättest du nichts dazu beigetragen. Ich habe immer gedacht, daß das Interesse gegenseitig war: Du hast mir gefallen und ich dir.

Miat: So ist es, aber du hast den ersten Schritt gemacht. *Pause.* Heute wollte ich möglichst schnell hierherkommen. Ich verteilte das Essen, doch ich selbst habe nichts gegessen. Ich wollte keine Zeit verlieren. Gestern abend, als ich nach unserem Gespräch nach Hause kam, wollten die Kinder wissen, was ich in der Tasche habe. Ich drückte die Tasche fest an mich und sagte: »Bananen von Florence, doch ihr bekommt keine einzige davon, die sind alle für mich. Und wenn Florence wegfährt, gehe ich mit ihr.« *Miat streckt sich auf dem Boden aus und legt die Arme unter den Kopf.* Von Zeit zu Zeit komme ich in dieses Haus und weine. Hier ist mein Vater gestorben. Zuerst starb Piakna, dann mein Vater. Er war sehr krank. Zum Schluß konnte er nicht mehr gehen und saß nur noch im Haus. Ich pflegte ihn. Er hatte Entzündungen in den Leisten, und ich wusch ihm täglich sein Geschlecht. Etwa fünf Wochen nachdem Piakna starb, starb auch mein Vater. Als man ihn begrub, warf ich mich zu Boden. Mein Kopf lag auf dem Grab von Piakna, meine Füße auf jenem meines Vaters. Ich war von Trauer zerstört.

Florence: Es starb nicht nur dein Lieblingsbruder Piakna, sondern auch dein Vater. Zur gleichen Zeit verlorst du zwei Menschen, die dir sehr nahe standen. Wenn du glücklich und voller Erwartung bist, taucht die Erinnerung an den Verlust, an den Tod auf.

Miat: Siehst du den kleinen Hocker dort? Er gehörte meinem

Vater. Er hat ihn selbst geschnitzt und saß immer darauf, bis er nicht mehr sitzen konnte.

Als wir aufstehen und gehen, schließt Miat die Türe mit dem Holzstück wieder zu. Unten an der Treppe verabschieden wir uns und verabreden, daß ich morgen zu ihr nach Hause kommen soll. Temben und seine Söhne haben die Arbeit an der Toilette beendet und sind bereits zurückgegangen. Auch Miat schlägt den Weg ins Dorf ein.

Am Abend, nachdem wir gegessen haben, möchte ich Musik hören. Ich hänge das Tonbandgerät an einen Nagel, der im Längsbalken des Hauses steckt, und drehe laut auf. In die Dunkelheit und die Stille der Nacht ertönt die Stimme Jimmy Cliffs. Wenige Minuten später ist vor dem Haus ein Räuspern zu hören. Es ist Kinembe mit ihren drei Kindern und Jimmy. Aufmerksam geworden durch die Musik, sind sie neugierig geworden und wollen wissen, was im Haus der Weißen los ist. Alle, sogar Kinembe, die zuerst etwas skeptisch hinhört, sind von der Musik begeistert. Die Kinder springen immer wieder auf und tanzen durch das Haus. Jimmy weiß zuerst nicht recht, was er davon halten soll, daß er denselben Namen trägt wie der Sänger, doch da er allen gefällt, ist er zufrieden. Daß sich Miat so sehr auf unsere Gespräche freut, das muß es sein, was mir heute abend so gute Laune macht.

Seitdem wir hier sind, bringt uns Kinembe fast täglich Gemüse, Fische oder Crevetten. Gestern schlug sie mir vor, mit ihr fischen zu gehen und ihren Garten anzusehen. Gerne nahm ich ihre Einladung an, denn schon lange bin ich nicht mehr zum Fischen gefahren. Vor vierzehn Jahren, als ich neu war hier, müssen die Frauen sich über mein Benehmen und meine Unkenntnis gewundert haben. Und so beschlossen sie, mit mir eine Art Nacherziehung durchzuführen. Sie führten mich in die Welt der Frauen ein. Sie nahmen mich mit auf den See, gaben mir einen Speer in die Hand und hießen mich, es ihnen gleichzutun. Am nächsten Tag fuhren wir zum Markt im nördlichen Wald, um die Fische, die wir gefangen hatten, mit den Frauen dort gegen das Mehl der Sagopalme einzutauschen. Sie lehrten mich, die Fische über dem Feuer zu räuchern, sie mit Gemüse zu kochen und aus dem Sagomehl Fladen zu backen, die die Form des Halbmondes haben. Diese Einführung in die Arbeiten der Frauen war zugleich ein Versuch, mich, die fremde Weiße, in ihre Welt zu integrieren.

Es ist früher Morgen. Kinembe erwartet mich. Sie weist auf zwei Paddel, die an der Treppe angelehnt sind. Dieses da, das Paddel von Amuia, sei für mich. Ich hebe es hoch, es ist aus schwerem Holz. Bestimmt hat es Nagwan vor langer Zeit für seine Frau geschnitzt. Paddel und Kanus aus solchem Holz halten Jahrzehnte. Kinembe geht voran zum Ufer. Während sie das Kanu festbindet, steige ich ein und setze mich in die Mitte. Sie wird im Heck Platz nehmen und das Kanu steuern. Wir paddeln flußabwärts. Schnell gleiten wir in der starken Strömung voran, rechts das Ufer, links der breite Fluß. Von Zeit zu Zeit ragt eine Reihe langer Stöcke aus dem Wasser hervor, die quer zur Strömung steht. Es sind Fischwehre. Die Frauen jagen Fische mit dem Speer, fangen sie mit Haken und Netzen und legen Reusen aus. Dazu darf das Wasser nicht zu tief sein, da sie auf dem Grund stehen müssen, um die Stöcke einzurammen, mit denen die Reusen festgemacht sind. Mehrere Reusen nebeneinander ergeben eine Sperre, die den Fischen nur den Weg durch die großen, trichterförmigen Öffnungen frei läßt. Sind sie einmal gefangen, gelingt es ihnen nicht, die kleine Öffnung des Trichters wieder zu finden. Kinembe nennt die Namen der Frauen, denen die Wehre gehören. Sie weist auf einen großen Brotfruchtbaum. Kinembe: »Da sind wir.« Ich gehe ans Ufer und binde das Kanu am Baum fest. Kinembe zieht ihre Bluse aus, schlüpft aus dem Rock und springt aus dem Kanu ins Wasser.

Ich sehe sie nicht mehr, nur Bläschen, die an die Wasseroberfläche steigen. Da taucht sie auf, schüttelt den Kopf hin und her, daß das Wasser nur so aus ihren Haaren spritzt, und lacht mir zu. In wenigen Zügen schwimmt sie zum Wehr. Sie hält sich an den Stöcken fest, sucht Boden unter den Füßen und tastet mit den Händen die Reuse ab. Sie biegt einen Stock zur Seite und zieht die erste Reuse heraus. Das Wasser fließt aus den Öffnungen des Geflechtes heraus. Kinembe hält die Reuse mit der Spitze über das Kanu und zieht das Büschel Blätter heraus, welches die Öffnung verschließt. Drei Fische fallen heraus. Die Fische hier sind träge, und es besteht keine Gefahr, daß sie über den Kanurand herausspringen. Kinembe verstopft die Öffnung wieder und macht die Reuse mit den Stöcken fest. Ich sehe Kinembe zu, wie sie im Wasser stehend Reuse um Reuse leert, und denke, sie ist selbst wie ein Wesen aus dem Wasser. So sicher sind ihre Bewegungen, und so gut kennt sie sich in allem aus.

Für die Iatmul ist die äußere Erscheinungsform nur eine Hülle, eine Art Gewand, das sie wechseln können. Und so verwandeln sich die Menschen in Tiere und Pflanzen, und aus einem Fisch oder Brotfruchtbaum wird plötzlich ein Mensch. Kinembe ist eine Fischfrau. Ich träume. Kinembe kommt ans Ufer, zieht sich Rock und Bluse wieder über und führt mich zu ihrem Garten. Es ist Aufgabe der Frauen, Fische zu fangen, Sago einzutauschen, zu kochen und für die kleinen Kinder zu sorgen. Die Frauen sind die Ernährerinnen der Familien. Die Männer sind Handwerker, sie bauen die großen Häuser, halten sie instand, schnitzen Kanus und Paddel und legen in der Niedrigwasserzeit Gärten an. Die Gartenprodukte bieten in dieser Jahreszeit eine Abwechslung, doch Fisch und Fladen bleiben das tägliche Essen. Seitdem Kinembes Mann gestorben ist, legt sie selbst einen Garten an. Stolz weist sie auf Wassermelonen, Mais, Süßkartoffeln und Yams. Sie will für mich Yams ausgraben, und auch Mais und eine Wassermelone soll ich mir nehmen.

Kinembe holt einen Spaten, der am Brotfruchtbaum angelehnt ist, und während ich Maiskolben breche und unter den Wassermelonen eine reife aussuche, gräbt sie drei lange Yamsknollen aus. Dann laden wir alles ins Kanu und paddeln nach Hause. Jetzt geht es langsamer, und ich spüre mit jedem Zug des Paddels die Kraft der Strömung. Kinembe erzählt. Seitdem ihr Mann gestorben ist, haben ihr schon mehrere Männer zu verstehen gegeben, daß sie sie heiraten möchten. Doch sie hat keine Lust. Ihr gefällt kein Mann im Dorf, und so wie sie jetzt lebt, geht es ihr gut. Weshalb also wieder heiraten? Ich unterstütze Kinembe in ihrem Entschluß. Mutig ist sie und selbständig, und wieder habe ich ein Gefühl von Genugtuung und Zufriedenheit.

Als ich mich am Nachmittag auf den Weg ins Dorf mache, erwarte ich, Miat unterwegs anzutreffen. Doch ich gehe alleine auf dem schmalen Weg durch die flache Landschaft. Erst in der Wegbiegung, wo sich der Bach zu einem kleinen Teich ausweitet, stoße ich auf Kinder, die im Wasser spielen. Als ich mich dem Haus Miats nähere, schauen zwei Kinder heraus und rufen: »Florence kommt, Florence kommt.« Nun erscheint auch Miat und winkt mir zu. Sie ist dabei, den Platz beim Fenster zu wischen.

Miat: Die Kinder machen einen Dreck. Komm, jetzt können wir uns setzen.

Der Platz, den Miat für unser Gespräch vorschlägt, ist gleich rechts neben der Tür. An der Wand steht eine große Schale aus Ton, in der Feuer gemacht und Essen gekocht wird. Gleich daneben zwei große, bauchige Vorratstöpfe, in denen die Sagobrocken aufbewahrt werden. In der Wand ist eine lange Öffnung, die den Blick auf den Weg, der am Haus vorbei führt, freigibt. Etwas von der Wand entfernt und quer zu ihr steht eine große Truhe aus Holz. In solchen Truhen brachten die Männer früher, wenn sie von den Plantagen ins Dorf zurückkehrten, ihren kläglichen Lohn, ihre Habseligkeiten und Geschenke für ihre Verwandten mit. Da lasse ich mich nieder, so daß ich mich bequem anlehnen kann, wenn mir das Sitzen Mühe macht. Miat setzt sich mir gegenüber. Drei kleine Kinder springen schreiend durch das Haus.

Miat: Ihr verschwindet auf der Stelle! Florence und ich haben jetzt unser Gespräch, und da können wir euch nicht gebrauchen. Geht draußen spielen.

Die Kinder werden still, doch machen sie keine Anstalten wegzugehen. So sind die Iatmul. Befehle mögen sie nicht, und es dauert stets, bis sie sich damit abfinden. Die Kinder trödeln herum, eines sucht einen Ball, das andere nimmt sich aus einer Tasche, die an einem geschnitzten Haken von der Decke hängt, etwas zum Essen. Erst jetzt entschließen sie sich zu gehen und steigen eines nach dem andern die Treppe hinunter.

Miat: Seit unserem letzten Gespräch ist viel passiert. Als ich gestern nach Hause kam, backte ich für die ganze Familie Sagofladen. Da wir alle Fische aufgegessen hatten, ging ich ins Nachbardorf. Zur Zeit gibt es dort in den Seen mehr zu fangen. Es dauerte lange, bis ich eine Frau fand, die Fische anbot. Sie wollte dafür kein Geld, sondern wollte die Fische gegen Sagomehl eintauschen. So kehrte ich nach Hause zurück, nahm zwei Sagobrocken und brachte sie ihr. Am Abend aßen wir frische Sagofladen und Fische. Nach dem Essen legte ich mich gleich schlafen. *Pause.*
Heute morgen auf dem See versuchten Guse und ich mit dem Speer *makau*-Fische zu jagen, doch wir hatten kein Glück. Die Fische waren vorsichtig und ließen sich nicht fangen. Zu Hause kümmerte ich mich um das Essen. Zwei Kinder gingen in den Garten, um Yams auszugraben, zwei pflückten *apika*-Blätter, zwei hackten unter dem Haus Holz fürs Feuer, und eines holte im See Wasser. Aus dem Yams und den Blättern kochte ich einen Eintopf. Temben kam vom Zeremonialhaus zurück und aß. Dann meinte er: »Wir könnten jetzt zusammen zu Milan und Florence gehen.« Ich aber sagte: »Ich würde gerne gehen, doch habe ich mit Florence verabredet, daß sie hierher kommt.«
Florence: Heute sprechen wir zum ersten Mal bei dir zu Hause. Ich habe mich auch auf unser Gespräch gefreut.

Miat nickt mir zu und beginnt ohne Übergang in aller Ausführlichkeit über einen Streit zwischen ihrer Freundin Turi, mit der sie jeden Tag fischen geht, und deren Sohn zu berichten. Ich habe Mühe zu verstehen, worum es in der Auseinandersetzung geht. Turis Sohn ist Lehrer in einer Stadt und weilt während der Ferien im Dorf. Nun macht er seiner Mutter Vorwürfe.

Miat: Es ist ein Gerede im Dorf, ich mische mich nicht ein, ich
   halte mich zurück und warte ab.

Der Streit zwischen Turi und ihrem Sohn kommt mir seltsam vor. Die beiden kommen sonst stets gut miteinander aus, und nun sollen ausgerechnet sie in Streit geraten sein? Und weshalb erzählt mir Miat diese Geschichte? Haben wir uns gestern nicht besonders gut verstanden? Ja, waren die Geschichte mit den Bananen, die Miat nicht mit ihren Kindern teilen wollte, und ihre Phantasie, mit mir wegzureisen, nicht eine Liebeserklärung? Sind wir uns zu nahe gekommen?

Florence: Gestern haben wir über Gefühle der Erwartung und
   Zuwendung gesprochen, und heute ist es schwierig.
Miat: Aber nein. *Pause.* Unser Haus ist stets voller fremder
   Kinder. Sie wissen, daß es hier zu essen gibt, und kommen
   zu uns. Doch wir bekommen nie etwas. Wir verteilen immer
   alles. Auch als meine zweite Tochter heiratete, räumten unsere Verwandten das Haus der Schwiegereltern aus: Fischreusen, Fischspeere, alles, was sie nur tragen konnten, nahmen sie mit. Und uns blieb nichts mehr übrig. Auch als
   mein Sohn Kaso aus der Stadt zurückkehrte, brachte er
   nichts Gutes mit nach Hause. Dabei haben wir all den Leuten, bei denen er gewohnt hat, stets geholfen.
Florence: Du hast den Eindruck, du verteilst alles und bekommst nichts?
Miat: So ist es.

Ich lehne mich an die Truhe hinter meinem Rücken. Ich schweige, ich weiß, daß es besser ist, jetzt nichts zu sagen. Ich habe ausgedrückt, daß mir an den Gesprächen mit Miat liegt, ich habe angesprochen, wie schwierig es ist, Gefühle zu zeigen, besonders Gefühle der Zuwendung. Doch auf ihre Darstellung, sie sei nur gut und der Rest der Welt schlecht, hätte ich nur erwidern können, du täuschst dich, so ist es doch nicht. Da kommt Temben die Treppe herauf und fragt, ob wir zu Ende gesprochen haben. Als ich ihm zunicke, setzt er sich zu uns. Er wendet sich an mich und will wissen, wie es Milan geht, und sagt, daß er ihn bald besuchen werde. Dann kommt das Gespräch auf den morgigen Markt, der in einem Dorf stattfinden wird, das etwas flußaufwärts liegt. Ich freue mich seit Tagen, diesen Markt zu besuchen, der nur einmal wöchentlich stattfindet. Von Temben und Miat erfahre ich nun, daß sie leider nie hinfahren können, da die Fahrt mit dem Motorkanu teuer sei. Und mit dem Ruderkanu, denke ich mir, ist es allerdings mühsamer. Ich erkundige mich nach dem Preis. 30 Toea pro Person kostet die Hin- und Rückfahrt. Das sind umgerechnet 70 Pfennig. Für mich ist das wenig Geld. Plötzlich kommt mir mein Wunsch, auf den Markt zu fahren, wie ein ungeheuerlicher Luxus vor, und es ist mir unvorstellbar hinzufahren, ohne die beiden einzuladen, als ob ich Miat zeigen möchte, daß es nicht zutrifft, daß nur sie immer gibt und nie etwas bekommt. Kaso, meint Miat, müsse auch unbedingt mitkommen.

Um vier Uhr morgens steht Miat unter dem Haus und ruft unsere Namen. Wir stehen auf, ziehen uns an und trinken einen Kaffee. Es ist noch dunkel, und mit einer Taschenlampe beleuchte ich die Stufen der Treppe. Miat und Temben sitzen auf dem Gestell unter dem Haus, langsam stehen sie auf, und wir gehen zum Ufer. Ich gebe Miat die 90 Toea für die Fahrtkosten; ich denke, es ist besser, wenn sie den Fahrer selbst bezahlt und nicht ich vor allen Leuten als Zahlende auftrete. An der Anlegestelle liegen zwei große Kanus mit Außenbordmotor bereit. Viele Leute haben sich versammelt, und es ist ein Gerede und Hin und Her, bis sich endlich alle Frauen, Männer und Kinder auf die Kanus verteilt haben. Dichtgedrängt sitzen wir zusammen. Es ist kühl, und ich knöpfe meine Jacke zu. Als sich das Kanu in Bewegung setzt, mir der Wind ins Gesicht bläst, das Ufer aus hohen Gräsern wie ein Band an meinen Augen vorbeigleitet und ich auf die weite Fläche des Sepik vor mir schaue, stört mich der oberste Knopf der Jacke, und ich mache ihn wieder auf.

Seit acht Tagen sind wir schon hier, seit acht Tagen treffe ich nur Leute, die ich kenne, seit acht Tagen gibt es nur wenige Orte, wo ich hingehen kann: zu Hause sein, Kinembe besuchen und ins Dorf gehen. Seit sieben Tagen treffe ich täglich Miat. Jetzt fühle ich mich ungebunden und freue mich darauf, andere Leute zu treffen und mich in einer anderen Umgebung bewegen zu können. Nach fünfzehn Minuten Fahrt kommen wir an. Die Anlegestelle ist von Kanus überfüllt, denn aus allen umliegenden Dörfern kommen Leute zu diesem Markt. Hier werden Waren nicht mehr getauscht, sondern gegen Geld gekauft. Der erste Markt dieser Art wurde auf der Mission eingerichtet, heute hat das Dorf am Fluß diesen Platz erfolgreich eingenommen, und der Markt der Mission ist eingegangen. Wir legen an, und ich springe ans Ufer. Ich achte darauf, auf dem glatten Boden nicht auszurutschen, da ruft jemand laut von der Böschung herab: »Willkommen, Florence und Milan!« Es ist der Dorfvorsteher, ein Freund Milans. Er trägt noch immer eine Mütze, um seine Glatze darunter zu verstecken. Nachdem wir einander begrüßt und einige Worte gewechselt haben, lasse ich ihn mit Milan zurück und gehe zum Markt.

Unter breit ausladenden Akazienbäumen haben die Frauen ihre Waren ausgebreitet. Märkte sind Frauenangelegenheit; auf den traditionellen Märkten, wo nur getauscht wird, dürfen die Männer die Marktfläche nicht einmal betreten. Hier aber mischen auch sie sich unter die Besucher. Das Angebot ist reichhaltig. Es gibt geräuchertes Schweinefleisch, Kasuareier, Sagomehl aus den Walddörfern, kleine Gurken, Mais, Tomaten und Nüsse. Die meisten Leute scharen sich um die Frauen, die Fische, Krebse, Crevetten und Betel anbieten. Ich gehe von Frau zu Frau und schaue mir die Waren an. Die Preise sind fest, es wird nicht gehandelt. Das Gemüse und der Betel sind in

Portionen aufgeteilt, jede kostet 20 Toea. Nach einem Rundgang kehre ich zu den Frauen zurück, deren Waren mir zusagten. Wir brauchen Gurken, Tomaten und Betel für unsere Freunde. Nachdem ich das Nötige eingekauft habe, zögere ich: Ich habe große, schöne Crevetten gesehen, darauf hätte ich Lust. Ich gehe zu der Frau und kaufe für 60 Toea Crevetten. Als ich nun alles habe, was wir brauchen und worauf ich Lust bekam, wird mir bewußt, daß ich seit acht Tagen nicht eingekauft habe. Im Dorf gibt es nichts zu kaufen. Das Gemüse, das wir essen, bringt uns Kinembe aus ihrem Garten, und dafür will sie kein Geld haben. Und auch die große Bananenstaude hat uns ein Freund Milans als Geschenk gebracht. Ein Gefühl von Unabhängigkeit und Freiheit überkommt mich: Freuden der Konsumgesellschaft.

In der Menge halte ich nach Miat Ausschau. Sie steht mit mehreren Frauen zusammen am Rande des Marktes. Ich gehe zu ihnen und stelle die volle Tasche auf den Boden. Sie neigt sich herunter, schaut sich den Inhalt an und wirft mir einen anerkennenden Blick zu, als sie den vielen Betel sieht. Nun hält sie mir ihre Tasche hin: Betel und zwei frische Fische liegen darin. Wir stehen da. Es werden Neuigkeiten ausgetauscht. Hie und da kommt eine Frau auf mich zu und begrüßt mich. Die Zeit vergeht. Da rufen die Kanufahrer ihre Gäste zusammen. Jetzt dauert das Einsteigen noch länger, denn alle sind schwer beladen, und die Taschen müssen verstaut werden. Miat kaut Betel, und ihr Mund ist rot. Sie spricht angeregt mit der Frau, die vor ihr sitzt. Auf der Hinfahrt war es still, jetzt sind alle voller Neuigkeiten. Die Sonne steigt auf, und es wird warm. Am Ufer verabschiede ich mich von Miat, und wir verabreden, daß ich am Nachmittag ins Dorf kommen werde.

Der Ausflug zum Markt regt uns an. Milan und ich diskutieren darüber, wie schnell sich hier die Verhältnisse ändern. Galt das Dorf am Fluß noch vor wenigen Jahren als unbedeutend, ist es heute zum wichtigsten Dorf geworden. Gibt es keine Gruppe aktiver Leute, versinkt ein Dorf in Vergessenheit. Unerwartet taucht es wieder auf. Neue Leute sind herangewachsen, einige aus der Stadt nach Hause zurückgekehrt, und es gelingt ihnen, andere in Bewegung zu setzen. Ein schon verfallenes Zeremonialhaus wird aufgebaut, große Rituale werden durchgeführt, ein Markt ins Leben gerufen, es entfalten sich Aktivitäten, und alle beginnen von diesem Dorf zu sprechen. Es ist stark und kräftig, sagen sie, die Kraft der Ahnen ist zurückgekehrt.

Zufrieden über den Ausflug und meine Idee, Miat dazu eingeladen zu haben, mache ich mich am Nachmittag auf den Weg ins Dorf. Als ich die Treppe zu ihrem Haus hinaufsteige, höre ich, wie sie die Kinder lautstark aus dem Hause wegschickt, sie sollten endlich verschwinden und uns nicht stören. Ich lege den Schirm auf die Truhe, setze mich und lehne mich an. Kaum hat sich Miat mir gegenüber niedergelassen, beginnt sie zu sprechen.

Miat: Der Fahrer wartete viel zu lange, er hätte längst zurückfahren können. Ich hatte einen unglaublichen Hunger. Als wir uns bei deinem Haus verabschiedeten, wollte ich dich fragen, ob du etwas für mich zu essen hast, doch dann ließ ich es bleiben. Zu Hause war kein Wasser im Eimer, und neben der Feuerstelle lag kein gespaltenes Holz. Die Kinder hatten nichts vorbereitet. Ich beschimpfte sie: »Wenn ihr nicht mithelft, backe ich euch keine Sagofladen. Bin ich etwa dazu da, für euch zu schuften?« Temben unterstützte mich, auch er fand, daß die Kinder faul sind und mithelfen müssen. Da kam die Nachbarfrau auf Besuch. Erstaunt wollte sie wissen, was los sei, denn ich saß, den Rücken zur Feuerschale gekehrt, und das heißt soviel wie »Ich bin böse«. Ich sagte: »Ich habe genug, ich sollte Sagofladen backen, und es ist kein Holz da.« Da ging sie unter das Haus und spaltete Holz. *Miat lacht.* Ich backte für jedes Kind nur einen winzigen kleinen Fladen. Die sollen sie sich nur einteilen! *Pause.*

Auf dem Markt gab jemand meiner Tochter einen Brief für

Temben mit. In dem Brief steht, daß Kaso ein unmöglicher Kerl sei und daß er für eine bestimmte junge Frau als Ehemann nicht in Frage komme. Ich weiß nichts über diese Affäre. Temben ist wütend. Vor zwei Tagen ist der Bruder von Temben aus der Stadt ins Dorf zurückgekommen. Wir haben ihm damals die Brautgabe für seine Frau bezahlt, bis jetzt hat er uns dafür nie etwas zurückgegeben, und uns besucht hat er auch noch nicht. Auf dem Markt sind Frauen zu mir gekommen und haben mich gefragt, ob wir vom Bruder bereits Geschenke erhalten haben. Sie sagten, er sei mit viel Geld gekommen. Temben ist außer sich und wird ihn zur Rede stellen.

Die Truhe im Rücken drückt mich unangenehm, und ich lehne mich nach vorne. Seit Miat zu sprechen begonnen hat, ist ihre Unzufriedenheit und Gespanntheit unüberhörbar. Was ist aus der Einladung zum Markt geworden?

Florence: Plötzlich sind alle unzufrieden. Gestern war es noch das Gerede zwischen Turi und ihrem Sohn, heute ist die Unzufriedenheit mitten in deiner Familie.

Miat: Und wie!

Florence: Heute habe ich euch zum Markt eingeladen, heute bist du und Temben unzufrieden.

Miat: Die Geschichte mit Tembens Bruder geht mich nichts an, das ist seine eigene Angelegenheit.

Da steht Miats Freundin Guse in der Tür. Jeden Tag treffen sie und Turi sich auf dem See. Guse setzt sich zu uns. Sie ist älter als Miat, auch größer und fester. Sie streckt mir die Hand hin und begrüßt mich in Iatmul, sie kann kaum Pidgin. Selbstsicher wirkt sie mit ihrem vom Betel stets roten Mund, ihrer Beleibtheit und ihren stets strahlend weißen Blusen. Guse und ihrem Mann geht es gut. Mehrere Söhne leben in der Stadt und unterstützen die beiden mit Geld. Denn nur wer Geld hat, hat stets Betel und trägt weiße Blusen. Sie holt aus ihrer großen Tasche einen Zweig Betel hervor und bietet Miat und mir davon an. Ich lehne ab, doch Miat nimmt die Betelfrüchte und beginnt sie zu schälen. Guse ist bedächtig. Ihre Bewegungen sind langsam, und sie spricht ohne lebhaften Ausdruck. Sie erzählt: »Ich habe Streit mit der zweiten Frau meines Mannes. Sie genießt alle Vorteile und leistet nichts. Ich soll mir das bieten lassen. Das kommt nicht in Frage. Um Mitternacht steht sie auf, kocht sich ein Essen, setzt sich in die Mitte des Hauses und schmatzt und furzt, daß es alle hören können. Ich habe genug. Mein Mann gibt ihr Geld, das er für seine Schnitzereien bekommt. Ich gehe meistens leer aus und habe die größte Arbeit. So geht das nicht weiter.«

Guse beugt sich auf die Seite und spuckt die zerkaute Betel-masse durch einen Spalt unters Haus. Sie wischt sich mit der Hand über den Mund und lacht zufrieden. Auch ich und Miat lachen mit. Es herrscht eine entspannte Stimmung. Ich merke, wie sehr mir Guses Art gefällt. Auch sie hat Streit, auch sie fühlt sich benachteiligt, doch läßt sie keinen Zweifel darüber aufkommen, daß sie sich dadurch nicht aus der Ruhe bringen läßt und auch schon weiß, wie sie die Angelegenheit zu ihren Gunsten ändern kann. Guse ist entspannt. Guse steht mir nicht nahe. Die Gespanntheit und Unzufriedenheit Miats treffen mich ganz direkt. Und da lasse ich mich durch die Selbstsicherheit Guses verführen, mitzulachen. Mit ihrem Auftritt vor Miat und mir und der Geschichte, die sie uns erzählt, setzt sich Guse in Szene. Sie weiß, daß Miat und ich jeden Tag miteinander spre-chen, sie wundert sich, weshalb die weiße Frau nicht auch mit ihr spricht, sie denkt, daß ihr dies ebenso zusteht wie Miat. Ja, sie findet sich großartiger als Miat, genauso wie die zweite Frau in ganz ungerechtfertigter Weise von ihrem Mann bevorzugt wird. Vielleicht muß ich auch deshalb lachen, weil ich nie auf die Idee gekommen wäre, Guse Miat vorzuziehen. Und so wirkt ihre Selbstdarstellung auf mich befremdend. Als ich mich ver-abschiede, erhebt sich auch Guse schwerfällig vom Boden. Sie lädt mich ein, sie bald zu besuchen.

Wieviel kostet die Reise von der Schweiz hierher?

Als ich am folgenden Tag vor Miats Haus stehe und ihren Namen rufe, antworten mir Miat und Temben gleichzeitig. Beim Platz am Fenster, wo wir immer miteinander sprechen, sitzt Miat am Boden und Temben, etwas von ihr entfernt, auf einem Stuhl. Ich lege den Schirm auf die Truhe und lasse mich neben Miat nieder. Wie bereits vor zwei Tagen erkundigt sich Temben nach Milan. Dann spricht er über die bevorstehenden Weihnachten. Er äußert seinen Unwillen über den weißen Pater, der nicht wie üblich am Heiligen Abend ins Dorf kommen will, um die Messe zu lesen, sondern sie kurzerhand um zwei Tage vorverschoben hat. Der Pater sei ein fauler Kerl und halte sich nicht an die Vorschriften der katholischen Kirche. Temben ist empört. Miat pflichtet ihm bei und lobt den Pater, der zuvor das Amt innehatte, das sei ein arbeitsamer und lustiger Mensch gewesen. Der neue aber sei nichts wert. Ich denke, wie unzufrieden Temben ist, genauso, wie es Miat gestern geschildert hat. Nun hebt sie ihre Tasche hoch, schaut hindurch, wirft mir einen fragenden Blick zu und läßt sie wieder auf den Boden fallen. »Sie ist leer«, sagt sie. »Hast du etwa Betel in deiner Tasche?«

Bevor ich das Haus verließ, steckte ich einen Zweig Betel ein, den ich auf dem Markt gekauft hatte. Ich reiche ihn Miat. Zufrieden nickt sie mir zu, bricht drei Früchte für Temben ab und behält den Rest für sich. Temben steht auf, steckt den Betel in seine Tasche und verabschiedet sich, er gehe ins Zeremonialhaus. Miat schält eine Frucht, steckt sie in den Mund, öffnet eine kleine Blechdose, in der sie Kalk aufbewahrt, taucht ein Stück Betelpfeffer hinein und steckt auch dieses in den Mund.

Nun vermischt sich der ungelöschte Kalk mit dem Betel, dem Betelpfeffer und dem Speichel, und alles verfärbt sich leuchtend rot. Betel wirkt anregend, wie ein doppelter Espresso; die Iatmul sind süchtig danach. Miat läßt sich Zeit. Erst als sie die rotgefärbte Masse unters Haus gespuckt hat, beginnt sie zu sprechen.

Miat: Gestern nach unserem Gespräch paddelte ich auf den See und schaute Guses Netz nach. Fünf Fische hingen darin.
Florence: Wollte Guse, daß du ihr Netz kontrollierst?
Miat: Sie sagte, sie habe keine Lust hinzugehen. Ich könne die Fische behalten. Das Netz war voller Gras. *Pause.*
Zu Hause kochte ich Fisch und Gemüse. *Pause.*
Die Kinder rannten herum und machten Lärm. Ich beschimpfte sie.

Miat setzt ihre Schilderung fort. Sie, die sonst anschaulich erzählt, reiht kurze Begebenheiten zusammenhangslos aneinander.

Florence: Du bist unzufrieden, und auch Temben ist unzufrieden. Das muß mit unseren Gesprächen zusammenhängen.
Miat: Niemals, Temben unterstützt unsere Gespräche.
Florence: Es muß mit unserer Beziehung zu tun haben. Ich komme zum Sepik zurück und möchte jeden Tag mit dir sprechen. Ich lade dich, Temben und Kaso zum Markt ein. In den Gesprächen kommen wir uns näher.
Miat schaut hinaus. Nach einer Weile des Schweigens sagt sie: Es stimmt. Alle sind auf uns böse. Auch die Kinder. Taga will den Säugling nicht mehr hüten. Kaso will, daß du ihm Turnschuhe kaufst. Alle sind unzufrieden.
Florence: Du kommst meinetwegen in Schwierigkeiten.
Miat: Aber nein. Die Kinder sollen nur still sein. Füttere ich sie nicht jeden Tag? Die haben nichts zu sagen. *Pause.*
Die Leute wollen wissen, was wir reden. Ich sage ihnen, nichts Besonderes. Ich erzähle Florence, wie ich am Morgen auf den See fahre, wie ich koche, was ich den ganzen Tag

mache. Wirst du über unsere Gespräche ein Buch schreiben?

Florence: Ich möchte gerne über uns zwei ein Buch schreiben. Was hältst du davon?

Miat: Wenn du ein Buch schreibst, ist das eine gute Sache.

Florence: In dem Buch würde ich erzählen, wie wir uns jeden Tag getroffen haben, was wir gesprochen haben und was wir für Gefühle und Gedanken hatten. *Pause.*
Über den Streit, den wir hatten, als ich mit deiner Tochter sprach, könnte ich auch schreiben.

Miat: Über den Streit soll niemand etwas erfahren.

Florence: Der gehört doch auch zu unserer Geschichte.

Miat: Vielleicht ist das bei euch Weißen möglich, doch wir Schwarzen behalten solche Dinge für uns.

Florence: Wenn ihr einen Streit habt, dann weiß das ganze Dorf davon.

Miat: Aber der Streit mit dir war klein, nur über große Affären wissen alle Bescheid.

Florence: Unser Streit war groß, und alle sprachen darüber. Du hast deinen Kopf durchgesetzt und ich meinen.

Miat lacht: Dein Kopf ist härter als meiner.

Florence: Du fühlst dich bedrängt.

Miat: Bevor ihr gekommen seid, war das Haus am Sepik leer, jetzt ist es voller Sachen.

Florence: Die Weißen haben immer Geld und viele Sachen mit sich. Deine Kinder wollen auch etwas davon haben.

Miat: Bei mir kommen solche Gedanken auch auf.

Florence: Auch du denkst dir manchmal, was du aus mir an Geld und Geschenken herausholen könntest?

Miat: So ist es. Der Wunsch ist nicht sehr stark, nur hie und da taucht er auf.

In diesem Augenblick steckt jemand von außen einen langen Speer zur Öffnung hinein; vor unseren Augen zappelt ein aufgespießter silbergrauer Fisch. Miat lehnt sich hinaus. Sie ruft: »Ach, du!« Unten steht ihr Sohn Pengal, der zufrieden über seine geglückte Überraschung lacht.

Miat wendet sich an mich: Heute haben wir viel geredet. Ich gehe in den Wald, ich muß pissen. *Sie springt die Treppe hinunter und sagt über die Schulter:* Also bis morgen.

In der Früh weckt uns eine Stimme, die nicht hierher gehört. Wer ist es, der so laut nach Milan ruft? Vor dem Haus steht Yabu. Als Milan für das hiesige Museum am Unterlauf des Sepik gearbeitet hat, ist Yabu sein Freund geworden. Nun steht er da und ist so sehr in Eile, daß er nicht einmal heraufkommen will. Er begleitet einen weißen Kunsthändler und seine Frau, die ihn als Fahrer angestellt haben, und die wollen zuerst in den Nachbardörfern und erst anschließend hier einkaufen. Während er spricht, gehen wir gemeinsam zum Ufer. Yabu springt ins Kanu, in dem ein Mann und eine Frau sitzen, die, über unsere Anwesenheit erstaunt, »Hello, how are you?« sagen. Zu mehr kommt es nicht, denn Yabu stellt den Motor an, greift nach zwei Kissen, die er in einem großen Bogen ans Ufer wirft. »Die sind für euch, damit ihr etwas zum Sitzen habt. Wie ich euch kenne, habt ihr bestimmt keinen einzigen Stuhl im Haus. Bevor ihr in die Schweiz reist, bringt ihr sie mir zurück. Sie sind ein Andenken an Milan, und ich möchte sie wieder haben.« Dann fährt er in einem großen Bogen auf den Sepik hinaus. Wir stehen da und winken ihm nach. Die zwei Kissen können wir gut gebrauchen.

Am Nachmittag, unterwegs ins Dorf, begegne ich Miat. Einen Eimer in der einen, ein Buschmesser in der anderen Hand, kommt sie mir entgegen.

Miat: Ich muß noch Wasser holen, geh du schon ins Haus, ich komme gleich nach.
Florence: Ich begleite dich.

Miat nickt mir nur zu. Mit festem Schritt geht sie vor mir her. Energisch kommt sie mir heute vor. Sie biegt vom Hauptweg in einen grasbewachsenen Seitenweg ab, der zum

See führt. Plötzlich schlägt sie mit dem Buschmesser ins Gras.

Miat: Ich nahm das Messer mit, um Gras zu schneiden. Die giftigen Schlangen verstecken sich hier. Ich muß das Gras unbedingt schneiden. Die Schlangen sind gefährlich.

Nach wenigen Schritten sind wir am Seeufer angekommen. Vor uns liegt ein glitschiger Baumstamm, der durch das Schilf zu der Seite führt, wo Miat Wasser schöpfen wird. Ich beschließe, hier zu warten. Miat balanciert sicher auf dem Stamm, der sich hin und her bewegt, und verschwindet im hohen Schilf. Nach einer Weile höre ich, wie sie den Eimer ins Wasser fallen läßt, ihn ausspült und mit Wasser füllt. Den vollen Eimer auf dem Kopf, kommt sie zurück und geht an mir vorbei.

Miat: Hast du Yabu auch gesehen?
Florence: Ja, heute früh sprach ich kurz mit ihm.
Miat: Er ist mit zwei Weißen ins Dorf gekommen. Viele Leute haben auf dem Zeremonialplatz ihre Waren zum Verkauf angeboten. Ich legte nur eine einzige Tasche hin. Die Tasche gehört einer Frau aus dem Nachbardorf. Ich habe keine Zeit, Taschen herzustellen. *Miat senkt die Stimme.* Das dürfen wir nicht machen. Zwischen uns und dem Nachbardorf gibt es schon lange Streit. Ihr Dorf liegt weiter vom Fluß entfernt, und so kommen selten Kunsthändler und Touristen zu ihnen. Früher verkauften viele Leute von uns für sie Schnitzereien und Taschen. Dann gab es eine öffentliche Versammlung, und alle wurden befragt, wer etwas vom Nachbardorf zu verkaufen habe. Temben und ich logen, wir sagten: »Ja, wir haben eine Tasche von Verwandten, doch haben wir sie gekauft, und sie gehört jetzt uns.« Davon stimmt kein Wort, wir haben die Tasche nicht gekauft.

Wir sind beim Haus angekommen, und ich gehe die Treppe als erste hinauf. Auf der obersten Stufe bleibe ich stehen und hebe den Eimer von Miats Kopf, trage ihn ins Haus und stelle ihn links neben die Tür, wo er immer steht. Miat wischt sich mit dem Tuch, das sie zwischen Kopf und Eimer als Polster gelegt hat, über das Gesicht und läßt sich nahe beim Pfosten nieder, so daß sie sich anlehnen kann.

Miat: Der weiße Kunsthändler wollte meine Tasche kaufen. Er bot 15 Kina, doch ich verlangte 40. Immer wieder kehrte er zu mir zurück und versuchte zu verhandeln. Ich blieb fest. Da ging er mit seinem Angebot hinauf bis auf 30 Kina. 40 waren ihm aber zuviel. Schließlich ging ich 5 Kina hinunter, und er kaufte sie für 35. Obwohl es nicht gut ist, soviel fremdes Geld im Haus zu haben, ging ich nicht gleich zur Frau ins Nachbardorf. Sonst hätte leicht jemand Verdacht geschöpft. *Pause.*
Einige Mädchen haben sich über die beiden Weißen mokiert. Sie stellten sich vor, sie auf dem Rückweg zum Sepik zu überfallen. Sie wollten sie auch schlagen. Da meinten andere: »Das gelingt euch nie, die werden sich wehren und schreien.« »Aber nein, dann halten wir ihnen den Mund zu«, meinten die Mädchen frech. *Pause.*
Der Mann muß der Vater oder der Bruder der Frau sein.

Florence: Weshalb meinst du das?

Miat: Er ist groß und dick, sie ist klein und zierlich. Die können unmöglich Mann und Frau sein. *Pause.*
Als vor einiger Zeit Touristen ins Dorf kamen und die Frauen ihre Taschen auslegten und viele davon verkauften, dachte ich, ich werde Taschen machen, dann bekomme auch ich viel Geld. Ich sagte niemandem etwas von meinen Gedanken, ich behielt sie für mich.

Florence: Gestern hast du doch gesagt, daß du dir manchmal vorstellst, Geld und Geschenke aus mir herauszulocken. Und heute hat dir ein weißer Mann sehr viel Geld für eine Tasche bezahlt.

Miat: Ja, er wollte sie unbedingt haben. *Pause.*
Ich muß dir noch etwas erzählen. Turi ist eine unglaubliche Sache passiert. Sie legte gestern wie jeden Tag Fische auf

das Gestell über der Feuerschale und räucherte sie. Dann ging sie weg, um jemanden zu besuchen. Da begann das Haus zu brennen. Fetttropfen fielen von den Fischen in die Glut, es gab eine Stichflamme, und das Dach fing Feuer. Zum Glück entdeckte jemand das Feuer und konnte es löschen. Turi wurde ausgeschimpft: Ob sie etwa ein kleines Mädchen sei, das ahnungslos und kopflos von zu Hause wegläuft und Fische unbeaufsichtigt räuchern läßt.

Vom Platz, wo Miat an den Pfosten angelehnt sitzt, sieht sie hinaus auf den Weg, der vor dem Haus vorbeiführt. Plötzlich lehnt sie sich hinaus und spricht aufgeregt mit einer Frau. Dann faßt sie mich am Bein und zeigt nach draußen.

Miat: Das ist die Frau, von der ich dir erzählt habe. Ihre Tasche habe ich verkauft.

Ich lehne mich hinaus und sehe eine Frau in Miats Alter, die eine Tasche auf dem Kopf trägt. Sie winkt mir zu und geht weiter in Richtung Dorf. Wie unmittelbar hier alles ist, geht mir durch den Kopf. Die Frau, von der ich eben nur gehört habe, steht jetzt schon vor mir.

Miat: Schau diesen Längsbalken hier. *Sie weist auf den Balken, der das Dach trägt und der zusätzlich durch einen hellen, wohl frisch gefällten Pfosten gestützt wird.* Heute Mittag, als ich kochte, begann dieser Balken zu krachen. Ich dachte, das Haus breche zusammen, und rief Temben. Gemeinsam mit Kaso hat er einen Stützbalken eingesetzt. *Pause.*
Ich bin unentschlossen. Soll ich mir das zerstörte Dach von Turis Haus ansehen oder nicht? Etwas in mir sagt: Du mußt dir das unbedingt anschauen, etwas anderes aber hält mich zurück und sagt: Laß es lieber bleiben. *Pause.*
Vielleicht gehe ich nach unserem Gespräch doch zu Turi.

Ich schweige. Ich brauche Zeit, um zu verstehen, was das alles bedeuten soll. Ich schaue auf die Uhr.

Florence: Ich komme morgen wieder um dieselbe Zeit.

Miat: Gut. Gehst du nach Hause?

Florence: Ich werde zuvor noch Nagia besuchen.

Miat: Weshalb willst du ausgerechnet diese Frau besuchen? Ich
muß dir unbedingt etwas erzählen.

Zögernd setze ich mich wieder hin und höre zu, was Miat mir
auf den Weg zu Nagia mitgeben will. Ein Kind Nagias soll ein
Radio gestohlen haben, und deswegen wird in den nächsten
Tagen eine Gerichtsverhandlung stattfinden. Miat stellt Nagia
in ein schlechtes Licht und schließt mit der Bemerkung: Wie die
Eltern, so die Kinder. Sie sei ganz anders, ihre Kinder würden
nicht stehlen.

Um zu Nagia zu kommen, muß ich auf einem Baumstamm
über den Bach balancieren, unter dem riesigen Akazienbaum
vorbeigehen, und dann stehe ich vor ihrem Haus. Nagia freut
sich auf meinen Besuch. Ich aber habe Mühe, mich auf sie einzulassen. Der Grund dafür ist weniger Miats Bericht über das
gestohlene Radio, der Nagia und ihre Kinder als Diebe erscheinen läßt, als meine Beziehung zu Miat. Und so bleibe ich nur
kurz und verspreche, in den nächsten Tagen wieder vorbeizu-
kommen.

Mein Bedürfnis, alleine zu sein und Zeit zum Nachdenken
zu haben, hängt mit meinem Gefühl zusammen, überrumpelt
worden zu sein. Ich komme mir vor, als liefe ich einem fahren-
den Zug nach, aus dem mir Miat mit einer Tasche in der Hand
zuwinkt und mich auffordert, aufzuspringen. Ich stehe außer
Atem auf dem Quai. Was bedeutet die Geschichte vom Verkauf
der Tasche einer Frau aus einem Nachbardorf an einen weißen
Kunsthändler? War nicht in den letzten Stunden immer wieder
die Rede davon, daß Temben von seinem Bruder etwas haben
will, Kaso von mir Schuhe, waren nicht alle unzufrieden, und
auch Miat meinte, daß sie manchmal wünscht, Geld und Geschenke von mir zu bekommen. Und heute scheint das, was
gestern noch Wünsche und Phantasien waren, schon Realität.
Miat verkaufte einem Weißen für viel Geld eine Tasche. Doch

je länger ich mich in die Geschichte vertiefe, desto klarer wird, daß nicht Miat einen Vorteil haben wird, sondern die Frau. Ihr gehört die Tasche, sie wird das viele Geld bekommen und Miat davon einen kleinen Teil geben, wie es am Sepik üblich ist. Heute will weder Miat noch jemand anderes aus ihrer Familie etwas haben, heute will der Junge von Nagia ein Radio und stiehlt es, und vor allem ist der weiße Kunsthändler so gierig nach Miats Tasche, daß er sie haben muß.

Was also bedeutet die Geschichte mit der Tasche, die Miat ganz erfüllt und beschäftigt? Ich weiß es noch nicht, doch fällt mir auf, daß Miat gerade heute zum ersten Mal von drohenden Gefahren spricht. Wenn sie das Gras auf dem Weg zum See nicht schneidet, könnte sie von Giftschlangen gebissen werden, der Längsbalken ihres Hauses könnte einstürzen, wenn nicht Temben und Kaso ihn stützen würden. Während Miat die Gefahren rechtzeitig erkennt und sie abzuwenden versteht, verliert Turi, ihre Freundin, im wahrsten Sinne des Wortes die Vernunft. Turi, die wie Miat der Inbegriff einer tüchtigen Iatmul-Frau ist, wird zu einem unvernünftigen, kleinen Mädchen. Sie geht jemanden besuchen und vergißt, daß Fische nie unbewacht geräuchert werden dürfen.

Mir fällt ein, daß Miat noch vor wenigen Tagen zu mir sagte: »Heute wollte ich möglichst schnell hierherkommen. Ich verteilte das Essen, doch ich selbst aß nichts.« Miat war voller freudiger Erwartung auf unser Treffen. In der Geschichte von Turi, in der sie auch jemanden besucht, erweist sich die Erwartung auf ein Treffen als höchst gefährlich, als kindlich und unüberlegt, so daß das Haus zu brennen beginnt. Ist es etwa das, was in unserer Beziehung droht? Dann ist es in der Tat besser, klaren Kopf zu bewahren und sich vorzusehen, wie Miat es mit den Giftschlangen und dem krachenden Balken tat. Und so verhält sich Miat auch in der Geschichte mit der Frau und der Tasche überlegt und zielstrebig. Von der Geschichte mit der Frau geht eine seltsam suggestive Wirkung aus, die ich mir nicht erklären kann.

Unterwegs ins Dorf begegne ich Miat an derselben Stelle wie gestern. Als ich näher komme, sehe ich, daß sie in der einen Hand eine Mangofrucht, in der anderen einen grünen Stengel hält.

Miat: Ich habe zu Hause auf dich gewartet. Da bekam ich Lust, Mango zu essen, pflückte mir vom Baum neben dem Haus eine Frucht, und eben holte ich mir im Bach einen Seerosenstengel. Esse ich Mangos ohne diesen Stengel, schmerzt mein Zahnfleisch.

Sie nimmt einen Biß von der Mangofrucht und einen vom Seerosenstengel. Miat wirkt frisch und lebhaft. In ihren Haaren glänzen Wassertropfen, sie hat im Bach offensichtlich auch gebadet. Mitleidig schaut sie mich an.

Miat: Du bist ja schweißüberströmt. Heute morgen sagte Temben: »Komm, gehen wir zum Sepik. Du sprichst mit Florence und ich mit Milan.« Er bedauert dich, da du jeden Tag den weiten Weg ins Dorf kommen mußt.

Es berührt mich unangenehm, wie mich Miat und Temben bedauern, und trocken sage ich: »Es macht mir nichts aus, ins Dorf zu kommen.« Miat lacht nur und geht voran zum Haus. Heute ist niemand da, und es ist still. Wir lassen uns beim Fenster nieder.

Miat: Gestern, als die Frau aus dem Nachbardorf hier vorbeikam, flüsterte ich ihr zu, daß ich sie heute besuchen werde. Sie verstand, daß ich damit sagen wollte, ich habe die Tasche verkauft. Als die Dämmerung einbrach, dachte ich, was soll ich bis morgen warten, ich gehe gleich hin. Es ist nicht gut, Geld von fremden Leuten im Haus zu haben. Man könnte das Geld verlieren, es könnte gestohlen werden, und dann gerät man in Schwierigkeiten. So machte ich mich mit meinem Sohn Pengal auf den Weg. Die Frau staunte über unser Kommen. Sie hieß uns Platz nehmen, legte gleich vier große Fische auf die Tonplatte in der Feuerschale und entschuldigte sich, daß sie nicht mehr zu Hause habe. Darauf

sagte ich zu ihr: »Ich bin keine Frau aus einem Walddorf, die nicht fischen kann. Ich bin wie du eine Frau vom Fluß, doch sind bei uns mehrere Seen von Schilf stark bewachsen, und wir fangen wenig Fische.« Die Frau nickte, sie weiß, wie es um unsere Seen bestellt ist. Nun holte ich das Geld hervor. Ich legte drei Zehn-Kina-Scheine und einen Fünf-Kina-Schein vor sie auf den Boden und sagte: »35 Kina habe ich für deine Tasche bekommen, soviel hat mir der weiße Kunsthändler dafür bezahlt. Wenn du mir nicht glaubst, kannst du dich bei anderen Leuten erkundigen, viele haben dem Handel zugeschaut.« Da faßt mich die Frau am Arm. *Und auch Miat hält nun meinen Arm mit festem Griff.* »Wo denkst du hin, ich soll dir nicht vertrauen, dir Miat? Du sollst mich betrügen? Niemals!« sagte sie ernst und schüttelte dazu den Kopf. Sie nahm die Fünf-Kina-Note und legte sie vor mir hin: »Das ist für dich, für deine Arbeit.« Während sie den Rest des Geldes in ihrer Tasche verstaute, ließ ich die Note liegen und sagte: »Wenn wir Geld hätten, würde ich dein Geschenk ablehnen, da wir aber kein Geld haben, nehme ich es an.« Die Frau war zufrieden, und ich steckte das Geld ein. Wir saßen zusammen und sprachen über dies und das. Dann brachen wir auf. Sie wollte uns nicht gehen lassen und entschuldigte sich nochmals dafür, daß sie nur wenige Fische für uns im Haus hatte. Sie packte sie in Bananenblätter ein, und Pengal und ich machten uns, in jeder Hand ein Paket Fische, auf den Heimweg. Als die Kinder zu Hause die Fische sahen, sprangen sie vor Freude auf. Ich schickte Wundan in den Laden, noch eine Fischkonserve zu kaufen, und hieß Tiri Gemüse aufsetzen. Mitten in der Nacht machten wir ein großes Essen, und mit vollem Bauch legten wir uns schlafen. *Pause.*
Heute früh ging noch ein Kina weg, mit den drei restlichen werde ich auf dem Markt große Sagobrocken kaufen.

Nun schweigt Miat. Zufrieden sitzt sie da, die Beine gestreckt, den Oberkörper leicht nach vorne gebeugt, und schaut mich an.

Auch ich sitze da und schweige. Eine seltsame Wirkung geht von Miats detaillierter Schilderung auf mich aus. Ich denke, wie gut sich die zwei Frauen verstehen und wie zufrieden sie sind. Da gibt es ein Geben und Nehmen und gegenseitiges Helfen, so daß sich alle darüber freuen, die Ehemänner, die Kinder und die Frauen selbst. Ich frage mich, will mir Miat etwa mit ihrer Schilderung sagen: So sollte es auch zwischen uns sein? Da kommt Wundan die Treppe heraufgesprungen und blickt uns erstaunt an. Da es still war, hat er uns hier nicht erwartet.

Miat: Warst du am Sepik im Garten und hast Florence und Milan eine Staude Bananen nach Hause gebracht? *Wundan nickt.*
Florence: Wirklich? Das freut mich, eure Bananen sind besonders gut.
Miat, zu mir gewandt: Gib ihm eine Zigarette, er hat nichts anderes im Kopf, als von dir eine Zigarette zu bekommen.
Wundan: Das stimmt nicht, ich dachte nicht an Zigaretten.

Als ich ihm eine Zigarette hinhalte, macht er eine Verbeugung und steckt sie mit einer weitausholenden Geste hinters Ohr. Wundan wirkt so komisch, daß Miat und ich gleichzeitig in lautes Lachen ausbrechen.

Miat: Ich muß dir erzählen, was heute früh passiert ist. Ich kam vom See zurück. Da sah ich vor mir Turi, auch sie war unterwegs ins Dorf. Plötzlich lachte sie laut vor sich hin. Als ich ihren Namen rief, wandte sie sich nach mir um, und da sah ich, daß ihr vor lauter Lachen die Tränen übers Gesicht liefen. Sie sagte: »Gut, daß du kommst, so kann ich dir erzählen, was mir eben zugestoßen ist. Als ich auf dem See zu meinen Fischreusen paddelte, bekam ich Lust, eine Zigarette zu rauchen. Ich legte das Ruder quer übers Kanu, nahm aus meiner Tasche eine Zigarette, steckte sie in den Mund, und als ich das Feuerzeug anzündete, ließ ich es vor Schreck fallen. Ich dachte, es wird ins Kanu fallen, aber nein, es fiel in den See. Stell dir vor, so etwas muß mir passieren, ich erschrecke vor der Flamme eines Feuerzeuges. Man könnte glauben, daß ich eben erst mit Rauchen anfange.« Da mußte auch ich lachen. Gestern noch zündete Turi ihr Haus an, heute erschrickt sie über die Flamme eines Feuerzeuges.

Florence: Die selbstsichere und tüchtige Turi ist ganz verändert.

Miat: So ist es. *Wir hören Geräusche unter dem Haus. Miat beugt sich nach vorne und späht durch einen Spalt nach unten.* Es ist Temben. Er kommt von einer Versammlung zurück. Bestimmt ist er hungrig und müde.

Florence: Weshalb kommt er nicht herauf?

Miat: Zuerst reden wir zwei zu Ende. *Pause.* Dann haben Temben und ich eine wichtige Sache mit dir zu besprechen.

Ich frage mich, worum es sich dabei wohl handeln wird. Und als Miat nun beginnt, ausführlich über Tembens Bruder herzuziehen, der mit viel Geld ins Dorf gekommen sei und ihnen noch immer nichts gegeben habe, obwohl doch gerade sie ein Anrecht darauf haben, da sie ihm bereits mehrmals finanziell geholfen haben, bin ich auf etwas Unangenehmes gefaßt. Ich denke, es wird um Geld, um ein kompliziertes Tauschgeschäft zwischen mir und Miat und Temben gehen. Nachdem Miat die unglaubliche Frechheit von Tembens Bruder noch einmal hervorgehoben hat, fragt sie mich, ob jetzt die Stunde vorbei sei. Und in der Tat, ein Blick auf die Uhr bestätigt, daß wir genau eine Stunde miteinander gesprochen haben. Ich nicke Miat zu. Sie ruft Temben. Dieser kommt die Treppe herauf, begrüßt mich, holt aus dem hinteren Teil des Hauses den Stuhl und setzt sich zu uns. Temben wirkt besorgt, er überlegt eine Weile.

Temben: Miat und ich müssen mit dir und Milan eine wichtige Sache besprechen. Gestern nacht haben wir lange darüber nachgedacht. Die Sache liegt uns sehr am Herzen. Übermorgen, am 25. Dezember, ist Weihnachten. Das ist ein großer Tag, den müssen wir zusammen feiern. Wir schlagen vor, daß wir ein Essen veranstalten: Milan und du stiften zwei Hühner, wir zwei Enten, und ich koche. Ich kann gut kochen.

Florence: Das weiß ich, du hast während des ersten Aufenthaltes regelmäßig für uns gekocht.

Temben: Ja, und ich habe noch dazugelernt. Ich werde die Hühner in Zwiebeln und Öl anbraten, und dazu gibt es Süßkartoffeln und Yams. *Pause.*
Bist du und Milan mit unserem Vorschlag einverstanden?

Nach Miats Ausführungen über Tembens Bruder war ich auf anderes gefaßt. Nun sollen Milan und ich Hühner für ein Essen stiften, an dem wir selbst mitessen werden. Ich bin erleichtert. Das einzige, was mich stört, ist der Anlaß: Schon lange ist der Heilige Abend nicht mehr das, was er in meiner Kindheit war, und nun soll ich ihn ausgerechnet hier am Sepik, in den Tropen, wieder feiern. Doch darüber mache ich mir jetzt keine Gedanken und sage:

Florence: Selbstverständlich bin ich einverstanden. Auch Milan wird sich bestimmt über eure Einladung freuen.

Miat und Temben schauen einander zufrieden an, und es entwickelt sich eine Diskussion über das geplante Essen. Ob zwei Hühner und zwei Enten reichen, denn wir sind vier Erwachsene und neun Kinder, um welche Zeit die Einladung stattfinden soll, und Temben will wissen, ob wir einige von unseren Zwiebeln, die wir in der Provinzhauptstadt gekauft haben, entbehren könnten, denn solche sind im Dorf nicht aufzutreiben. Süßkartoffeln aber und Yams habe er viel im eigenen Garten angepflanzt. Nachdem wir alles besprochen haben, verabschiede ich mich und mache mich auf den Weg zum Sepik. Ich gehe durch die abendliche Landschaft, folge mit den Augen den Wolken am Himmel und denke an das Gespräch mit Miat und die Begegnung mit Temben. Je länger ich darüber nachdenke, um so größere Zweifel überkommen mich. Meine Erleichterung, daß die große Sache, die Temben und Miat mit mir besprechen wollten, nur eine Einladung zum Heiligen Abend ist, ist vorbei. Und je näher ich unserem Haus komme, um so mehr frage ich mich, was mich an der Weihnachtseinladung so sehr befremdet.

In der Nacht schlafe ich wenig, immer wieder wache ich auf und denke über die Beziehung zwischen Miat und mir nach. Ich verfolge eine Idee und schlafe darüber wieder ein. Als ich jetzt wieder aufwache und die unzähligen Geräusche höre, die von draußen ins Haus dringen, von herabfallenden Ästen, von Nachtvögeln und anderen Tieren, denke ich, welch ein Leben und Lärm mitten in der Nacht. Und ich glaube zu verstehen, weshalb mich die Einladung von Miat und Temben so befremdet. Sie erinnert mich an alte Zeiten.

Als Milan und ich vor vierzehn Jahren das erste Mal zum Sepik kamen, haben wir, wie es üblich war, eine Hilfe angestellt. Temben hat für uns gearbeitet. Er holte Wasser im See, er schnitt das Gras um das Haus, er sorgte für das Motorkanu, und einmal am Tag kochte er für uns. Übermorgen, am Heiligen Abend, wird er wieder für uns kochen. Einen Teil stiften wir, einen Teil er, auch so ist es damals schon gewesen. Zwar erhielt Temben einen Lohn, doch wenn er aus seinem Garten Yams, Süßkartoffeln oder Mais brachte, halfen wir ihm mit Salz, Batterien und Tabak aus. Es war ein Geben und Nehmen, und alle hatten etwas davon. Und schon damals sprachen Miat und ich miteinander, doch sprach ich damals auch mit anderen Frauen, und vor allem ging ich nicht auf die Gefühle ein, sondern auf die Inhalte. Wir führten ethnologische Gespräche. Jetzt aber bin ich ganz auf Miat und unsere Beziehung ausgerichtet. Sind es diese Ausschließlichkeit und die Nähe, die in den letzten Tagen zwischen uns entstanden ist, die Miat bedrohlich erscheinen? Hat sie sich deshalb gerade jetzt mit der Frau aus dem Nachbardorf eingelassen, und lädt sie uns deshalb ein, den Heiligen Abend gemeinsam zu feiern? Sowohl in der Beziehung zu der Frau aus dem Nachbardorf wie auch beim Essen am Heiligen Abend finden Erweiterungen statt. Es wird nicht nur gesprochen, wie wir es tun, es wird einander auch tatkräftig geholfen; vor allem sind weitere Personen mit einbezogen. Die Gespräche und die Beziehung, die sich zwischen uns entwickelt, sind für Miat bedrohlich geworden.

Das scharf zischende Geräusch von Sicheln weckt mich. Wer mag das sein? Ich schaue zum Fenster hinaus und sehe Temben und Wundan, die vor dem Haus Gras schneiden. Ich gehe in den vorderen Teil des Hauses und bereite das Frühstück vor: Ich setze Wasser auf, stelle das Geschirr auf die Matte, nehme aus der Metallkiste, die das Essen vor Insekten schützt, Getreideflocken und öffne eine neue Packung Milch. Milan wacht auf und setzt sich zu mir. Während wir frühstücken, erzähle ich ihm, daß ich den Eindruck habe, Miat fühle sich durch die Gespräche verunsichert und ihr liege daran, unsere Zweierbeziehung zu erweitern. Deshalb habe sie sich mit der Frau aus dem Nachbardorf eingelassen, und deshalb greife sie auf die Beziehungsform von früher zurück, denn damit können auch Temben und die Kinder mit einbezogen werden. Im übrigen scheint sich meine Annahme zu bestätigen, denn Temben und Wundan schneiden um unser Haus Gras. In diesem Augenblick sagt jemand laut: »Guten Morgen, Milan, guten Morgen, Florence.« Es ist der Vorsteher des Nachbardorfes. Er will uns beim Frühstück nicht stören und setzt sich unter das Haus. Nachdem er mit Temben die letzten Neuigkeiten ausgetauscht hat, sagt er: »Temben sorgt gut für euch. Er schneidet mit seinem Sohn Wundan um euer Haus Gras und sorgt dafür, daß es hier ordentlich ausschaut. Und du, Florence, arbeitest mit seiner Frau Miat. Jeden Tag gehst du den weiten Weg ins Dorf, um mit ihr zu sprechen.« Der Dorfvorsteher ist des Lobes voll über die guten Beziehungen zwischen den Weißen und der Familie von Temben und Miat. Nach einer Weile verabschiedet er sich und setzt seinen Weg fort. Nun kommt Temben herauf, der bis dahin unsere Einladung, einen Kaffee mitzutrinken, abgelehnt hat. Er setzt sich zu uns und läßt sich den Kaffee, in den er reichlich Zucker mischt, schmecken. Nachdem er die Tasse leergetrunken hat, legt er den Löffel fein säuberlich quer

obendrauf und stellt sie zum Geschirr, das abgewaschen werden
muß. Wie besorgt und umsorgend Temben ist.

Temben: Ich mache mir viele Gedanken wegen euch, daß ihr
  euch wohl fühlt, das Haus in Ordnung ist und eure Arbeit
  gut vorangeht. *Pause.*
  Kommt ihr später wieder zum Sepik, oder ist dies das letzte
  Mal?

Seitdem ich Temben und Wundan Gras schneiden sah und seit
der Rede des Dorfvorstehers, sehe ich mich in meiner Vermu-
tung bestärkt, Miat liege daran, unserer Beziehung wieder die
Form von früher zu geben. Ihre Familie stellt sich Milan und
mir zu Diensten, und alle tragen uns auf Händen, um unser
Wohl besorgt. Nun zeigt Temben mit seiner Frage, ob wir wiederkommen, daß diese Sorge um uns und die damit verbun-
denen Arbeiten eigentlich für alle eine Belastung sind. So viel
Arbeit und kein Ende in Sicht, und wenn die zwei Weißen wiederkommen, beginnt alles von neuem. Es liegt mir auf der
Zunge, Temben zu sagen, daß er sich wegen uns nicht abmühen
soll und Sorgen machen schon gar nicht. Denn es gehe uns ja
gut, und alles, was ich möchte, sei, mit Miat jeden Tag eine
Stunde zu sprechen. Ich sage nichts, denn ich weiß, daß all dies
viel mehr mit Miat und mit mir als mit ihm zu tun hat. Während
Milan mit Temben spricht, gehe ich zum Ufer des Sepik. Ich
setze mich ins Gras und schaue auf den Fluß. Das träge Wasser,
die flache Landschaft, die Wolken am Himmel wirken angenehm ruhig. Ich überlege mir, wie ich Miat heute begegnen
soll. Als ich aufstehe und zum Haus zurückgehe, kommt sie mir
auf dem Weg vom Dorf entgegen. Sie lacht von weitem. Wir
überqueren den Bach, steigen die Treppe hinauf, und Miat öffnet geschickt die Tür zu Amuias Haus. Kaum haben wir uns
zum Fenster gesetzt, beginnt sie zu sprechen.

Miat: Gestern nacht hat Temben das Programm für den heutigen Tag aufgestellt: bei Milan und Florence Gras schneiden,
  das Haus für den Heiligen Abend schmücken, die Ge-

schenke für Weihnachten vorbereiten. Er hat fast nicht geschlafen und sich früh am Morgen an die Arbeit gemacht.
Er macht sich große Sorgen um euch.

Florence: Ja. Es sieht so aus, als ob alles wieder so sein sollte,
wie es bei unserem ersten Aufenthalt gewesen war. Damals
hat Temben bei uns gearbeitet, er hat Wasser geholt, Gras
geschnitten, gekocht, für das Motorkanu gesorgt und mit
Milan zusammengearbeitet. Und jetzt ist alles anders: Milan
und ich kochen selbst, ein Kanu haben wir auch nicht. Du
und ich, wir zwei sprechen miteinander. Das haben wir ja
damals auch schon gemacht, doch jetzt ist es anders. Wir
reden jeden Tag, wir spazieren in den Gedanken und Gefühlen. Nun bestimmst du, worüber du sprechen möchtest.
Es ist nicht so, daß ich Fragen stelle und das Gespräch in
eine bestimmte Richtung lenke.

Miat: Das stimmt. Das erste Mal war es viel Arbeit. Jetzt nicht.

Florence: Wie meinst du das?

Miat: Ja, jetzt reden wir einfach miteinander. Das ist keine Arbeit. *Pause.*
Temben möchte wissen, wieviel die Reise von der Schweiz
hierher gekostet hat.

Florence: Du findest es unbegreiflich, soviel Geld auszugeben,
um hierher zu kommen und mit dir zu sprechen.

Miat: Ja, die Leute sagen, es sei außergewöhnlich, daß Milan
und du wiedergekommen sind. Die anderen Ethnologen sind
nur einmal gekommen. Die Leute sagen, daß du meine
Schwester sein mußt. Nur eine Schwester benimmt sich so
wie du. *Pause.*
Als ich erfuhr, daß du auf deiner Reise nach Afrika krank
geworden bist, machte ich mir große Sorgen. Ich weinte.
Ich dachte, ich würde dich nie wieder sehen.

Florence: Gerade weil du mich magst und ich dich auch,
kommst du jetzt in Schwierigkeiten. Alle wundern sich, und
du wunderst dich auch, was mit uns in den Gesprächen geschieht.

Miat: Aber nein, das ist nichts Besonderes. Die Gespräche, die wir jetzt führen, sind im Vergleich zum ersten Mal eine kleine Sache. Und was die Leute denken, ist mir gleich. Jene, die uns mögen, denken, die beiden sind Schwestern, die andern können uns gleichgültig sein, die tun eh nichts anderes als essen, furzen, scheißen und pissen. Denken können die nicht. *Pause.*

Wenn die Leute fragen, was wir jeden Tag miteinander reden, erzähle ich ihnen von deinem Buch »Gespräche am sterbenden Fluß« und von den Fotos, die darin abgebildet sind. Was die Leute denken, kümmert mich nicht.

Florence: Auch bei der Frau aus dem Nachbardorf hast du dich nicht an die Vorschriften gehalten und die Tasche trotz des Verbots verkauft. Es ist deine Art, eigenwillig zu sein.

Miat lacht, und nach einer Pause meint sie: Mit der Frau habe ich mich nur in den Handel eingelassen, weil es für mich gut ist. Die Frauen im Nachbardorf fangen mehr Fische als wir. Komme ich in Schwierigkeiten, wird sie mir helfen.

Florence: Vielleicht denkst du, wir zwei sollten auch einen Handel machen, etwa so wie mit den Hühnern und Enten für das Weihnachtsessen. Vielleicht fühlst du dich durch unsere Gespräche bedroht. Wenn zwei Frauen täglich zusammen sind, kommen sie sich sehr nahe.

Miat lacht mich an und sagt nichts. Was denkt sie? Schweigend sitzen wir da. Ich schaue auf die Uhr. Die Stunde ist vorbei. Als wir über den Bach gehen, hören wir aus unserem Haus die Stimmen von Milan und Temben. Während Miat mit mir sprach, hat Temben mit Milan ein Gespräch geführt. Nachdem sich Miat und ich hingesetzt haben, reden die zwei noch eine Weile weiter, dann steht Temben auf und meint, schon in der Tür zu Milan gewandt, sie müßten morgen unbedingt weiter reden.

Ich hole mein Heft aus dem Koffer und schreibe das Gespräch auf. Erst jetzt merke ich, wie sehr mich ihre Aussage, daß unsere jetzigen Gespräche im Vergleich zum ersten Mal wenig Arbeit bedeuten, verletzt. Eigentlich ist es schön, wenn sie unsere Gespräche nicht als Arbeit empfindet, doch wenn die Iatmul das sagen, drücken sie zugleich eine Entwertung aus. Wie wenn Miat sagen würde, ja, das erste Mal, das war noch etwas, das jetzt ist schon recht, aber etwas Besonderes ist es nicht. Ich lege das Heft beiseite, strecke mich auf dem Rücken aus und schaue in das hohe, offene Dach. Ruhig wandert mein Blick über die mit kunstvollen Bindungen festgemachten Balken. Wie empfindlich ich geworden bin, wie sehr mich alles, was Miat tut und sagt, betrifft, denke ich und bleibe ausgestreckt auf dem Boden liegen.

Kurz bevor die Dämmerung einbricht, sehe ich Miat und Temben auf dem Weg zum Sepik daherkommen. Anstatt zu unserem Haus abzubiegen, gehen sie weiter Richtung Fluß. Ich wundere mich und rufe ihnen nach, wohin sie so spät unterwegs seien. Temben antwortet: »Wir fahren über den Fluß, um drüben im Laden Fett zu kaufen. Hier ist alles ausverkauft.« Es ist klar, daß das Fett für das morgige Weihnachtsessen bestimmt ist, und ich sage: »Es ist bald Nacht, Fett können wir euch geben.« Temben und Miat scheinen erleichtert und setzen sich mit Milan vor das Haus ins frischgeschnittene Gras, während ich in unseren Vorräten eine Dose Fett suche. Temben spricht über die Messe, die heute im Dorf stattfinden wird. Er beklagt sich wieder über den Pater, der die Weihnachtsfeier vorverlegt hat, und berichtet, wie der Ablauf sein wird und daß die Kirche festlich geschmückt werden muß. Als er vorschlägt, auch unser Haus mit Blättern weihnachtlich zu schmücken, lehnen wir ab. Die Dämmerung bricht ein, und beide stehen auf. Miat holt aus der Tasche ein in ein Blatt gewickeltes und mit einer feinen Schnur zusammengebundenes Päckchen hervor.

Miat: Paß auf! Das ist für dich!
Florence: Was ist das?
Miat: Ein rohes Ei. Du ißt doch gerne Eier.
Florence: Ja, sehr.

Und während ich noch auf das eingewickelte Ei in meiner Hand blicke, springt Miat zum Weg und folgt Temben, der bereits vorausgegangen ist. Milan steht neben mir und sagt: »Wie Miat dich eben anstrahlte. Man könnte glauben, sie sei in dich verliebt.« »Wirklich?« erwidere ich und steige die Treppe voran ins Haus hinauf. Nachdem Milan die zwei Petroleumlampen angezündet hat, hole ich das Heft und lese ihm das heutige Gespräch vor. Ich schließe mit der Bemerkung, wie sehr mich Miats Feststellung, unsere Gespräche seien nichts Besonderes, kränkte. Überhaupt sei ich in der letzten Zeit seltsam empfindlich geworden. Milan hört mir aufmerksam zu, gießt sich eine Tasse Tee ein und sagt, er teile meine Auffassung nicht. Es könne doch keine Rede davon sein, daß Miat an den Gesprächen nichts liegen würde, genau das Gegenteil sei der Fall. Einverstanden sei er mit meiner Interpretation der Geschichte mit der Frau aus dem Nachbardorf und der Einladung zum Heiligen Abend als ein Versuch, die Nähe, die in unserer Beziehung entstand, aufzulockern. Doch zeige dies gerade, wie wichtig unsere Beziehung für Miat sei. »Denke an das rohe Ei und daran, wie sie dich angeschaut hat. Und wenn du so empfindlich auf Miat reagierst, dann hängst du wohl genauso an ihr wie sie an dir.« Im trüben Licht der Lampe glaube ich zu sehen, daß Milan lächelt. Erleichtert und zufrieden schlafe ich in der Nacht ein.

Als wir uns verabschiedeten, schlug Miat vor, für das Gespräch zum Sepik zu kommen und anschließend mit Milan und mir zum Essen ins Dorf zu gehen. Wie sie nun die Treppe heraufkommt und Milan und mich begrüßt, strahlt sie übers ganze Gesicht. Ohne Vorwurf erzählt sie, wie schwierig es war, die Hühner für das heutige Essen zu beschaffen. Die Enten seien kein Problem, davon haben sie genug eigene. Doch Hühner gäbe es zur Zeit keine. Pengal fragte in jedem Haus im Dorfe nach, und da er nur ein Huhn auftreiben konnte, ging Temben bis ins Nachbardorf, um ein weiteres zu kaufen. Die Kinder haben sich geärgert und vorgeschlagen, die Hühner der Nachbarn, die Tag für Tag unter dem Haus nach Nahrung scharren und sich vollfressen, kurzerhand zu töten und zu kochen. Sie hat sie davon abgehalten, ihre Idee in die Tat umzusetzen, doch wer weiß, was sie in der Zwischenzeit anstellen. Miat lacht verschmitzt, stolz auf die frechen Ideen ihrer eigenen Kinder. Wir gehen in Amuias Haus; als wir uns hingesetzt haben, fährt sie fort.

Miat: Beginnen wir mit gestern abend. Zu Hause angekommen, kochte ich Süßkartoffeln. Alle waren hungrig und warteten mit Ungeduld auf das Essen. Temben und Pengal hatten einen Streit, ich weiß nicht, worum es ging, auf jeden Fall sollte Pengal nichts zu essen bekommen. Sein kleiner Bruder Kambel steckte ihm aber heimlich Süßkartoffeln zu. Als ich aufstand, um aus dem Topf weitere zu holen, räusperte sich Temben laut, wie wenn er sagen wollte, niemand soll es wagen, Pengal Essen zu geben! Ich fragte Pengal flüsternd, ob er genug habe, er nickte mit dem Kopf. Hätte Temben gewagt, mich daran zu hindern, Pengal weitere Süßkartoffeln zu geben, hätte ich ihm folgendes gesagt: »Diese Süßkartoffeln gehören mir: Ich habe sie mit meinen eigenen Händen ausgegraben, gewaschen, mit meinen Beinen nach Hause getragen und gekocht. Niemand außer mir hat das Recht, diese Kartoffeln zu verteilen, sie gehören mir. In dieser Sache hast du, Temben, nichts zu sagen.« *Pause.*
Nach dem Essen legten wir uns schlafen, bis um Mitternacht die Trommeln ertönten, das Zeichen für alle, in die Kirche zu gehen. Wir zündeten die Lampe an, die ihr uns nach eurem ersten Aufenthalt geschenkt habt, und nahmen sie in die Kirche mit. Sie ist die hellste im ganzen Dorf und wird immer wieder bei besonderen Anlässen gebraucht. Niemand blieb zu Hause, das ganze Dorf versammelte sich, einige mußten sogar auf der Treppe sitzen, weil drinnen kein Platz mehr frei war. Temben las aus der Bibel die Geburt Jesu vor, dann sangen und beteten wir. Es war eine feierliche Stimmung. Während die Erwachsenen nach Hause gingen, blieben die Jungen auf und tanzten auf dem Zeremonialplatz bis zum Morgengrauen. Heute auf dem See erfuhr ich von Turi und Guse, daß Wundan mit seiner Art zu tanzen alle zum Lachen gebracht hat. *Pause.*

Stell dir vor, was Turi für eine Idee hatte, sie wollte, daß Wundan und Kaso bei ihrem Haus das Gras mähen. Dabei wurde selbst im Radio gesagt, daß heute ein Feiertag ist und niemand arbeiten soll. Temben ließ ihr ausrichten, daß seine Kinder heute nicht arbeiten werden.

Ich bin über Miats Schilderung erstaunt, denn es ist nicht ihre Art, sich für die Religion der Weißen zu begeistern. Ihr Vater gehörte wohl zu den jungen Männern, die bereits in den 30er Jahren bei den Missionaren lesen und schreiben lernten. Alle stellten sich in diesen Zeiten vor, daß das Geheimnis der weißen Übermacht in der Bibel begründet liege, und wenn sie diese lesen könnten, würden auch sie an dieser Macht teilhaben. Miats Vater lernte Lesen und Schreiben und gab sein Wissen an die Dorfbevölkerung weiter. Doch bald wendete er sich wie so viele von der Mission ab. Ausschlaggebend für ihn war die Einsicht, daß das Gefälle zwischen Weißen und Schwarzen trotz Lese- und Schreibkenntnissen weiterhin bestehen blieb, und der Tod seiner ersten Frau, Miats Mutter. Er interpretierte diesen Verlust als Bestrafung der Ahnen für seine Hinwendung zu den Weißen. Miat besuchte, seit ich sie kenne, weder die sonntägliche Messe, noch vertrat sie je Gedanken der Mission. Temben hingegen hatte als junger Mann längere Zeit auf einer Missionsstation gearbeitet und sich immer wieder am Gottesdienst beteiligt. Miats Begeisterung für die gestrige Messe berührt mich seltsam.

Florence: Wenn Turi deine Kinder an einem Feiertag zum Grasmähen bestellt, benimmt sie sich wie ich. Sie kümmert sich wenig um die Religion der Weißen. *Ohne auf meine Bemerkung einzugehen, beginnt Miat von etwas anderem zu sprechen.*

Miat: Heute früh waren nur drei kleine Aale in meinen Reusen. Guse half mir mit Fischen aus. Als ich nach Hause kam, war Temben mit den Vorbereitungen für das große Essen beschäftigt. Er sagte: »Du kochst jetzt schnell die Fische und bäckst Sagofladen. Anschließend gehst du zum Sepik und sprichst mit Florence. Dann kommt ihr zusammen mit Milan hierher.« Er verteilte alle Aufgaben an die Kinder. Kaso und Wundan mußten das Haus schmücken, Pengal und Kambel Süßkartoffeln im Garten ausgraben. Zweimal sagte er zu mir: »Vergiß nicht, Florence und Milan zu sagen, sie müssen Teller, Gabeln und Messer und eine Serviette mitbringen, denn wir haben nicht genügend Besteck und Geschirr.«

Florence: Jetzt ist Temben der Boß, er organisiert alles.

Miat: Das sieht nur so aus. *Pause.*

Gestern abend verlangte er von seiner Tochter Kasoagwi zehn Toea, um Betel zu kaufen. Sie lehnte ab. Da ist er böse geworden und sagte: »Was sind schon zehn Toea, ich verlange nichts Großes von meiner Tochter.« Und als er sah, wie sie im Laden Reis und Büchsenfisch fürs Abendessen mit ihrem Mann einkaufte, ärgerte er sich erst recht. »Diese Tochter soll nicht wagen, noch einmal in mein Haus zu kommen. Die will ich nie mehr sehen.«

Florence: Temben ist wütend.

Miat: Und wie! Ich versuche in solchen Situationen zu vermitteln und sage: »So kannst du nicht sein, es sind schließlich unsere Kinder!« Ich setze mich immer für die Kinder ein. *Pause.*

Als meine Tochter mit ihrem Mann Streit hatte und er sie schlug, holte ich sie nach Hause zurück. Ich beschimpfte ihre Schwiegermutter und sagte: »Meine Tochter hat es schlecht in deinem Haus. Sie wird geschlagen, dabei seid ihr nicht gerade eine bedeutende Familie. Ihr habt weder Eimer noch Pfannen und kocht noch mit Tontöpfen, wie die hinterwäldlerischsten Leute im Busch. Die Brautgabe habt ihr auch noch nicht bezahlt.« Der Streit weitete sich aus: Auch Turi, Guse und ihr Mann mischten sich ein. Man sprach davon, die Heirat rückgängig zu machen. Wäre Turis Sohn im Dorf gewesen, er hätte meinen Schwiegersohn zusammengeschlagen. *Pause.*

Schließlich verließ er das Dorf, um in der Stadt Arbeit zu

suchen und Geld zu verdienen. Ich habe ihn verjagt. Später ist ihm meine Tochter gefolgt. *Ich denke mir, daß nicht nur Temben, sondern auch Miat wütend ist.* Wir wollen jetzt ins Dorf gehen, es ist Zeit. Ich hole noch die Sagobrocken, die eine Frau für mich am Sepik hinterlegt hat, und du machst in der Zwischenzeit die Teller und das Besteck bereit.

Während Miat zum Fluß geht, packe ich zu Hause zwei Teller und Besteck in ein Tuch ein. Milan nimmt seine Mütze, ich den Schirm, und dann machen wir uns auf den Weg ins Dorf. Miat hat die Sagobrocken in einer Tasche verstaut, die lange Schlaufe um den Kopf gelegt, so daß die pralle Tasche auf ihrem Rücken zu liegen kommt. Leicht nach vorne geneigt, geht sie vor mir her. Wie recht Miat hatte, zu sagen, es mache nur den Anschein, Temben sei hier der Boß. Genügt nicht ein Wort von ihr, und alle verlassen das Haus, daß wir alleine miteinander sprechen können? Und fährt nicht sie jeden Tag auf den See, um zu fischen, beschafft nicht sie den Sago für die Fladen, und trägt nicht sie alles auf ihren eigenen Beinen nach Hause? Daß die Frauen die Ernährerinnen der Familien sind, erfahren hier alle, Kinder und Männer, Tag für Tag. Wenn Temben wie heute einmal ihre Rolle übernimmt und das Essen organisiert, ist das eine Ausnahme.

Vor dem Haus spielen mehrere Kinder. Sie schauen kurz auf, als wir uns nähern, eines springt die Treppe hinauf und ruft auf Iatmul: »Sie kommen!« Da hören wir Tembens Stimme: »Hier ist Milan und kocht.« Temben sitzt vor einer Feuerschale und rührt in einem großen Topf. Einen Augenblick glaube ich, er mache sich über Milan lustig, der draußen am Sepik täglich kocht und damit etwas tut, was in den Bereich der Iatmul-Frauen gehört, doch Temben ist es ernst. Prüfend schaut er in den Topf und gießt etwas Wasser nach, setzt den Deckel auf und läßt die Hühner und Enten weiterschmoren. Das Haus ist leer, wie ich es noch nie gesehen habe: Alle Moskitonetze sind abgehängt, die Matten zusammengerollt, so daß der große

Raum durch nichts verstellt ist. An den Wänden hängt Schmuck aus hellen Palmblättern.

Kaum haben wir uns gesetzt, gibt Temben den Kindern Anweisungen: Eines soll alle Teller in der Mitte des Raumes bereitstellen, ein anderes das Besteck, wieder ein anderes den Topf mit den Süßkartoffeln und ein weiteres jenen mit dem Yams. Den Topf mit den Hühnern und Enten stellt Temben selbst hin. Nun beginnt das Verteilen, eine schwierige Arbeit, denn um Temben herum stehen zwölf Teller, die alle gerecht gefüllt werden müssen. Zuerst verteilt er das Fleisch und fragt mich, ob ich lieber ein Bein oder ein Stück von der Brust haben möchte, dann ist Milan an der Reihe. Temben schaut jedes Stück prüfend an, um es dann auf den entsprechenden Teller zu legen. Jetzt folgt das Gemüse, das ist weniger schwierig, denn nun geht es nur noch um die Quantität. Als alle Teller gefüllt und die Töpfe leer sind, ruft ein Kind: »Wir haben Wuren vergessen!« Es wird ein weiterer Teller geholt, und Temben nimmt von mehreren Tellern wieder etwas Essen weg. »Das kommt immer wieder vor. Bei so vielen Kindern wird das eine oder andere leicht vergessen«, sagt Miat. Die Kinder nehmen ihre Teller und verteilen sich im Raum, den Rücken zum Nächstsitzenden gewandt. Beim Essen schaut man sich nicht an und spricht auch nicht, das gilt als unhöflich. Temben und Miat aber wenden sich uns zu, sie wissen über die Sitten der Weißen Bescheid. Nach dem ersten Bissen wird mir klar, daß das Essen ausgezeichnet ist. Und als ich dies ausspreche, beginnt Temben in seiner etwas umständlichen Art zu berichten, wie er die einzelnen Gerichte zubereitet hat.

Während Milan und ich noch immer essen, sind die Kinder schon alle fertig. Huhn und in Fett angeröstete Süßkartoffeln, Yams und Zwiebeln sind ein Festessen, und die Kinder verschlingen es geradezu. Hat eines seinen Teller leer gegessen, stellt es ihn neben die Tür und verschwindet nach draußen. Nur die älteren bleiben sitzen. Nachdem auch Milan und ich zu Ende gegessen haben und die Teller weggeräumt sind, kommt Wundan auf uns zu. In jeder Hand hält er ein aus Holz geschnitztes Krokodil. Dies sei ein Geschenk von Temben, sagt er und gibt eines mir und das andere Milan. Ich zögere einen Augenblick. Aus der Vielfalt der Schnitzereien, welche die Iatmul herstellen, sind solche Krokodile für die Touristen zum Lieblingsandenken an den Sepik geworden. Auch Temben muß wissen, daß wir sie nie besonders gemocht haben. Doch offensichtlich geht es jetzt vor allem darum, daß Milan und ich ein Geschenk bekommen, wie es für die Weißen am Heiligen Abend Sitte ist. Milan hat bereits begriffen, worum es geht, und bedankt sich bei Temben für die beiden Krokodile. Darauf meint Temben, er hätte uns gerne etwas Größeres gegeben, doch zur Zeit habe er nichts anderes fertig. Er sei mit Arbeit überlastet, die neun Kinder, die noch zu Hause leben, und seine Arbeit im Dorfausschuß beanspruchen ihn sehr. Immer wieder müsse er wegen einer Angelegenheit in andere Dörfer reisen, und auf jedes Anliegen der Dorfbewohner, sei es noch so unbedeutend, müsse er eingehen. Schade, meint er, daß wir nicht dabei waren, als Kaso und Wundan initiiert wurden. Das sei ein großartiges Initiationsritual gewesen.

Nun mischt sich auch Miat ins Gespräch ein. Beide führen aus, welche Arbeit und welch finanzieller Aufwand die Initiation ihrer Söhne für sie bedeutet habe. Und niemand, nicht einmal die zwei verheirateten Töchter, hätten ihnen dabei geholfen. Nun wendet Temben sich an Milan und sagt, daß er ihm jederzeit bei der Arbeit helfen könne, Milan müsse ihm nur sagen, wann er wolle, denn für ihn habe er immer Zeit. Und ich, meint Temben zu mir gewandt, müsse nicht mehr jeden Tag ins Dorf kommen, das sei viel zu anstrengend, Miat werde mich von nun an jeden Tag am Sepik besuchen. Milan und ich lehnen dankend ab, doch Temben und Miat halten an ihren Vorschlägen fest.

Vor dem Haus gehen Leute vorbei. Sie bleiben stehen und sprechen mit Temben und Miat in Iatmul. Jetzt wenden sie sich an Milan und mich und wünschen uns schöne Weihnachten. Nachdem sie gegangen sind, ist es still. Es breitet sich eine große Trägheit aus. Miat liegt ausgestreckt am Boden und hat die Augen geschlossen, Temben schaut zur Tür hinaus. Sind es unsere vollen Bäuche, oder ist es das Gesprächsthema, das uns plötzlich alle so müde werden läßt? Milan und ich schauen uns an. Wir sagen, daß es nun Zeit sei aufzubrechen, und bedanken uns für das köstliche Essen und die Geschenke. Temben wäscht unsere Teller und das Besteck, packt sie in meine Tasche ein, und Miat legt die zwei Krokodile darauf. Beide begleiten uns bis unten an die Treppe, dann schlagen Milan und ich den Weg zum Sepik ein.

Obwohl wir es nicht gewohnt sind, mittags so viel zu essen, spüre ich keine Müdigkeit. Ich denke an den Verlauf der Einladung und habe zwiespältige Gefühle. Ich sehe, wieviel Mühe alle darauf verwendet haben, wie gelungen alles ist und wie umsorgend und lieb die Einladung gemeint ist. Doch ist es eben diese Sorge und Mühe, die mich stutzig werden lassen, denn sie scheinen sich ins Uferlose auszuweiten. Auch Temben will nun, trotz seiner Arbeit für die Familie und als zweiter Dorfvorsteher, vermehrt mit Milan arbeiten, und Miat soll täglich zum Fluß kommen, da der Weg ins Dorf für mich zu anstrengend ist. Ohne es zu merken, beschleunige ich meine Schritte, und Milan ruft mir nach, was mit mir los sei. Ich bleibe stehen, und da schießt es nur so aus mir heraus: So könne es nicht weitergehen. Aus den Gesprächen mit Miat sei eine Angelegenheit geworden, in die viel zu viele Leute involviert seien, und aus unserer Beziehung von zwei Frauen, die sich täglich treffen, da ihnen an der Beziehung liegt, ist ein Verhältnis geworden, in dem Miat mir zu Diensten steht und mir alle Mühen abnimmt. Ob ich nicht etwas übertreibe, wendet Milan ein. Ich glaube nicht, halte ich ihm entgegen.

Zu Hause angekommen, kochen wir Tee, das Essen hat uns durstig gemacht. Ich hole mein Wachstuchheft hervor. Ich will alle Gespräche, die ich mit Miat geführt habe, nochmals durchlesen, um mir einen Überblick zu verschaffen. Als ich damit zu Ende bin, fasse ich Milan die wichtigsten Punkte zusammen. Er fragt nach, und es entsteht eine Diskussion, in deren Verlauf sich Milan meiner Auffassung anschließt. Doch je klarer uns alles erscheint, um so mehr habe ich den Eindruck, es würde etwas Wichtiges fehlen. Eine plötzliche Müdigkeit überfällt mich, und ich will mich hinlegen. Ich hebe das Moskitonetz in die Höhe, schlüpfe unten durch, stopfe das Netz wieder unter die Matte und strecke mich aus. Das Moskitonetz ist wie ein kleines Zimmer: ein geschützter und abgegrenzter Raum. Alles, was ich eben mit Milan diskutiert habe, geht mir nochmals durch den Kopf, und da fällt mir ein, was wir nicht gesehen haben.

Ich sage: »Wir haben die Aggression übersehen. In dieser Sorge für uns, in dem großen Aufwand für das Weihnachtsessen, den Geschenken und dem Vorschlag, Temben stehe dir jederzeit zur Verfügung und Miat komme von nun an zum Sepik, steckt eine massive Aggression. Miat muß wütend auf mich sein.« Milan glaubte, daß ich schlafe, und ist über meine unerwartete Äußerung erstaunt. Ich schlüpfe unter dem Moskitonetz hervor, setze mich zu ihm auf die Matte und führe meine Gedanken aus. Dann gehen wir das Geschehen der letzten Tage unter dem Aspekt der Aggression nochmals durch und glauben zu erkennen, daß sich Miat genau dann in die Geschichte mit der Frau aus dem Nachbardorf einläßt, nachdem sie ihre Abhängigkeit von den Gesprächen mit mir erlebt hat. Dann kam der Vorschlag zum Essen am Heiligen Abend und die immer größer werdende Sorge um Milan und mich. Das Gefühl von Abhängigkeit und Wut hängen zusammen. Doch zeigt sich die Wut nicht offen gegen mich gewandt, da wir uns gut verstehen, sondern in der umgewandelten Form von übertriebener Sorge. Predigen die weißen Missionare nicht stets mit Nachdruck von der Liebe und Güte, welche die Menschen und gerade die Iatmul als ehemalige Kopfjäger füreinander empfinden sollen? Der Heilige Abend ist der ideale Anlaß dazu.

Es kann auch kein Zufall sein, daß Miat und Temben auf die Beziehungsform zurückgreifen, die für unseren ersten Aufenthalt am Sepik bestimmend war. Damals hat Temben für uns gearbeitet, und schon damals hat er sich um uns gesorgt und gekümmert. Nun ist alles wieder wie früher, und auch Temben ist ins Geschehen mit einbezogen, was er bis jetzt nicht war. Und da ist noch etwas. Wenn alles wieder so sein soll, wie bei unserem ersten Aufenthalt, so kann Miat vergessen, daß ich in der Zwischenzeit mit ihrer Tochter tägliche Gespräche geführt habe. Die Kränkung, die ich ihr damit zugefügt habe, ist um so stärker geworden, je lieber ihr unsere Gespräche wurden. Die Aggression und Wut, die ich immer wieder spürte und mir nicht erklären konnte, müssen damit in Zusammenhang stehen.

Als ich am Morgen aufwache, bleibe ich liegen. Das ist nicht meine Art. Ich denke, wie mühsam hier alles ist, das Gekrieche aus dem Moskitonetz, die Hitze, die ewig feuchten Kleider, das Kochen auf dem Petroleumkocher, das Wasser, das gefiltert werden muß. Was habe ich hier verloren? Und ich stelle mir vor, wie angenehm kühl und einfach alles in der Schweiz wäre. Selbst den weihnachtlichen Rummel würde ich in Kauf nehmen, wenn ich nur nicht hier, sondern zu Hause wäre. Was ist mit mir los, denke ich und stehe auf. Den ganzen Morgen bin ich beschäftigt, ich räume im Haus auf, gehe zum Fluß und wasche Wäsche, und je näher der Mittag rückt, um so schlechter wird meine Laune. Bis ich verstehe, daß ich Miat heute am liebsten nicht treffen würde. Es ist Angst, die mich plagt und die mir hier alles als sinnlos und unwert erscheinen läßt. Ich habe Angst vor der Konfrontation mit Miat. Miat ist keine Schweizerin, die mit ihrer Wut zurückhält und sie gut verpackt, an mich adressiert zur Post trägt, um ja nicht mitansehen zu müssen, wie ich darauf reagieren werde. Miat ist eine Iatmul-Frau, die aus ihren aggressiven Phantasien keinen Hehl macht und herumfuchteln wird wie die Frau in der Provinzhauptstadt. Gegenüber der fremden Frau fiel es mir nicht schwer, deutlich zu werden. Doch an der Beziehung zu Miat liegt mir. Es ist, als ob ich befürchte, unsere Beziehung würde durch das, was ich Miat heute sagen will, bedroht.

Wir sind beim Mittagessen, da schaut Temben herein und entschuldigt sich, er könne heute nicht mit Milan sprechen, da er wegen einer Dorfangelegenheit wegfahren müsse, und Miat läßt mir ausrichten, daß ich bald zu ihr kommen soll, sonst käme sie zum Sepik. Früher als sonst mache ich mich auf den Weg. Vor Miats Haus sind heute keine spielenden Kinder, und es ist still. Da tönt es aus dem Innern.

Miat: Ich höre das Klipp-klapp von Sandalen. Das kann nur Florence sein.

Miat sitzt beim Fenster und dreht eine Schnur. Sie trägt einen Rock, den ich noch nie an ihr gesehen habe. Die ehemals rote Farbe ist vom vielen Waschen verblaßt, und als ich näher trete, sehe ich, daß die eine Seitennaht ein ganzes Stück aufgerissen ist. Miat schaut auf und weist auf die Tasche neben ihr, die ein großes Loch hat, sie sei eben dabei, die Tasche zu flicken. Ich setze mich zu ihr und lehne mich an der Truhe an. Ich schaue ihr zu, wie sie in ihrem schäbigen Rock, etwas vornüber geneigt, zwei feine Fasern auf den Oberschenkel legt und mit der Hand darüberrollt. Ich denke, sie ist von den Anstrengungen des gestrigen Tages ganz erschöpft. Ich kann sie jetzt unmöglich mit meinen Überlegungen konfrontieren. In meinen Gedanken und Gefühlen verloren, hole ich aus meiner Tasche die Zigaretten hervor. Da faßt sie mich am Arm und hebt den Kopf. Sie will auch eine haben. Aus der hingehaltenen Schachtel nimmt sie eine Zigarette. Als ich ihr Feuer gebe, beugt sie sich zu mir und schaut mich an. Dann lehnt sie sich zurück und nimmt zufrieden einen tiefen Zug. Da merke ich, wie absurd meine Vorstellung ist. Miat ist keineswegs erschöpft, sie ist aufmerksam und weiß, was sie will. Welch seltsame Idee von mir, ich müsse sie schonen. Das kann nur meine eigene Wut sein. Jetzt, da ich Miat wieder gegenübertrete, sie leibhaftig vor mir sitzt, kommt meine Angst, ihrer Heftigkeit nicht gewachsen zu sein, wieder hoch. Da ist es mir recht, sie als schwach und schäbig zu erleben, um meine eigenen Gefühle zu vergessen. Auch ich nehme einen tiefen Zug und lehne mich etwas zurück.

Miat: Bevor du gekommen bist, habe ich mich hingelegt und
den Kindern gesagt, sie sollen mich wecken, wenn sie dich
auf dem Weg daherkommen sehen. *Pause.*
Heute hatte ich beim Fischen wenig Glück, nur ein dünner
Aal war in einer Reuse. Guse gab mir noch einen, doch davon wird niemand satt. Ich schickte die Kinder in den Garten, Süßkartoffeln ausgraben, und kochte damit einen Eintopf. *Pause.*
Gut, daß du endlich gekommen bist, ich wollte schon lange
eine Zigarette rauchen. *Pause.*
Gestern waren wir alle sehr müde. Nachdem ihr gegangen
wart, legte ich mich schlafen. Temben ging ins Zeremonialhaus und ruhte sich aus. Heute morgen holte man ihn in
aller Früh wegen einer Angelegenheit in ein Nachbardorf.
Er hat keine Ruhe.
Florence: Es sieht so aus, als ob wir unsere Gespräche nicht
fortsetzen können. *Miat schaut erstaunt von ihrer Arbeit
auf.* Ja, so wie es jetzt ist, geht es nicht weiter. Wir wollten
jeden Tag eine Stunde zusammen reden. Aus dieser Sache
von uns zwei ist eine Angelegenheit geworden, in die die
ganze Familie involviert ist. Kein Wunder, daß du müde
bist, daß Temben müde ist, daß alle Kinder müde sind und
daß niemand mehr satt wird.
Miat: Du hast recht, alle sind erschöpft.
Florence: Ist es nicht seltsam, daß alle erschöpft sind, wenn wir
zwei jeden Tag miteinander reden wollen. Das Problem liegt
bei dir und bei mir, die anderen sind in diese Sache hinein-
gezogen worden.
Miat: Das verstehe ich nicht.
Florence: Erinnerst du dich noch daran, als du gesagt hast, wie
sehr du dich auf unsere Gespräche freust, und wie du den
Kindern keine Bananen geben wolltest und ihnen sagtest, du
würdest mit mir fortfahren? Wenn man jemanden gerne
mag, kommt das Gefühl auf, abhängig zu sein, und das
macht einen wütend. Du hast eine Wut auf mich.
Miat: Niemals, ich habe keine Wut auf dich.

Florence: Du hast eine Wut auf mich, weil du mich magst, und dann erinnerst du dich daran, wie es das letzte Mal war, als ich mit deiner Tochter sprach. Du willst, daß alles wieder so ist wie bei unserem ersten Aufenthalt, als ob in der Zwischenzeit nichts geschehen wäre. Wir sollten uns zwar regelmäßig sehen, doch zu nahe sollten wir uns nicht kommen. An der Geschichte mit der Frau aus dem Nachbardorf hast du mir vorgeführt, wie es auch zwischen uns sein soll: eine Beziehung, in der das Geben und Nehmen im Vordergrund steht und keine der anderen zu nahe kommt. Auch wenn vor unserem Haus Gras geschnitten oder wie gestern für uns gekocht wird, ist das ein Geben und Nehmen. Dabei muß deine ganze Familie für die zwei Weißen schuften. Deine Wut steckt in der Idee, Milan und ich müßten wie rohe Eier auf Händen getragen werden. *Miat lacht über das Bild, Milan und ich seien rohe Eier. Dann schweigt sie.*

Miat nach einer Weile: Meinst du, das Essen gestern sei für uns zuviel gewesen?

Florence: Ja. Die ganze Familie mußte sich deswegen abmühen. Dabei geht es lediglich darum, daß wir zwei jeden Tag eine Stunde miteinander sprechen wollen.

Miat: Temben warf mir gestern vor, daß ich bei eurem Besuch eingeschlafen bin.

Florence: Was hättest du Gescheiteres machen sollen als schlafen, schließlich bist du müde gewesen. Bist du nicht trotz aller Arbeit noch zum Sepik gekommen, um mit mir zu reden? Ich hatte gestern Zeit und hätte gut ins Dorf kommen können.

Miat: Ich dachte, es ist nicht gut, wenn du soviel Mühe hast.

Florence: Davon spreche ich. In deiner Sorge um mich steckt deine Wut. Weshalb machst du dir denn solche Sorgen? Mir geht es ja gut.

Miat: Aber hier im Haus hätten wir nicht reden können.

Florence: Dann hätten wir woanders gesprochen.

Miat: Im Dorf steht kein Haus leer.

Florence: Ich spreche nicht von Häusern, sondern von deiner

Wut. Wenn du merkst, daß es dir mit mir gefällt, kommt die alte Wut hoch.

Miat wendet sich ab. Ihr Gesicht ist gespannt. Sie schaut zum Fenster hinaus und drückt die Hände aufeinander, daß die Knöchel knacken. Da kommt ein Kind die Treppe heraufgesprungen; einen Ball in der Hand, lacht es uns an. Miat hebt den Arm, als ob sie zum Schlag ausholen würde.

Miat: Mach, daß du wegkommst. Geh mit deinem Ball vors Haus. Ich will dich hier nie mehr sehen.

Verdutzt schaut uns das Mädchen an, es merkt, daß es ernst ist, und verschwindet auf der Stelle. Vor dieser Wut Miats hatte ich Angst. Die Wut, die Miat ihrer Tochter gegenüber äußert, gilt mir. Ich soll mit meinen Gesprächen und meiner Feststellung, sie sei wütend auf mich, verschwinden. Doch ebensowenig, wie das Mädchen mit seinem Ball und seinem Lachen für Miats Wut verantwortlich ist, bin ich es. Selbst der Umstand, daß ich das letzte Mal mit Miats Tochter und nicht mit ihr tägliche Gespräche geführt habe, kann Miats große Wut nicht erklären. Ich warte. So lange geschwiegen hat Miat noch nie. An ihrem zum Fenster gewendeten Gesicht erkenne ich, daß sie hin und her gerissen ist. Nun wendet sie sich an mich und beginnt langsam zu sprechen.

Miat: Als ich mich hinlegte, sagte ich den Kindern, sie sollen mich wecken, wenn du kommst. *Pause.*
Hast du meine Klanschwester auch gesehen? Sie ging mit ihrem kranken Kind auf die Krankenstation auf der anderen Flußseite. Das Kind hat einen großen Abszeß am Rücken. Der Krankenpfleger schnitt ihn mit einer Rasierklinge auf, da floß eine Menge Eiter heraus. Er verband die Wunde und sagte, sie solle morgen wiederkommen, denn alle Medizin sei aufgebraucht, doch vielleicht sei morgen neue da.

Ich denke, daß Miat für das, was sich eben zwischen uns zugetragen hat, ein unheimliches Bild gefunden hat. Wie der Kran-

kenpfleger habe ich mit meiner Deutung einen Abszeß aufgeschnitten, aus dem Eiter fließt. Ich habe etwas Krankes und Ge-
fährliches angeschnitten. Und nun besteht die Gefahr, daß die
Wunde nicht heilen wird, denn alle Medizin ist aufgebraucht.
Doch sicher ist es noch nicht, denn vielleicht gibt es schon morgen Mittel und Wege, die Sache voranzutreiben. Da ertönt aus
dem hinteren Teil des Hauses die wimmernde Stimme eines
Kindes. Der kleine Tagandemi ruft nach seiner Mutter. Er
schlüpft unter dem Moskitonetz hervor und kommt schwankend
auf uns zu. Miat setzt ihn auf den Schoß und spricht leise auf
ihn ein. Tagendemi ist krank. Er hat hohes Fieber und ist
schweißüberströmt. Miat zieht ihm das durchnäßte Leibchen
aus. Dann redet sie ihm zu, sich wieder hinzulegen. Tagendemi
kehrt ins Moskitonetz zurück. Niemand sagt etwas, es ist still.

Miat: Worüber haben wir noch nicht gesprochen?
Florence: Ich weiß es nicht.
Miat überlegt, und plötzlich wird sie ganz lebhaft: Du kannst
   dir nicht vorstellen, was ich heute morgen auf dem See erlebt habe. Ich habe einem unsäglichen Streit beigewohnt.
   Guse beschimpfte die zweite Frau ihres Mannes. Sie
   sagte:»Jeden Tag sorge ich für das Essen und ernähre
   unseren Mann. Du aber bist wie ein Kind, du fängst keine
   Fische. Du bist die zweite Frau meines Mannes, aber im
   Grunde genommen bist du noch ein Kind. Du bist zu nichts
   gut. Nur essen, das kannst du. Du bekommst aber von
   meinem Mann die Hälfte des Geldes, das er durch den
   Verkauf von Schnitzereien verdient. Ich habe genug. Von
   nun an arbeitest du genausoviel wie ich. Und kassierst nicht
   weiterhin fürs Nichtstun Geld ein.« Ich hörte Guse zu und
   dachte, das geht mich nichts an, laß die beiden streiten.
   Weißt du, Guse kann mir alles sagen, wir sind Freundinnen.
   Sogar über ihre Eifersucht kann sie mir erzählen. Sie
   sagte:»Heute habe ich einen großen Fisch und eine
   Schildkröte gefangen. Fragt mich mein Mann nach dem
   Essen, werde ich ihm antworten: ›Heute habe ich nichts

gefangen. Heute mußt du deine zweite Frau um Essen fragen.‹ Als ich eben dabei war, die Tonplatte im Feuer zu erhitzen, um Sagofladen zu backen, kam mein Mann und fragte nach seinem Essen. ›Heute gebe ich dir nichts. Ich habe es satt. Weshalb bekomme ich nicht alles Geld, das du mit den Schnitzereien verdienst, ich bin es schließlich, die dich ernährt. Die zweite Frau gibt dir nichts zu essen und bekommt die Hälfte des Geldes.‹ Darauf wußte er nichts zu sagen und ging. Später kam die zweite Frau und meinte: ›Ich habe auch nichts zu essen für unseren Mann.‹ Darauf sagte ich: ›So, nun ist Schluß damit. Jetzt setzt du dich an die Feuerschale und backst Sagofladen. Das ist dein Beitrag. Ich stifte die Schildkröte.‹« Das hat mir Guse erzählt. Nur Freundinnen erzählen einander über ihre Eifersucht. Sie könnte mir erzählen, wenn sie mit einem anderen Mann Liebe macht oder in einem Garten Bananen oder Zuckerrohr stiehlt. Freundinnen können sich alles sagen. *Pause.*

So ist es auch mit Temben. Er erzählt mir auch alles. Sogar was er mit einer anderen Frau treibt. Werde ich dann böse, so sagt er: »Dein Mund ist wie Salz.« Laß ich ihn machen, ist er zufrieden. *Pause.* Wie ist das bei euch Weißen?

Florence: Du kannst dir nicht vorstellen, daß jemand nicht ebenso eifersüchtig ist wie du. Ich kann mir auch nicht vorstellen, daß du Temben einen Seitensprung verzeihen würdest.

Miat: Recht hast du. Nur ein einziges Mal hat er gewagt, mir davon zu erzählen. Darauf sagte ich: »Solche Dinge treibst du hinter meinem Rücken. Wage es nur!« Die Frau, mit der er eine Affäre hatte, zog schließlich in ein anderes Dorf. Ich verjagte sie. Ein anderes Mal wußte ich nichts davon. Er trieb es schon lange mit einer Frau. Mein Bruder Piakna wußte davon, aber er hat mir nichts gesagt. Dann, als die Frau schwanger wurde, kam die Rede darauf, wer der Vater ist. Da sagte sie: »Temben ist der Vater.« Als ich das hörte, wurde ich unsäglich wütend. Ich kochte vor Wut. Ich nahm einen Stock. Ich wollte sie umbringen, sie und ihr Kind im Bauch. Ich wußte, daß ich dafür ins Gefängnis kommen würde, doch das war mir gleich. Ich ging zu ihr nach Hause, packte sie am Arm und prügelte mit dem Stock auf sie ein. Ich schlug ihr absichtlich auf den Bauch. Da liefen Leute herbei und rissen uns auseinander. Wären sie nicht gekommen, ich hätte sie umgebracht.

Florence: So groß war deine Eifersucht?

Miat: Florence, du kannst dir das nicht vorstellen. Es ist unbeschreiblich. Später, als die Frau das dritte Kind von Temben gebar, griff ich zum letzten Mittel. Ich ließ meine Kinder zu Hause zurück und paddelte mit dem Kanu davon. Ich war bereit, alle zu verlassen und in ein anderes Dorf zu ziehen. Als mein Vater erfuhr, daß ich weggegangen bin, setzte er alles daran, mich zurückzuholen. Er schickte meine zwei Brüder hinter mir her. Schließlich holten sie mich ein. Ich kam nur zurück, weil sie mir versprachen, die Frau werde unser Dorf verlassen. Jetzt wohnt sie in der Stadt.

Florence: Das Gefühl der Wut und Ohnmacht, das du beschreibst, ist gewaltig. So hast du mich erlebt, als ich mit deiner Tochter sprach. So wie du Temben erlebt hast, als er sich eine zweite Frau nahm. Und als wir uns in den täglichen Gesprächen näherkamen, ist die alte Wut und Eifersucht in dir wieder hochgekommen. Gerade wenn du jemanden gern hast, spürst du die Abhängigkeit und Wut.

Miat: Ich will alles für mich alleine haben. Alles. Eine zweite Frau neben mir würde ich nie dulden. Niemals. Ich könnte nie so leben, wie das Guse mit der zweiten Frau kann, ich nicht.

Wundan kommt die Treppe herauf. Seine Tasche ist voll von frisch gepflückten Mangos. Miat fordert ihn auf, mir davon anzubieten, sie weiß, wie sehr mir Mangos schmecken. Ich wähle zwei goldgelbe Früchte aus. Es ist Zeit, und wir verabreden, daß ich morgen wieder ins Dorf kommen werde. Doch bevor ich gehe, möchte Miat von mir Zigaretten haben. Aus der hingehaltenen Schachtel nimmt sie zwei heraus und legt sie auf die Tasche.

Miat: Zwei reichen aus, bis du morgen wiederkommst.

Geht man auf dem Weg vom Dorf zum Sepik, erblickt man das Haus, in dem wir wohnen, erst spät. Die Bäume und Sträucher des Wäldchens versperren die Sicht, so daß es unerwartet auftaucht. Schon den ganzen Weg erwarte ich den gewohnten Anblick: das dicke Dach aus Blättern, das ihm etwas Behäbiges gibt, die gerippten Wände aus den festen Stengeln der Sagopalmenblätter, die hohen Pfosten, die ihm etwas Graziles und Stolzierendes geben, und die Öffnung, wie ein großes, dunkles Auge, zum Weg gewandt. Vielleicht schaut Milan zufällig gerade dann heraus, wenn ich auf dem Weg daherkomme. Doch als das Haus vor mir steht, sehe ich Milan nicht am Fenster. Ich rufe seinen Namen. Da erscheint er im Quadrat der Öffnung, und anstatt mich mit einem Hallo! Ciao! oder einfach mit Florence! zu begrüßen, fragt er ohne Umschweife: »Wie ist es mit Miat gegangen?« Ich springe die Treppe hinauf, gehe auf ihn zu und umarme ihn. Und während Milan Wasser für den Tee aufsetzt, beginne ich zu erzählen. Indem ich mich an die Worte, Gesten, Blicke und an die Gefühle erinnere, erlebe ich alles noch einmal, und auf der Matte liegend, einen Tee vor mir, merke ich, wie anstrengend die Konfrontation mit Miat gewesen ist. Wieder bin ich von ihrer massiven Eifersucht, Ohnmacht und Wut beeindruckt; sie scheint vor nichts zurückzuschrecken: Mit einem Stock schlägt sie auf eine schwangere Frau ein in der Absicht, diese mit ihrem Kind im Bauch zu töten, und selbst ihre eigenen Kinder würde sie verlassen, um für immer in ein fremdes Dorf zu gehen.

Ethnopsychoanalyse

Paul Parin und Goldy Parin-Matthèy, die so wichtig sind für mich, sind weit weg in ihrer psychoanalytischen Praxis in Zürich. Fritz Morgenthaler ist tot. Seine Zuwendung und sein Vorbild haben mir den Weg zur Ethnopsychoanalyse geöffnet. Die drei haben als erste das Instrument der Psychoanalyse angewendet, um die Gefühle und das Denken von Menschen in traditionellen Gesellschaften zu verstehen. Sie sind zu den Dogon und zu den Agni in Westafrika gefahren. Ich bin hier am Sepik in Papua-Neuguinea. Milan macht die Supervision, und ich führe psychoanalytisch orientierte Gespräche mit meiner alten Freundin Miat. Als wir hier vor mehreren Jahren mit Fritz Morgenthaler und Marco Morgenthaler unsere erste ethnopsychoanalytische Forschung machten, habe ich mit Miat keine täglichen Gespräche geführt. Als ich jetzt wieder zum Sepik kam, wußte ich nicht, ob mein Wunsch, mit Miat zu sprechen, in Erfüllung gehen wird. Nun treffen wir uns Tag für Tag, und es gibt kein Zurück mehr.

Gestern sah ich dem Treffen mit Miat voller Unruhe entgegen. Ich war damit beschäftigt, mir zu überlegen, wie ich das, was unsere Beziehung belastet, deuten kann. Jetzt bin ich erleichtert. Das Konzept, das Milan und ich entwickelt hatten, erwies sich als richtig. Miat war wütend. Wenn sich eine Beziehung vertieft, treten unweigerlich innerpsychische Konflikte auf, die zu Störungen führen. Die Umwandlung der Wut in Sorge um mich und Milan und die Einladung zum Heiligen Abend waren die Form, in der sich die Störung manifestiert hat. In der Psychoanalyse nennen wir dies einen Widerstand. Wird ein Widerstand gedeutet, führt dies zu Umstrukturierungen, und die Beziehung verändert sich. Das ist gestern geschehen. Miat erinnerte sich an Dinge, über die sie noch nie gesprochen hat. Unsere Gespräche werden weitergehen, bis ein neuer Widerstand auftauchen wird. Von Deutung zu Deutung wird sich unsere Beziehung vertiefen. Immer neue emotionale Realitäten und neue Aspekte des Erlebens, weiter und tiefer führende Erinnerungen werden Platz finden in unseren Gesprächen.

In den Beziehungen, die sich im Leben ergeben, machen wir uns solche Gedanken nicht, wie ich sie mir mache. Wir leben eine Beziehung, gehen darin auf. Geht alles gut, sind wir zufrieden, gibt es Probleme, versuchen wir sie zu lösen. Gelingt dies nicht, gehen wir uns aus dem Wege oder trennen uns gar. Die Beziehung, die ich mit Miat habe, ist anders. Sie ist nicht weniger von Gefühlen getragen als irgendeine Beziehung zwischen zwei Frauen, die Gefallen aneinander finden. Auch an Problemen fehlt es nicht. Was unsere Beziehung unterscheidet, ist meine Einstellung. Ich möchte verstehen, was Miat bewegt, was sie denkt und fühlt. Die Psychoanalyse gibt uns Instrumente in die Hand, die ich benütze. Die täglichen, auf eine Stunde beschränkten Gespräche, die Protokolle, die ich davon mache, helfen mir, die Entwicklung unserer Beziehung klar zu sehen. Die Supervision durch Milan und unsere metapsychologischen Überlegungen ermöglichen uns erst, uns im Fluß des emotionalen Geschehens zu orientieren. Auch bei uns, im eigenen Kulturbereich, ist es selten möglich, einen anderen Menschen zu verstehen. Wieviel schwieriger ist dies in einer fremden Gesellschaft.

Ich mache mich auf den Weg zu Miat. Als ich gestern ins Dorf ging, war ich in Gedanken vertieft und nahm nichts um mich herum wahr. Jetzt sehe ich die hohen Ranken der Yamspflanzen, die kräftigen Zuckerrohrstengel und die Brotfruchtbäume mit ihren großen gezackten Blättern. Voller Erwartung gehe ich der Begegnung mit Miat entgegen. Ich springe die Treppe ihres Hauses hinauf und bleibe erstaunt in der Tür stehen. Die ganze Familie ist versammelt. Kinder sitzen am Boden, Teller vor sich, sie sind eben dabei, das Essen zu beenden. »Guten Nachmittag, Florence!« tönt es aus verschiedenen Ecken gleichzeitig. Temben sitzt auf seinem Stuhl, Miat kauert am Boden und stellt Teller und Pfannen zusammen. Ich komme mir vor wie ein zu früh gekommener Gast, doch bin ich nicht früher hier als sonst, und meine Anwesenheit stört niemanden. Temben begrüßt mich, wartet, bis ich mich auf den Boden gesetzt habe, und weist in den hinteren Teil des Hauses.

Dort hängen zwei prächtige Schmuckstücke von einem Querbalken herunter. An geflochtenen Hauben sind zahlreiche schwarze Kasuarfedern festgebunden, deren Spitzen mit weißen Federn verziert sind. Es ist der Kopfputz der Männer. Tanzen sie damit, wippt der Federstrauß bei jedem Schritt mit. Um die verführerische Wirkung ihrer Aufmachung noch zu verstärken, machen sie vor ihrem Auftritt auf dem Zeremonialplatz einen Zauber, um die Frauen vollends zu betören. Ich erfahre, daß in drei Tagen im Dorf am Fluß eine Initiation junger Männer stattfinden wird und Temben deshalb den Schmuck in Ordnung bringt. Seine Söhne Kaso und Wundan werden zum ersten Mal als Krokodilstänzer auftreten. Auf meine Frage, ob er auch mittanzen werde, antwortet Temben: »Wenn meine Söhne tanzen, tanze ich nicht. Entweder der Vater oder die Söhne. Jetzt sind sie an der Reihe, ich habe mich um ihren Schmuck zu kümmern.« Die Kinder haben zu Ende gegessen, einige stehen auf und verlassen das Haus, andere sitzen noch herum. Miat läßt sich mir gegenüber auf den Boden nieder. Das wirkt wie ein Zeichen. Temben verabschiedet sich und geht ins Zeremonialhaus. Nach und nach gehen auch die Kinder, nur ein Mädchen bleibt neugierig sitzen, bis Miat es wegschickt. Ich denke, wie anders heute alles ist: Statt für die Weißen zu arbeiten und erschöpft zu sein, genießt Miats Familie ihr Essen, und statt mit der Weihnachtsfeier für die zwei Weißen ist man jetzt mit einem eigenen Ritual beschäftigt.

Miat lachend: Hast du gesehen, wie sie weggingen? Wenn wir miteinander reden wollen, verschwinden alle. Sie denken, die zwei sind Zauberinnen!

Florence: Zauberinnen sind gefährlich, denn sie sind stark.

Miat: So ist es. *Pause.*

Heute morgen kam Pengal mit auf den See. Außer uns war sonst niemand da. Er fing Fische mit dem Speer, und ich schaute die Reusen nach. Es war nur ein einziger Aal drin. *Pause.*

Tagendaua ging mit Süßkartoffeln ins Nachbardorf und tauschte sie gegen Fische ein. Doch für die vielen Süßkartoffeln erhielt sie nur zwei Fische. Diese kochte ich zusammen mit dem Aal, den ich in elf Stücke zerschnitt, für jeden eines. *Pause.*

Heute früh schickte Guse Wundan in den Garten am Sepik. Er sollte auf eine Palme steigen und Betel pflücken. Es gab wenig, und so erhielt er für seine Arbeit nur einen kleinen Zweig geschenkt. *Pause.*

Als ich vom See nach Hause ging, begegnete ich den zwei Alten aus der Nachbarschaft. Die Frau trug eine Tasche voller Seerosenkapseln − du weißt, wie gerne wir die Samen aus diesen Kapseln essen. Mehrere Tage ist diese Frau mit ihrem Mann weggewesen und hat auf dem großen See die Seerosen gepflückt. Sie sagte zu mir: »Ich gehe jetzt nach Hause, dann werde ich sie verteilen. Auch du bekommst welche.« Die beiden Alten verteilten alles, was sie von ihrer Reise mitgebracht haben. Heute wurden in jedem Haus in unserem Dorfteil Seerosensamen gegessen. *Pause.*

Hier bei uns hilft man sich gegenseitig aus. Im anderen Dorfteil aber denkt jeder nur an sich.

Florence: Wenn man Pech hat und wenig Fische fängt oder eintauschen kann oder wenn wenig Betel da ist, gerät man in Schwierigkeiten. Die zwei Alten hatten viel und verteilten alles. *Pause.*

Gestern sagtest du, du willst alles für dich behalten.

Miat: Wenn du nicht teilst, geht es dir schlecht. Eine Familie mit vielen Kindern ist darauf angewiesen, daß andere ihr helfen, besonders, wenn die Kinder klein sind. Sind sie größer, können sie all jenen helfen, die sich früher um sie gekümmert haben. *Pause.*

Wundan hilft mir am meisten. Er macht sich Sorgen um mich. Ich wiederum verwöhne ihn und backe ihm die größten Sagofladen. Seine Geschwister halten mir das oft vor, doch ich mache aus meiner Vorliebe für ihn keinen Hehl. Auch Temben meint, daß mir dieser Sohn am nächsten steht. Wenn ein Kind eine Sache so anpackt, wie ich es tun würde, dann ist es mir ähnlich. Ein solches Kind liebe ich. So ist es mit Wundan.

Als ob es mich störte, daß Miat ein Sohn und nicht eine Tochter nahesteht, frage ich weiter.

Florence: Hast du auch eine Tochter, die du so gerne hast wie Wundan?

Miat: Meine Töchter sollten sich in der Sache der Frauen ebensogut auskennen wie ich. Immer wieder habe ich meine zwei Ältesten, Kwaigambu und Kasoagwi, daran erinnert. Doch ich glaube, sie haben wenig von mir übernommen. Sie haben schlechte Männer geheiratet und helfen mir nicht. Vor einiger Zeit kam Kasoagwi zu mir, ich solle ihr helfen, eine Fischreuse zu flechten. Stell dir so etwas vor. Ist sie etwa ein kleines Mädchen? Sie ist eine erwachsene Frau und erwartet das zweite Kind! Die Reuse liegt vor dem Haus. Solche Löcher sind darin, die Fische können mühelos wieder hinausschwimmen. Das Material, aus dem wir die Reusen flechten, ist teuer geworden. Heute verlangen die Frauen aus den Walddörfern für ein kleines Bündel Sagoblattrippen ein T-Shirt, und das reicht kaum für eine kleine Reuse aus. Ganz sinnlos hat Kasoagwi teures Material verbraucht. Als sie mit der Reuse fertig war, lachte sie und meinte: »Die ist zu nichts gut, die könnt ihr gleich verbrennen!« Nein, von keiner meiner Töchter erhielt ich für all die Arbeit, die ich mit ihnen hatte, etwas zurück. *Pause.*

Lädt mich aber einmal eines meiner Kinder in eine Stadt ein, dann werde ich ein *naven* tanzen, daß alle nur staunen werden. Ich werde das Flugzeug mit meinem schönsten

Faserrock und mit Muschelschmuck behangen besteigen. Wo immer wir landen, sei es in der Stadt Madang, Rabaul oder Lae, werde ich ein *naven* tanzen. Mögen die Leute um mich herum denken, was sie wollen, ich werde tanzen. *Pause.*

Seit mein Bruder und mein Vater gestorben sind, habe ich niemanden mehr, auf den ich zählen kann. Temben, der hat noch Geschwister. Nur Kinembe und ihr Sohn helfen mir immer wieder. Und Buni, die Tochter der ersten Frau meines Bruders, denkt ganz besonders an mich. Sie lebt in der Stadt. Wenn sie auf Besuch ins Dorf kommt, schaut sie als erstes bei mir herein. Sie beschenkt mich mit Seife, Reis und Fischkonserven. Sie sagt immer: »Du bist meine *vau*, die Schwester meines verstorbenen Vaters. Jetzt, da er tot ist, trittst du an seine Stelle.« *Pause.*

Einen Tag vor deiner Ankunft, als ich an Malaria erkrankt war, besuchte sie mich. Sie schaute mich an und begann zu weinen. Sie sagte: »Du mußt wieder gesund werden. Du darfst nicht auch noch sterben.«

Florence: Über deine zwei Töchter bist du enttäuscht. Buni aber magst du gerne.

Miat: Ja, sie mag ich gerne, sie ist die Tochter meines Bruders. *Pause.*

Früher, als er noch lebte, besuchte ich ihn oft mit meinen Kindern am Sepik. Dann setzten wir uns ans Ufer des Flusses. Vor uns tummelten sich seine und meine Kinder im Wasser. Da sagten wir voller Stolz zueinander: »So viele Kinder haben wir, beinahe so viel wie ein kleines Dorf.« Piakna meinte: »Ich habe mehr Kinder als du.« – Er hat zwölf und ich elf. – Ich entgegnete ihm: »Du hast drei Frauen geheiratet und zwölf Kinder von ihnen. Ich aber habe ganz alleine elf auf die Welt gestellt. Obwohl ich eines weniger habe als du, glaube ich, ich übertreffe dich.« Darauf wußte er nichts zu erwidern und lachte mich an. *Pause.*

Buni denkt an ihren Vater, wenn sie mich sieht. *Pause.*

Piakna und mein Vater sind tot. Wenn ich an sie denke,

weine ich. *Laut tönen aus dem Zeremonialhaus die großen Trommeln. Fragend schaue ich Miat an, ich verstehe die Trommelsprache nicht.* Die Männer freuen sich auf die bevorstehende Initiation. Alle, auch die Leute in den umliegenden Dörfern, sollen das wissen. *Es ist Zeit, und ich will aufstehen. Da fährt Miat fort.* Während der Initiation sind die Männer im Zeremonialhaus nackt. Wenn wir Frauen nackt sind, halten wir stets die Hand vor unser Geschlecht. Die Männer tun das nie. *Obwohl Miat ganz ruhig spricht, ist das, was sie sagt, so direkt und unmittelbar sexuell, daß ich erstaunt sitzen bleibe.*

Florence: Und weshalb ist das so?

Miat: Wenn sich Frauen gegenseitig beschimpfen, greifen sie ihre Vaginas an. Sie sagen: »Schau an, was du für eine große Vagina hast!« Männer tun das nicht, sie sprechen nicht über ihr Geschlecht. Deshalb verstecken die Frauen ihre Vagina. *Pause.*

Vor einiger Zeit sagte mir eine Frau, ihre Tochter würde Kaso niemals heiraten, da er keine Ausbildung habe und kein Geld verdiene. Da wurde ich wütend. Sie ist eine alte Frau, und so habe ich mich nicht mit ihr geprügelt. Wäre sie jung, hätte ich mich nicht zurückgehalten. *Pause.*

Früher hätte ich auch über ihre Vagina gesprochen. Jetzt bin ich älter und lasse es sein. Ich sage mir, weshalb soll ich eine andere Frau angreifen, wir Frauen sind ja alle aus demselben Stoff.

Ich denke, daß Miat von uns zwei spricht. Habe ich nicht gestern, wie die Iatmul-Frau, von der sie eben sprach, etwas berührt, worüber Miat zuerst ganz wütend wurde? Jetzt spricht sie darüber, weshalb sie nicht auf mich eingeschlagen und meine Vagina nicht angegriffen hat. Früher hätte sie das sehr wohl getan. Doch auch ich habe gestern nicht auf Miat eingeschlagen und ihre Vagina nicht angegriffen. Meine Deutung hat unsere Beziehung verändert. Aus der weißen Frau, für die sie ein Weihnachtsessen organisierte und die sie dienend umsorgen wollte, ist eine Frau geworden, wie sie eine ist. Immer noch weiß, doch aus demselben Stoff und wie alle Frauen mit einer Vagina. Im Ritual der Initiation, über das Miat spricht, ist meine Verwandlung auch enthalten: Erst durch die Initiation werden aus Jungen vollwertige Erwachsene. Jetzt bin auch ich zu einer wirklichen Frau geworden. Miat lehnt sich an den Pfosten an und spricht weiter. Obwohl die Stunde zu Ende ist, unterbreche ich sie nicht.

Miat: Ich bin eine Frau, die nicht auf den Mund gefallen ist. Ich kann reden. Ich kann auch böse reden und andere damit verletzen. Schon als Kind war ich so. Ich war immer frech. Mein Vater ging als einer der ersten Männer vom Dorf auf die Missionsstation und lernte Lesen und Schreiben. Er war ein ruhiger Mann und redete nie so frech daher wie ich. Das habe ich von meiner Stiefmutter Amuia gelernt. Ich bin ihr ähnlich. Mein Vater und viele Leute im Dorf sind ganz anders. *Pause.*
Als mein Vater schwer krank war und im Sterben lag, sagte ich zu ihm: »Eben ist dein Sohn, mein Bruder, gestorben. Ich gehe jetzt für drei Wochen ins Totenhaus und trauere um ihn. Warte auf mich, bis ich zurückkomme. Warte mit Sterben. Du mußt mir noch die Namen, Geschichten und Zaubersprüche unseres Klans erzählen. So gehen sie nicht verloren, und ich kann sie später den Kindern von Piakna weitergeben. *Pause.*
Mein Vater erzählte mir nichts. Er behielt alle Geheimnisse unseres Klans für sich. Dreimal habe ich ihn darum gebeten, mir die Geschichten zu erzählen. Doch er wollte nicht. Er sagte nur: »Du bist eine Frau. Dir erzähle ich nichts. Ich habe bereits Piakna alles gesagt. Er hat es in ein Heft geschrieben. Was ich weiß, steht in diesem Heft.« *Pause.*
Dort in jener Ecke saß er, machte einen Zauberspruch, trank das Wasser aus der Kokosnußschale, die er in der Hand hielt, und schwieg.

Florence: Dein Vater hätte dir die Geheimnisse seines Klans erzählen können. Es gibt bei euch diesen Brauch.

Miat: Ja.

Florence: Du bist über deinen Vater enttäuscht.

Miat: Seine Gedanken waren ganz verwirrt. Daß Piakna vor ihm starb, hat er nicht verkraftet. *Pause.*

Als ich meinen Sohn Kaso gebar, bestand er nur aus Haut und Knochen. Mein Vater hat ihm mit Zaubersprüchen das Leben gerettet. Ohne ihn wäre er gestorben. Er war ein Häufchen Elend. Kaso ist wie mein Vater geworden, er hat viel von seiner Spucke abbekommen und schlägt ganz ihm nach. Alle meine anderen Kinder reden drauflos wie ich, nur Kaso ist schweigsam und ruhig. Er ist auch zuverlässig. Wenn du deine Tasche hier liegenlassen würdest, er würde sie nicht berühren. Auch Geld würde er nicht antasten. Er ist wie ich. *Pause.*

Nun haben wir aber lange gesprochen. Das war ein gutes Gespräch. *Gleichzeitig stehen wir auf. Miat begleitet mich zur Tür, und als ich unten an der Treppe bin, sagt sie:* Morgen komme ich zu dir nach Hause. Eine Frau wird für mich auf dem Markt Sago eintauschen, und ich will sie am Sepik abholen.

Langsam gehe ich durch die abendliche Landschaft. Wie verändert Miat ist. Neue Dinge beschäftigen sie, und die Art und Weise, wie sie darüber spricht, ist ungewohnt ruhig und ernst. So reich und vielfältig erscheint mir unser heutiges Gespräch, daß ich Mühe habe, mich zurechtzufinden. Ich folge meinen Einfällen, erinnere mich an die verschiedenen Szenen. Dann rufe ich mir alles in Erinnerung, vom Anfang bis zum Ende. Miats Gedanken und Gefühle sind von der unausgesprochenen Frage gelenkt: Wie sind meine Beziehungen zu anderen Menschen? Wie gut bin ich unter meinen Verwandten, in meinem Dorf aufgehoben? Es fallen ihr Leute ein, die ihr nahestehen, wie ihr Sohn Wundan. Andere erlebt sie als fremd und wenig dankbar, wie ihre beiden Töchter. Aber die zwei Alten, die ihr nicht nahestehen, sind großzügig, und auch sie wird von ihnen beschenkt. Die Iatmul äußern selten Zweifel an sich, und es fällt ihnen nicht schwer, anderen Vorwürfe zu machen. Ungewohnt nüchtern, mit einer kleinen Prise Vorwurf gegenüber ihren Töchtern, schildert Miat ihre Beziehungen.

Wenn ich dem Verlauf des ganzen Gesprächs und seiner emotionalen Bewegung folge, fällt mir noch etwas auf. Wie gleichbleibende Wellen folgt ein Hoch auf ein Tief. Dem Gefühl von Stärke und Zufriedenheit folgt die Enttäuschung und Trauer. Miat beginnt mit der Bemerkung, wir zwei seien Zauberinnen, stark und gefährlich. Darauf erzählt sie drei Begebenheiten aus dem Alltag, bei denen trotz Mühe wenig herauskam. Dann fallen ihr die zwei Alten ein, die großzügig das viele, was sie haben, verteilen. So folgt etwas Trauriges auf etwas Erfreuliches bis zu den zwei Szenen, die für die Iatmul eine ganz besondere Bedeutung haben. Miat will, wird sie von einem ihrer Kinder in die Stadt eingeladen, ein *naven* tanzen. Das *naven* ist ein Ritual, in dem Verbundenheit auf expressive Weise ausgedrückt wird. Dieses Ritual, in dem die Frauen sich als verführerisch und sexuell aggressiv zeigen, will sie in einer fremden Stadt auf einem Flughafen für ihr Kind tanzen. Welch großartige Vorstellung ist das. Die zweite Szene betrifft sie und ihren Bruder. Viele Kinder zu haben ist für die Iatmul die Grundlage ihres Wohlbefindens. Daß nach ihrem Tod niemand ihren Platz einnehme, ist unvorstellbar. Bruder und Vater sind tot, doch Miats Kinder mit denen ihres Bruders zusammen sind so viele, daß sie ein neues Dorf gründen könnten. Dem Tod und Verlust steht das Leben entgegen.

Als ich gehen will, beginnt Miat über etwas Neues zu sprechen: Die Frauen greifen im Streit ihre Vaginas an. Damit tritt die Frage nach der Verschiedenheit in den Vordergrund. Männer sind anders als Frauen, die einen haben einen Penis, die anderen eine Vagina, die einen nehmen sich deswegen nie hoch, die anderen sehr wohl. Den Männern werden die Mythen und Zaubersprüche des Klans erzählt, den Frauen nicht. Und fühlte sie sich eben noch mit ihrem Bruder verbunden, muß sie akzep-

tieren, daß sie verschieden sind und nur er Klangeheimnisse erfahren konnte. Doch gibt es nicht nur Unterschiede zwischen
den Frauen und den Männern, auch ein Mensch verändert sich
im Laufe seines Lebens. Miat war als Kind frech, heute ist sie
zurückhaltender geworden. Ihr Vater ist immer ein zuverlässi-
ger Mensch gewesen, doch der Tod seines Sohnes hat ihn völlig
verwirrt.

So wie heute, sich selbst und die anderen realistisch be-
trachtend, hat Miat noch nie gesprochen. Ich beschleunige
meine Schritte. Ich möchte Milan darüber erzählen.

Wie verabredet kommt Miat am folgenden Tag zum Sepik.
Hinter ihr erscheint in der Tür ihre sechsjährige Tochter
Wuren. Ich überlege, wo wir reden können, denn bereits am
Morgen kam die Schwiegertochter Amuias und machte sich im
Haus zu schaffen. Miat klärt die Sache ab. Kurze Zeit später
kommt sie zurück. Alles sei in Ordnung, wir können das Haus
benützen, die Schwiegertochter sei bereits unterwegs in den
Garten. Wir überqueren den Bach. Wuren, die uns folgt,
schickt Miat im Sepik baden. Die Kleine zögert, sie möchte bei
uns bleiben, doch Miat sagt: »Geh im Sepik baden, dort sind
auch die Kinder von Piakna.« Nun schlendert sie unwillig
Richtung Fluß. Die Tür zu Amuias Haus steht offen. Eine
Tasche liegt auf dem Boden – Spuren der Schwiegertochter.
Wir setzen uns wie immer ans Fenster.

Miat: Heute morgen fand ich drei Fische in meinen Reusen.
Turi besucht Verwandte in einem Nachbardorf. Sie fragte
mich gestern, ob ich ihre Reusen nachsehen könne. Vier
Fische waren darin. Einer war schlecht, den warf ich weg.
Unterwegs nach Hause ging ich bei Turis Schwiegertochter
vorbei und brachte ihr die Fische. Sie wohnt in der Stadt
und kam mit ihrem Mann für die Ferien ins Dorf.

Florence: Kann sie nicht fischen?

Miat: Nein. Sie weiß nicht, wo Turis Reusen sind. Sie hat auch
keine Übung. Vor allzu langer Zeit hat sie das Dorf verlassen. *Pause.*

Zu Hause hatte ich keinen Sago mehr, um Fladen zu bakken. Ich überlegte, ob ich Taga, die für mich zum Markt ging, entgegengehen soll, damit sie den Sago nicht alleine tragen muß. Ich machte mich auf den Weg. Bald kamen mir Taga und Wundan entgegen. Wundan muß auf sie am Sepik gewartet haben und half seiner Schwester tragen. Ich sagte: »Gebt mir eine Tasche.« Sonst würden sie denken: Wir schleppen alles alleine, sie hilft uns nicht einmal. Doch sie lehnten ab und trugen die schweren Taschen bis nach Hause. *Pause.*

Ich entfachte Feuer in der Feuerschale, legte die Tonplatte hinein und wartete, bis sie heiß war. Dann backte ich Fladen um Fladen. Die Sagobrocken, die Taga gebracht hatte, waren klein, von neun brauchte ich ganze vier schon auf. Niemals reichen sie bis zum nächsten Markt. Als das Essen bereit war, sagte ich den Kindern, sie sollen das Trommelzeichen für Temben schlagen. Heute morgen ging der Arme mit leerem Magen ins Zeremonialhaus. Hungrig, wie er war, kam er schnell nach Hause. Er fragte nach Wundan. Ich glaubte, dieser sei auch im Zeremonialhaus, erfuhr aber, daß er nicht dort war. Während Temben aß, ging ich ihn suchen. Schließlich fand ich ihn vor Kasoagwis Haus, wo er mit anderen zusammen am Boden saß, einen Karton mit Zahlen darauf zwischen den Beinen. Es ist nicht zu fassen, das ganze Dorf spielt Bingo! Ich beschimpfte ihn: »In zwei Tagen findet die Initiation statt, und du spielst hier wie ein kleiner Junge. Was fällt dir ein? Du gehörst ins Zeremonialhaus. Wer soll den Betel und das Huhn bezahlen, wenn dich die Männer für dein kindisches Benehmen bestrafen?« Er senkte den Kopf, sagte nichts und verschwand über den Platz zum Zeremonialhaus. *Pause.*

Dann kam ich zu dir. Die kleine Wuren wollte mich begleiten. Sie sagte: »Ich möchte den Sepikfluß wieder einmal sehen.« So habe ich sie mitgenommen.

Ich denke, wie wichtig heute Miat ihre Kinder sind. Wuren, die sie mit zum Sepik nimmt. Taga, die für sie zum Markt fährt. Taga und Wundan, die den Sago ins Dorf tragen und nicht wollen, daß Miat ihnen hilft. Doch erlebt sie heute ihren Lieblingssohn Wundan auch wie einen unverantwortlichen kleinen Jungen, der spielt, statt mit den erwachsenen Männern zu sein.

Miat: Was mir gestern nach unserem Gespräch zugestoßen ist, habe ich dir noch nicht erzählt. Ich ging in den Garten und grub Süßkartoffeln aus. Da kamen auf dem Weg Touristen daher. Ohne genau hinzuschauen, rief ich ihnen zu: »Gut abinun tru.« (Guten Abend.) Da sagte einer von ihnen: »Aipman grambu. Abusat wuraigo; tal angali ngepma varamba yigat tega nen, ngeni wuna ngepma yigat.« (Guten Abend, ich gehe zum Sepik hinaus; zuerst wollen wir mit dem Kanu in das Dorf gegenüber fahren, dann gehen wir heim.) Er sprach Iatmul. Stell dir das vor! Ein Weißer, der Iatmul spricht, und ich, eine Iatmul-Frau, spreche ihn in Pidgin an. Ich kugelte mich vor Lachen, ich konnte nicht aufhören, so komisch war das. Im ersten Moment erschrak ich, doch dann mußte ich lachen. Es war Jeff, der Australier, der eine Iatmul-Frau geheiratet hat und mit ihr und ihren sieben Kindern in einem Dorf flußabwärts lebt. *Pause.* Zu Hause erzählte ich von meinem Erlebnis. Alle lachten sich krumm.

Miat lacht mich an. Sie nimmt aus dem Paket Zigaretten, das vor mir liegt, eine Zigarette.

Miat ist zufrieden. Die Geschichte mit dem Weißen, der Iatmul spricht, erinnert an unser Gespräch, als ich Miat ihre Wut und das damit in Zusammenhang stehende Weihnachtsfest deutete. Das »abinun tru«, das sie den weißen Touristen zurief, ist eine typische Redensart der Missionare. »Gut abinun« würde genügen, doch das hinzugefügte »tru« — auf deutsch mit wahrlich, wahrhaftig zu übersetzen — gibt der Begrüßung eine sentimentale Tiefe, die wenig zu den Iatmul paßt. Wie ich das dienende und umsorgende Verhalten ablehnte und auf unsere

Beziehung zu sprechen kam, antwortete der Weiße auf Iatmul. Er begrüßte Miat, wie es üblich ist, und sagte, wohin er unterwegs sei. Er spricht Miats Sprache und ist direkt, während sie das durch die Kolonisierung entstandene Pidgin spricht. Das ist eine Umkehrung: Ein Weißer verhält sich wie ein Schwarzer und Miat wie eine Weiße. Darüber erschrickt sie, lacht über sich selbst und bezieht weitere Leute in ihre Geschichte und ihr Lachen ein. In jenem Gespräch mit mir lachte Miat nicht, denn was sich zwischen uns ereignete, war nahe und ernst. Gestern aber und jetzt, da sie mir die Geschichte erzählt, hat Miat Distanz zu sich gewonnen. Erleichtert und entspannt schaut sie mich an.

Florence: Das ist eine starke Geschichte.
Miat: Nicht wahr! *Pause.*

Als ich ein Kind war, nahm mich mein Vater auf die Missionsstation mit, wo er als Lehrer arbeitete. Damals konnte ich nur Iatmul sprechen. Ich verstand kein Wort Pidgin. Ich lernte es dort von einem Pater. Er hieß John und war ein großer fester Mann. Er sagte zu mir: »Karim naip i kam« (bring das Messer her) oder »Kisim ki bilong stua na karim suga, banana na mami i kam« (nimm den Schlüssel zum Schuppen und bring Zuckerrohr, Bananen und Taro). Das Essen verteilte er an die Kinder, die auf der Station zur Schule gingen. Zuerst verstand ich ihn nicht, erst nach und nach begriff ich den Sinn seiner Worte. Damals habe ich Pidgin gelernt. Später, als du gekommen bist, habe ich dir meine Pidginkenntnisse weitergegeben.

Florence: Was du von einem Weißen gelernt hast, hast du an mich, eine Weiße, weitergegeben. Du denkst dir, daß ich ohne dich nie so gut Pidgin gelernt hätte und mich ohne dich vorgestern nicht so treffend hätte ausdrücken können.

Miat: Ja, so ist es. Du weißt, ich bin eine Frau, die gerne und viel redet. In allen Dörfern bin ich dafür bekannt. Und wenn ich meine Kindern rufe, hört es das ganze Dorf, selbst die Männer im Zeremonialhaus. »Was hast du wieder geschrien«, sagt mir dann Temben. »Wenn ich nicht schreie, hören mich meine Kinder nicht«, halte ich ihm immer entgegen. *Pause.*

Heute gehe ich nur selten auf den Markt in den Walddörfern. Es gibt wenig Fisch, und dann macht es mir keinen Spaß hinzugehen. Wenn ich zum Markt fahre, dann nur mit einer Frau, die wie ich rudert. Ich will als erste ankommen und als erste zurück sein. Kinembe und Kwaigambu, auch Taga, rudern schnell wie ich. Kasoagwi aber ist anders, sie nimmt sich Zeit. *Miat streckt sich auf dem Boden aus. Den kleinen Hocker, auf dem ihr Vater immer saß, schiebt sie sich unter den Kopf.* Kaso hält sich stets zurück. Den kann ich nicht einmal in den Dorfladen schicken, um einzukaufen, der würde es nicht wagen, den Mund aufzutun. *Pause.*

Bevor mein Vater starb, war er lange sehr krank. Er konnte nicht mehr selbständig gehen, und meine Kinder mußten ihm helfen. Am Morgen trugen sie ihn aus dem Moskitonetz zur kleinen Feuerschale, in der ein Feuer brannte. Dort saß er stundenlang, schaute vor sich hin und schwieg. Am Abend trugen sie ihn wieder zurück zum Schlafen. Ich sagte Kaso: »Als du klein warst, hat dir dein Großvater das Leben gerettet. Du lebst, weil er dich gepflegt hat. Es machte ihm nichts aus, wenn du auf seine Beine geschissen und gepißt hast. Jetzt kannst du ihm helfen.« Als mein Vater starb, war Kaso entsetzlich traurig. Auch als mein Bruder Piakna starb. Als man die beiden begrub, weinte Kaso so sehr, daß die Leute Mitleid mit ihm hatten und seinetwegen weinten. Noch heute wird in den umliegenden Dörfern von Kasos Trauer gesprochen. Er weinte wie ich. Wenn ich alleine zu Hause bin, weine ich auch heute noch. Meine Augen sind zerstört. Ich sehe immer schlechter.

Miat setzt sich auf und schaut mich an. Sie wirkt ernst. Ich denke, heute steht ihr der stille Kaso näher, der traurig sein kann wie sie, als der redegewandte, lustige Wundan. Vor dem Haus ertönt die Stimme Wurens. Sie hat genug gebadet und will hereinkommen. Als wir die Tür öffnen, steht die Kleine vor uns und schaut uns neugierig an. Sie sagt nichts, dreht sich um und geht die Treppe hinunter. Wir überqueren den Bach, dann schlagen Miat und Wuren den Weg ins Dorf ein.

Als ich am Abend das Gespräch aufschreibe, wird mir erst klar, daß Miat und die Dorfbewohner nicht nur über die Sprachverwirrung zwischen Weiß und Schwarz, sondern noch über etwas anderes gelacht haben. Die Szene mit Jeff und Miat hat für die Iatmul auch eine sexuelle Bedeutung. Für sie gibt es keinen geeigneteren Ort als den Garten, um Liebe zu machen. Das ist einer der wenigen Orte, wo man sich unbeobachtet treffen kann. Niemand sieht, was sich hinter den Hecken der Yamspflanzen und den Zuckerrohrstengeln abspielt. Ist eine Frau im Garten und ein Mann kommt auf dem Weg daher oder umgekehrt, taucht unweigerlich die sexuelle Phantasie auf, es miteinander zu treiben. In der Szene gestern mit den nackten Frauen, welche ihre Vulvas angreifen, war die Sexualität in unserer Beziehung unvermittelt nahe. Heute, in der Geschichte mit Jeff und Miat im Garten, taucht die Sexualität wieder auf. Nun in Form einer Erinnerung, in der das Liebemachen enthalten ist. So wie gestern das Lachen Miats und der Dorfbewohner zu einer Entspannung führte, so auch heute in unserem Gespräch, als die sexuelle Phantasie uns beiden so nahe war.

Am nächsten Tag steht Miat unter ihrem Haus. Sie trägt Paswat auf dem Arm und hat sich an einen Pfosten angelehnt. Den Rücken zum Weg gewandt, schaut sie den spielenden Kindern zu. Obwohl sie gemerkt haben muß, daß ich komme, dreht sie sich nicht um. Als ich neben ihr stehe, ruft sie Tiri und übergibt ihr Paswat. Jetzt wendet sie sich an mich.

Miat: Da bist du ja. Heute gibt es viele Mücken, komm, gehen wir schnell ins Haus.

Eine durchlöcherte Fischreuse liegt vor der Treppe im Gras. Ist es jene, die Kasoagwi geflochten hat? Miat hebt sie im Vorbeigehen mit dem Fuß geschickt hoch und wirft sie unter das Haus. Oben ist niemand. Wir lassen uns beim Fenster nieder.

Miat: Eben bevor du gekommen bist, waren junge Männer aus dem Dorf am Fluß hier. Sie wollten Hühner für die morgige Initiation kaufen. Sie staunten, als ich ihnen erklärte, daß sie für die fünf Kina, die sie bei sich hatten, niemals zwei Hühner kaufen können. Sie glaubten, ein Huhn kostet nur zwei Kina. Doch die Preise sind gestiegen. Unter drei Kina bekommst du heute kein Huhn mehr. Pengal half ihnen bei der Suche und begleitete sie von Haus zu Haus. – Die Armen, sie sind fremd hier und kennen sich nicht aus. – Als sie in das Nachbardorf unten am See gehen wollten, riet ich ihnen ab: »Die haben bald selbst eine Initiation und werden keine Hühner verkaufen.« Als die jungen Männer am Zeremonialhaus vorbeigingen und den Kopfputz der Krokodilstänzer sahen, waren sie beeindruckt, aber auch erschrocken. Sie sagten: »So viele Männer machen morgen beim Krokodilstanz mit. Das macht uns angst.« Leise flüsterte ich ihnen zu – darüber darf ich eigentlich nicht sprechen: »Seid froh. Je mehr Männer dabei sind, um so besser für euch. Dann schneiden euch zwei oder gar drei zusammen das Krokodilsmuster in den Rücken. Es geht schneller, und ihr habt weniger Schmerzen.« Ich glaube, das hat sie erleichtert.

Ich muß daran denken, wie Miat und ihre Familie noch vor wenigen Tagen selbst auf der mühsamen Suche nach Hühnern für das Weihnachtsessen waren. Wieviel angenehmer ist es doch, wenn das anderen passiert und man ihnen mit Ratschlägen beistehen kann. Unter dem Haus ertönt eine Frauenstimme. Es ist Kwaragwi. Die beiden sprechen über den See. Die Frau sagt: »Gut, dann versuche ich es«, und verabschiedet sich.

Miat: Sie wollte wissen, ob die Wasserpflanze Salvinia noch immer die Zufahrt zum See versperrt. Ich habe ihr gesagt, daß der Wind sich gedreht hat und der Bach wohl wieder frei ist. Heute morgen war ich auf dem See. Außer mir war niemand da. Plötzlich tauchten Schwärme von kleinen *makau*-Fischen auf. Ich nahm den Speer und jagte sie. *Miat hält ihre Hände mit gespreizten Fingern vor sich hin und überlegt.* Fünfundzwanzig habe ich gefangen.

Florence: Das sind sehr viele.

Miat: In den Reusen war dafür nichts. Mit dem Speer junge *makau*-Fische zu fangen ist nicht einfach. Den *kami*- und *kalwa*-Fischen kannst du dich gut nähern, nicht so den *makau*. Da mußt du geschickt sein. Wenn hier, wo wir zwei sitzen, das Kanu ist und dort hinten beim Moskitonetz die *makau*-Fische, mußt du lautlos rudern, den Speer ergreifen, ihn heben und mit Kraft werfen. Du kommst nicht nahe an die *makau*-Fische heran, von weitem mußt du sie treffen. Viele ältere Frauen können das nicht mehr. *Kami* und *kalwa* sind einfacher zu fangen. Je nachdem kannst du mit dem Kanu so nahe an sie heranrudern, daß du den Fischspeer nicht aus der Hand lassen mußt: Du stößt ihn einfach in den Fisch hinein. Später kam auch Guse auf den See. Ich zeigte ihr mein Kanu mit den vielen Fischen und fragte sie, ob sie davon haben will. Sie lehnte ab: »Ach nein, ich habe für mich und meinen Mann einen Aal gefangen. Das genügt für uns zwei. Du hast viele Kinder zu ernähren, behalte die Fische für dich.« *Pause.*

Als ich nach Hause wollte, war der Bach, auf dem ich gekommen bin, vollständig von der Salvinia verstopft. Ich mußte einen Umweg machen und kam auf einem wenig benützten Weg ins Dorf zurück, wie eine *kurgwa-ragwa*, eine Zauberin. *Miat schaut mich verschmitzt an.*

Florence: Du hast auch Fische gefangen wie eine *kurgwa-ragwa*.

Miat: Nach mir und Guse konnte keine Frau mehr auf den See. Der Zugang war versperrt. *Pengal kommt die Treppe herauf und geht im hinteren Teil des Hauses etwas holen. Miat schaut ihm nach.* Wenn er gewußt hätte, daß es heute so viele Fische gab, wäre er auch mitgekommen. Zusammen hätten wir bestimmt fünfzig Stück gefangen.

Florence: Bei den Fischen weiß man nie, ob sie da sind oder nicht.

Miat: Ja. Da ich in den letzten Tagen so wenig Glück hatte, ging ich heute nicht früh zum See. Ich hatte eigentlich keine Lust, hinzugehen. *Pause.*

Gestern fragte ich Wundan, ob nun sein Schmuck für das morgige Initiationsritual vollständig sei. Er sagte, er habe alles außer dem Halsschmuck. Darauf schlug ich vor, gleich zu Guse zu gehen und bei ihr das fehlende Stück auszuleihen. Wir verließen das Haus, und als uns meine Kinder weggehen sahen, folgten sie uns. Ich glaube, sechs sind mitgekommen. Guse saß auf der untersten Sprosse der Treppe und sah uns von weitem daherkommen. Sie lachte über den Aufzug. Sie war dabei, Betel zu essen, und gab mir welchen. Wir saßen zusammen vor dem Haus und plauderten. *Miat steht auf.* Ich muß dir den Schmuck zeigen. Hoffentlich hat ihn Temben noch nicht ins Zeremonialhaus genommen. *Sie geht in die Mitte des Hauses, wo eine große geflochtene Tasche von einem Balken hängt, und schaut hinein.* Ja, da ist er. *Sie stellt die Tasche vor mir auf den Boden, beugt sich darüber und nimmt die halbmondförmige Perlmuttplatte von Guse heraus. Sie richtet sich auf und hält sich das Schmuckstück an den Hals.* So wird es getragen.

Florence: Schön sieht das aus.

Als nächstes nimmt sie den mit Muscheln besetzten Gürtel und legt ihn um die Hüfte. Dann die breiten Ringe aus Schildpatt, die am Gürtel festgemacht und hinten am Rücken getragen werden. Zum Schluß die feinen, mit Muscheln besetzten Bänder für die Beine. Zurückgelehnt an die Truhe, sitze ich da und schaue der Verwandlung Miats mit Bewunderung zu. Schön sieht sie aus, denke ich. Sie hängt die Tasche mit dem Schmuck zurück an den Balken und setzt sich wieder hin.

Miat: Es ist ärgerlich, bei anderen Leuten dauernd Schmuck ausleihen zu müssen. Wenn es viele Fische gibt, werde ich mit Temben ins nördliche Grasland reisen und Muschelschmuck gegen Fisch eintauschen. Dort holten schon unsere Vorfahren ihren Schmuck. Früher, da hatten Temben und ich Muschelschmuck in Hülle und Fülle. Als ich heiratete, war ich mit Muschelschmuck behangen, daß ich mich kaum bewegen konnte. Die Frauen, die mich für die Heirat schmückten, wollten mir noch mehr umhängen, da wehrte ich mich: »Jetzt reicht es, ich bin schon zu schwer!« Und wie ich geschmückt auf dem Zeremonialplatz saß, wurde ich von allen bewundert. Ich gefiel vielen Männern, die konnten sich an mir nicht sattsehen. Diesen ganzen Muschelschmuck, den ich in die Ehe mitbrachte, verschenkte Tembens Mutter an andere Leute. Eine dumme und blöde Frau war sie. Nach ihrem Tode sagte ich: »Gut, daß sie gestorben ist!« Sie stahl mir alles und verteilte es reihum, so muß ich jetzt den Schmuck für meine Söhne bei anderen Leuten ausleihen. *Pause.*

Morgen werde ich meine Söhne tanzen sehen. Bestimmt haben nicht alle so prächtigen Schmuck wie sie. Dann werden die Leute sagen: »Diese zwei schönen Männer sind die Söhne dieser Frau«, und sie werden auf mich zeigen. *In diesem Augenblick steht Kaso in der Tür. Scheu lächelt er uns zu und geht in den hinteren Teil des Hauses.* Ich ärgere mich darüber, daß die Männer ausgerechnet ihn in das Walddorf geschickt haben, um Betel für die Initiation zu holen. Er hatte noch nicht gegessen, und der Weg dorthin ist weit. Bevor er ging, sagte ich ihm: »Florence hat viele reife Bananen, hol dir welche bei ihr.« Doch davon wollte er nichts wissen, scheu, wie er ist.

Florence: Du glaubst, daß er von sich aus nicht sagen kann, wenn er Hunger hat und sich schwach fühlt.

Miat: Nein. Er schlug selbst vor, den Betel zu holen. Immer denkt er nur an die anderen. Wenn er sehr hungrig ist, legt er sich lieber schlafen, als etwas zu sagen.

Florence: So kann man sich täuschen, wenn man nur auf das Äußere achtet. Auch in der lebhaften und expansiven Miat steckt ein zurückhaltender, scheuer Kaso.

119

Miat: Stell dir vor, was mir Wundan erzählt hat. Kaso kann diesen verrückten Breakdance. Er hat es ihm im Wald gezeigt, doch vor vielen Leuten würde er ihn niemals vorführen. *Pause.*

Auch ich zeige nicht alles, was mich bewegt. *Naven* zum Beispiel tanze ich ohne Scham. Auch meine Trauer zeige ich offen. Als Piakna starb und tot in der Mitte seines Hauses auf der Matte lag und das Haus voll von Trauernden war, scheute ich nicht davor zurück, mein Gesicht auf das seine zu drücken. Obwohl man das nicht tut, ich tat es. *Pause.*

Bei uns sagt man, nur eine Frau, die es mit vielen Männern treibt, muß sich schämen, weil viele über ihre Art, Liebe zu machen, Bescheid wissen. Ich brauche mich nicht zu schämen. Ich treibe mich nicht mit verschiedenen Männern herum, habe nichts gestohlen und nichts Böses gesagt. Weshalb also sollte ich mich da schämen? *Pause.*

Kommst du morgen mit zum Initiationsritual?

Florence: Gerne.

Miat: Ich werde für uns ein Kanu organisieren. *Pause.*

Wie fährt Milan hin?

Florence: Ich weiß nicht, was er vorhat.

Miat: Es ist nicht gut, wenn er dableibt. Dann ist er böse auf dich.

Florence: Weshalb?

Miat: Ich mache nur Spaß. Bei uns Schwarzen würde ein Mann seine Frau nicht alleine in ein anderes Dorf gehen lassen. Er würde sagen: »Was gibt es dort Besonderes, daß du unbedingt hingehen willst?« Er wäre eifersüchtig, weil er glaubte, seine Frau hat dort etwas mit einem anderen Mann.

Florence lachend: Dann gehen wir morgen besser nicht zur Initiation.

Miat: Aber nein. Du kommst zuerst hierher, wir reden miteinander, und anschließend fahren wir zum Dorf am Fluß.

Miat begleitet mich zur Tür und winkt mir nach. Ich zünde eine Zigarette an und spanne den Schirm auf. Ich schaue auf die weite, offene Landschaft, die ich so gerne mag. Ich denke an Miat, wie verführerisch und begehrenswert sie mir begegnet ist. Das, was gestern in der Begegnung mit Jeff nur angedeutet war, stand heute ganz im Vordergrund. Faßbar nah, als sie den Muschelschmuck vorführte und sich daran erinnerte, wie viele Männer an ihr Gefallen fanden, als sie, mit Muscheln reich geschmückt, auf dem Zeremonialplatz heiratete. Doch schon zuvor, als sie erzählte, wie geschickt sie am Morgen eine große Zahl *makau*-Fische mit dem Speer jagte, ganz im Gegensatz zu alten Frauen, die das nicht mehr können. Miat zeigte sich heute als eine junge, geschickte und schöne Frau. Schon bei unserer ersten Begegnung hat mir Miat gefallen. Die Art, wie sie spricht, sich bewegt, wie sie sich kleidet, sagte mir unmittelbar zu. Ihr Gesicht gefiel mir ganz besonders. Die nicht sehr hohe Stirn, die feste Nase, die zwei energischen Falten unter den Wangen und die lebhaften Augen. Es hat mich wenig gekümmert, wenn ich zu Hause Fotos von den Iatmul zeigte und sich niemand begeistern konnte. Was wußten sie schon über die Schönheit der Iatmul. Miat war für mich von Anfang an eine schöne Frau. Doch so verführerisch wie heute habe ich sie noch nie erlebt.

Das Fest

Am Morgen ertönt vor dem Haus ein Räuspern. Es ist Tiri, Miats Tochter. Ihre Mutter läßt fragen, ob ich ihr von meinen reifen Bananen geben könne. Als wir in der Provinzstadt unsere Einkäufe machten, packten wir die Eßwaren portionenweise in Plastiksäcke ein, um sie vor einem eventuellen Regen, der uns auf der Reise überraschen könnte, zu schützen. Tiri hat keine Tasche bei sich, und so halte ich ihr einen von diesen leuchtend blauen Plastiksäcken hin. Ich sage: »Nimm, soviel du willst.« Tiri bricht Banane um Banane von der Staude ab, und als der Sack zur Hälfte gefüllt ist, meint sie, es sei genug, und geht. Einige Stunden später, um die Mittagszeit, sehe ich Pengal, der unschlüssig vor dem Haus auf und ab geht. Ich rufe ihn und erfahre, daß mir Miat ausrichten läßt, sie sei bereit. Ich solle ins Dorf kommen, denn die Initiation würde bald beginnen. Ich stelle das Geschirr vom Mittagessen auf die Seite, nehme die Tasche und den Schirm und mache mich auf den Weg. Ich gehe schneller als sonst. Vor dem Haus sehe ich niemanden. Da ruft Miat meinen Namen. Es ist ein seltsames Gefühl, zu wissen, daß man durch die Spalten der Häuser von innen gesehen wird, man aber selbst niemanden sehen kann. In der Tür bleibe ich stehen. Miat sitzt am Boden beim Fenster, sie trägt den Rock, den ich ihr als Geschenk mitgebracht habe, und eine ebenso neue Bluse, in ihre Haare hat sie Öl gerieben, und sie glänzen.

Florence: Schön schaust du aus. Man sieht, daß du zu einem Fest gehst.

Miat: Ich dachte schon, du wirst nicht kommen, und überlegte mir, ob ich für unser Gespräch zum Sepik gehen soll. Doch

meine vielen Kinder würden uns nur stören, und so ließ ich
es bleiben.

Florence: Auch ich habe mich auf unser Treffen gefreut. Als
mir Pengal ausrichtete, du seist bereit, habe ich mich gleich
auf den Weg gemacht. Ich bin schneller gegangen als sonst.
Du bist heute früh mit deiner Arbeit fertig geworden.

Miat: Ich habe mich beeilt. Das war ein Morgen! Es war noch
Nacht, als mich Turi und Guse weckten. Sie gingen auf den
Markt und baten mich, ihre Fischreusen nachzuschauen.
Das paßte mir nicht. Ich dachte, nun muß ich auch noch ihre
vielen Reusen leeren. Die Dämmerung war noch nicht angebrochen, als ich aufstand. Ich weckte die Kinder. Wundan
schickte ich in den Garten, um Yams und Süßkartoffeln auszugraben, Pengal kam mit mir zum See. Er war noch schläf-
rig und paddelte das Kanu hinter mir her, während ich ins
Wasser stieg und die Reusen leerte. Bei Turi waren drei,
bei Guse zwei und bei mir acht Aale. Ich arbeitete schnell.
Plötzlich trommelte Pengal aufgeregt an die Seitenwand des
Kanus. Er sah Schwärme von *makau*-Fischen und dachte,
wir könnten sie jagen. Doch ich wollte keine Zeit verlieren
und sagte ihm, er soll nur *makau* fangen, ich aber gehe ins
Dorf, weil ich noch viel zu tun habe. Unterwegs gab ich die
Fische für Turi und Guse ab. Zu Hause waren die Kinder an
der Arbeit. Einige bereiteten Yams und Süßkartoffeln vor
und setzten sie in einem großen Topf aufs Feuer. Ich wollte
noch Kalk brennen. Für das Initiationsfest brauchen die
Männer Kalk, denn sie werden viel Betel essen. Vier Kinder
halfen mir, die Muscheln in die ausgetrockneten Palmblätter
zu stecken. Dann schichtete ich diese aufeinander, legte
trockenes Gras darum und band das Ganze zusammen. Das
Bündel hängte ich vor dem Haus an einem Pfosten auf. Ich
zündete es an und hieß die Kinder, die verbrannten
Muscheln, die herausfielen, sorgfältig aufzuheben und in
einen Topf zu legen. Mit einem Löffel zerkleinerte ich sie
zu Pulver, mischte einige Tropfen Wasser darunter, und der
Kalk war fertig. Er reicht für vier Dosen: je eine für Tem-

ben, mich, Kaso und Wundan. Dann backte ich für alle Sagofladen, röstete die Aale in der Glut und packte für die Kinder ein Picknick ein, damit sie während des Festes zu essen haben. Dort im blauen Plastiksack sind Bananen und Fladen für sie bereit. Um die Männer brauche ich mich nicht zu kümmern, die werden im Zeremonialhaus verpflegt.

Florence: Viel Arbeit hast du mit deinen Kindern zusammen in kurzer Zeit bewältigt.

Miat: Den Kindern hat es Spaß gemacht. Ich malte ihnen aus, wie sehr sich ihr Vater und ihre älteren Brüder über den Kalk freuen würden. Da lief alles wie von selbst. Sonst wird man bei so viel Arbeit nur müde.

Und wieder fällt mir ein, wie sich alle für den Heiligen Abend abgemüht haben, welch ein Aufwand das war und welche Müdigkeit und Trägheit sich damals ausbreitete. Jetzt sitzt mir eine strahlende Miat gegenüber, und zufriedene Kinder spielen im Haus. Für sich selbst zu arbeiten und dabei noch der weißen Freundin zu imponieren ist schöner.

Florence: Heute ist ein großer Tag.

Miat: Ja. Meine Söhne werden zum ersten Mal am Krokodilstanz teilnehmen, und ich werde für sie *naven* tanzen. *Pause.* Temben ist mit ihnen im Zeremonialhaus. Er hat Erdfarbe und Pinsel mitgenommen, um ihre Gesichter zu bemalen.

Florence: Er ist stolz auf sie.

Miat: Und wie! Er sagte: »Ich werde nur die Gesichter meiner Söhne bemalen. Wer immer mich darum bittet, ihm zu helfen, ich werde es ablehnen. Heute arbeite ich nur für meine eigenen Söhne.« Er wird sich um ihren Schmuck kümmern, um ihr Essen, um ihren Kalk, er wird aufpassen, daß nichts verlorengeht. So ist er. Er kümmert sich immer um andere Menschen. Auch um dich und Milan hat er sich solche Sorgen gemacht. Auch wenn Leute aus anderen Dörfern kommen, sorgt er für sie.

Florence: Mit elf Kindern ist es gut, so zu sein, wie Temben es ist.

Seit einer Weile sitzen Tagendaua und Tagendemi, Schwester und Bruder, in unserer Nähe und spielen zufrieden. Jetzt beginnt Tagendemi laut zu schreien. Die ältere Schwester hat ihm seine Betelfrucht weggenommen. Miat fordert das Mädchen auf, die Frucht unverzüglich zurückzugeben. Es wartet. Das Schreien des Knaben wird lauter. Das Mädchen zögert, dann wirft es ihm die Betelfrucht mit einer heftigen Bewegung hin. Er schreit weiter und schaut die Frucht, die vor ihm am Boden liegt, eine Zeitlang an. Nun greift er nach ihr, hält sie fest in der geschlossenen Hand und hört auf zu schreien. Die Szene mit den Kindern erinnert mich daran, daß es um Miat geht.

Florence: Wer die meiste Arbeit mit den Kindern hat, bist du und nicht Temben.
Miat: So ist es. *Pause.*
   Der Mann von Kwaragwi hat ihr untersagt, zum Fest zu gehen. Er will, daß nur seine erste Frau, Guse, mitkommt.
Florence: Weshalb?
Miat: Wegen ihrer unverfrorenen Art, Männer anzumachen. Ich traf sie, als ich vom See zurückkam. Sie meinte: »Ich gehe trotzdem zum Fest. Es läßt mich ganz kalt, wenn mich mein Mann deswegen verprügelt. Schläge sind bald vergessen. Töten wird er mich wohl nicht!« *Pause.*
   Ich freue mich auch, zur Initiation zu gehen. Es wird eine Menge Betel und Essen geben. Deshalb will ich ja auch hin.

Eben hat Miat gesagt, sie gehe wegen ihrer zwei Söhne zum Fest. Jetzt spricht sie vom Betel und vom Essen. Wo es viel Essen und viel Betel gibt, herrscht Stimmung. Es wird ausgelassen getanzt und geredet, man macht sich an und nimmt sich hoch. Das eben will der Mann von Kwaragwi verhindern. Er ist eifersüchtig und befürchtet, seine Frau werde eine Affäre mit einem anderen Mann haben. Dasselbe stellte sich Miat gestern mit Milan vor: Milan würde eifersüchtig, wenn ich ohne ihn ginge. So wie der Ehemann von Kwaragwi verhalten sich die schwarzen Männer. Und die schwarzen Frauen? Die kümmern sich keinen Deut um die Eifersucht ihrer Männer und tun, worauf sie Lust haben. Prügel nehmen sie dafür in Kauf. Vielleicht steckt in Miat auch etwas von Kwaragwi, wenn sie sich vorstellt, sie würde sich über alle gesellschaftlichen Normen hinwegsetzen, wenn wir zwei zur Initiation fahren? Und steckt auch in mir etwas von dieser Kwaragwi, da ich doch gestern sagte, ich würde ohne Milan hingehen? Miat ist voller Erwartungen auf das bevorstehende Fest. Alle beschäftigen sich seit Tagen nur damit. Ein Initiationsritual, bei dem das ganze Dorf offiziell eingeladen ist, ist keine alltägliche Angelegenheit. Der Ehemann von Kwaragwi ergreift Maßnahmen. Kwaragwi hat ihre eigenen Pläne, und auch Miat macht sich über den bevorstehenden Ausflug ihre Gedanken. Sie ist schön angezogen, viel Arbeit hat sie mit der Hilfe ihrer Kinder schnell hinter sich gebracht. Nun wird sie zusammen mit ihrer weißen Freundin ins Dorf am Fluß fahren.

Florence: Also gehen wir.
Miat: Gut, gehen wir. Jetzt wirst du hören, wie ich schreien kann! *Sie lehnt sich zum Fenster hinaus und ruft laut ihre Kinder nach Hause. Aus der Ferne ruft jemand zurück: »Wir kommen!«* Bis die hier sind, wird es noch eine Weile dauern. Es hat keinen Sinn zu warten. Geh du schon zum Sepik, und mach dich bereit, wir kommen bald nach.

Zu Hause gehe ich in die Ecke, wo meine Kleider hängen, und überlege mir, was ich anziehen soll. Meinen schönen, grünschwarz gestreiften Rock? Nein, der paßt nicht. Mir steht eine Fahrt in einem schmalen Paddelkanu bevor, ein Nachmittag, ein Abend und eine Nacht, wer weiß, wo wir uns aufhalten werden, und bestimmt wird es auch viele Mücken geben. Ich nehme meine helle, lange Hose, eine feingemusterte Bluse und ziehe mich um. Eine Jacke aus festem Baumwollstoff für den Abend, eine Flasche gefiltertes Wasser, einige Bananen, ein Mittel gegen die Mücken und Zigaretten packe ich in meine

Tasche. Eine Schachtel reicht heute nicht aus, ich stecke eine weitere ein. Ich möchte auch den anderen Frauen anbieten können. Den Fotoapparat lasse ich hier.

Auch Milan bereitet sich vor. Ich erfahre, daß er mit den Männern in ihrem großen Motorkanu fahren wird. Plötzlich überkommen mich Zweifel: Weshalb schließe ich mich nicht auch den Männern an und lasse mich bequem ins Dorf am Fluß fahren? Muß ich die mühsame Kanufahrt mit den Frauen auf mich nehmen? Milan lacht mich aus. Gerne würde er mit mir tauschen und an meiner Stelle mit den Frauen über den Fluß paddeln. Das ist ganz Milan. Die Iatmul-Frauen gefallen ihm. Und Miat ganz besonders. Ohne daß wir es merken, kommt sie die Treppe herauf.

Miat: Bist du hübsch angezogen! Man sieht, daß du zu einem Fest gehst.
Florence: So ist es. Ich fahre mit Miat zur Initiation.

Wir verabschieden uns von Milan, der auf die Männer wartet, die erst später abfahren werden. Am Sepikufer stehen Miats Kinder. Es herrscht große Aufregung. Sie springen umher und reden in Iatmul aufeinander ein. Es geht um das Kanu, mit dem wir fahren wollen. Keines hier kommt dafür in Frage. So schlägt Miat vor, zu einer Siedlung, die ein Stück weiter fluß-aufwärts liegt, zu gehen und dort ein Kanu zu nehmen. Der Weg führt den Sepik entlang. Links liegen die Gärten, dahinter erstreckt sich der Wald, und rechts sehen wir zwischen den Bäumen hindurch den Fluß. Als Miat den Vorschlag machte, zur Siedlung zu gehen, dachte ich wieder an die Männer, an Milan, die bequem im Motorkanu ins Dorf am Fluß fahren werden. Je länger wir nun auf dem schattigen Weg unterwegs sind, um so mehr Gefallen finde ich daran. Nun bin ich auf Miat und andere Frauen angewiesen, bin Teil einer Frauen-gruppe. Als die Kinder erfuhren, daß wir noch ein Stück gehen werden, rannten sie begeistert voran. Jetzt schaut immer wieder eines unerwartet hinter einem Baum hervor, sie machen sich ein Vergnügen daraus, Miat und mich zu erschrecken. Miat geht auf dem schmalen Weg vor mir her. Und wieder sehe ich, daß sie kleiner und zierlicher ist als ich. Wenn wir uns beim Gespräch gegenübersitzen, fällt mir das nie auf. Hie und da sagt sie, leicht über die Schulter nach hinten gewendet: »Schau, das ist der Garten von Wigao. Das jener von Sal, er lebt seit einiger Zeit in einer Stadt.« Die Gärten all jener, die das Dorf verlassen haben, sind von Pflanzen überwuchert und als Gärten kaum mehr zu erkennen. Die Palmstämme, Brotfruchtbäume und großen Bananenblätter, die aus dem Rankengewirr hervorschauen, weisen darauf hin, daß hier einmal Menschen gearbeitet haben. Die tropische Vegetation hat sich breitgemacht.

Nach rund zwanzig Minuten erreichen wir die ersten Häuser der Siedlung. Hier steht am Ufer des Sepik ein Ruheplatz, ein Schattendach ohne Wände, mit Flächen zum Sitzen. Kaum haben wir uns niedergelassen, erscheinen in den Türen der umstehenden Häuser Frauen, Kinder springen herbei, wir werden begrüßt. Auch sie fahren alle ins Dorf auf der anderen Flußseite, erklären die Frauen, und Kanus gibt es genug. Da beginnen sie lebhaft zu diskutieren. Miat nennt immer wieder meinen Namen, und die Frauen mustern mich von oben bis unten. Sie werden über meine Hüften reden, denke ich mir. Denn obwohl ich für europäische Verhältnisse schmal genug bin, im Vergleich zu denen der Iatmul-Frauen sind meine Hüften breit. Und da die Männer die Kanus ihrer Frauen auf das Maß ihrer Hüften schnitzen, muß ein Kanu gefunden werden, in das ich hineinpasse. Miat zeigt auf ein langes und breites Kanu mit einem schön geschnitzten Krokodilskopf und sagt: »Wir werden im Kanu von Minsandaua fahren.«

Es dauert eine Weile, bis wir aufstehen und zum Fluß gehen. Die Frauen sprechen laut miteinander. Das ist die Aufregung wegen des bevorstehenden Festes. Alle haben sich die schönsten Kleider angezogen, und auch die kleinen Kinder, sonst nackt, tragen heute Röcke, kurze Hosen und T-Shirts. Nun nimmt Miat Paswat auf den Arm, und wir besteigen das Kanu. Minsandaua, eine weitere Frau und fünf Kinder setzen sich hinein. Als ich eine bequeme Stellung für die Beine gefunden habe, hält mir Minsandaua ein Paddel hin. Milan hat recht, mit den Frauen ist es entspannter und lustiger als mit den Männern, die es verstehen, sich immer wieder sehr ernst zu nehmen, ganz besonders, wenn es um ein Ritual wie die Initiation geht. Ich stoße das breite Paddel ins Wasser und ziehe es zu mir. Ich schaue auf die Bewegungen der Frau vor mir und versuche, mich ihren Paddelzügen anzupassen. Das ist nicht einfach. Die Frau paddelt gelassen, läßt immer wieder einen Zug aus, dreht sich um, schaut nach den Kindern oder spricht mit den anderen Frauen. Alle reden und lachen, ein Besuch in einem fremden Dorf, zu einem Fest, versetzt die Iatmul in eine erregte Stimmung. Auch eine gewisse Unruhe ist dabei zu spüren. Immer, wenn sie ihr eigenes Dorf verlassen, erfaßt sie diese Unruhe.

Die bevorstehende Ankunft im Nachbardorf beunruhigt mich weniger, doch wie wir jetzt auf den Fluß hinauspaddeln, überfällt mich plötzlich Angst. Der Sepik erscheint mir unendlich breit und mächtig, die Strömung stark, und ich denke, was für ein Wahnsinn, in einem kleinen Kanu mit vier Frauen und fünf Kindern diesen Fluß zu überqueren. Ich beobachte den Rand des Kanus, nur wenige Zentimeter ragt er über den Wasserspiegel. Die Frau vor mir kaut Betel. Jetzt beugt sie sich zur Seite und spuckt die Masse über den Kanurand. Das Wasser verfärbt sich rot. Die Frau lehnt sich nach hinten, berührt meine Beine und fragt lachend: »Ist alles in Ordnung?« Ich lache zurück. Meine Sorgen sind verflogen. Die Sinnlichkeit der Iatmul-Frauen hat mir plötzlich angst gemacht und ließ den Sepikfluß so unheimlich erscheinen.

Wir nähern uns dem Ufer, und die Frauen werden stiller. Das Ufer ist bereits überfüllt, so daß wir etwas unterhalb einen Platz suchen müssen. Da steht ein Baum, an dem wir das Kanu festbinden können. Alle springen ans Ufer, die Paddel werden an den Baum gestellt, kleine Kinder und Taschen herausgehoben. Ich stehe als letzte auf. Minsandaua hält mir die Hand hin, und auch ich springe so geschickt, wie ich kann, an Land. Miat, die anderen Frauen und alle Kinder stehen unter dem Baum dicht beieinander. Sie stehen da, als wären sie am Boden fest-gewachsen. Miat sagt: »Ich habe eben gehört, es sei verboten, den Weg, auf dem die Männer tanzen werden, zu betreten. Wohin sollen wir nun gehen?« Sie sind unsicher und haben Angst, denke ich. Und da es mir nicht schwerfällt, mich an fremden Orten zurechtzufinden, sage ich: »Kommt, dann gehen wir uns diesen verbotenen Weg doch gleich einmal anschauen.« Die Frauen werfen mir erstaunte Blicke zu, lachen, und lang-sam setzen wir uns in Bewegung. Alle haben hier Verwandte, doch sie benehmen sich wie zur Zeit der rituellen Kopfjagd, als es in jedem anderen Dorf als dem eigenen schnell gefährlich werden konnte. Erst nachdem Kontakte aufgenommen und Be-grüßungen ausgetauscht worden sind, entspannen sie sich. Miat kennt eine Familie, die in der Nähe des Zeremonialhauses wohnt, dorthin wollen wir gehen. Wir schlagen den Weg ein, der am Ufer entlang führt.

Man sieht auf den ersten Blick, daß hier heute etwas Beson-deres los ist. Der Platz um jedes Haus ist sorgsam gefegt. Über-all stehen Gestelle, die eigens für diese Gelegenheit errichtet worden sind. Auf den einen wird das Festessen für die Tänzer aufgestellt, auf den anderen werden die Frauen und Kinder sit-zen und die vorbeitanzenden Männer bewundern. Vor einem großen, schönen Haus bleibt Miat stehen. Sie ruft den Namen einer Frau, die in der Tür erscheint und uns begrüßt. Selbstver-ständlich können wir es uns auf ihrem Gestell bequem machen, meint sie und schaut mich neugierig an. Doch ob die weiße Frau nicht lieber einen Stuhl haben möchte, fragt sie jetzt. Ich lehne ab. Miat fügt hinzu: »Sie ist nicht wie die anderen Weißen. Sie kennt sich bei uns aus.« Die Frau wirft mir einen prüfenden Blick zu und verschwindet im Haus. Wir setzen uns auf das Gestell und machen es uns bequem. Ruhig, ohne viel zu reden, sitzen wir nebeneinander. Miat nimmt aus meiner Tasche die Zigarettenschachtel, steckt sich eine Zigarette zwischen die Lippen, ich nehme aus der Tasche das Feuerzeug und zünde ihr die Zigarette an. Diese selbstverständlichen Gesten gehören zu unseren Gesprächen, seit ich bemerkt habe, wie schwer es Miat fällt, mein Feuerzeug zu handhaben. Immer wieder ließ sie den kleinen Hebel, der das Gas freiläßt, gerade dann los, wenn die Flamme brannte, und schien nicht zu verstehen, weshalb sie ausging. Die alten Modelle funktionieren anders. So habe ich es übernommen, ihr Feuer zu geben. Es ist, wie wenn wir auch hier an diesem fremden Ort von der Vertrautheit, die sich in der letzten Woche zwischen uns ergeben hat, getragen würden.

Wir schauen auf den Platz, auf dem sich immer mehr Frauen und Kinder versammeln. Jene, die mich nicht kennen, bringen ihr Erstaunen zum Ausdruck, wenn sie mich erblicken. Langsam kommen sie auf uns zu, halten zuerst Miat und dann mir die Hand hin. Begrüßungen werden ausgetauscht, Fragen gestellt und über das bevorstehende Fest gesprochen. Die Frauen aus unserem Dorf rufen mir von weitem zu, schlagen mir auf die Schenkel, nehmen sich eine Zigarette. Für sie bin ich keine Fremde mehr. Alle freuen sich, daß ich zum Fest gekommen bin. Die Stimmung unter den Frauen gefällt mir. Früher wäre ich längst ins Zeremonialhaus gegangen, um auch noch zu erfahren, was sich dort abspielt. Jetzt denke ich nicht daran. Ich weiß, was sich dort unter den Männern zuträgt, und ich habe keine Lust, mich von den Frauen abzusetzen, denen der Zutritt ins Zeremonialhaus untersagt ist.

Da kommt Guse in weiß strahlender Bluse, mit einer selbstgedrehten großen Zigarre im Mund und mit vom Betel roten Lippen. Hinter ihr folgt Turi. Wie immer ist sie die schickste unter den Frauen: Sie ist groß, schlank und hat einen traditionellen Faserrock umgebunden. Ihr Oberkörper ist nackt, nur mit Muschelketten geschmückt, die beim Tanzen klirren. Sie kümmert sich nicht darum, daß man ihre Brüste sieht, sie kleidet sich wie in früheren Zeiten. Auf ihrem Gesicht, den Armen und Beinen hat sie mit weißer Erde Muster aufgemalt. Wir begrüßen uns. Turi und Guse lassen sich breit am Boden nieder. Die Zeit vergeht. Auf einmal entsteht Aufregung unter den anwesenden Frauen, als wir das Motorkanu der Männer hören, die am Ufer anlegen.

Die Sonne leuchtet schon dunkelrot durch die hohen Kokospalmen, welche den Weg, auf dem die Männer tanzen werden, säumen. Da ertönen aus dem Innern des Zeremonialhauses Trommeln und Gesang. Frauen und Kinder horchen auf. »Sie kommen!« flüstern sie sich zu. Der erste Tänzer springt durch die Öffnung im Blätterzaun, der das Zeremonialhaus verbirgt, hervor, hinter ihm der nächste. Eine lange Reihe prächtig geschmückter Wesen, deren Kopfputz im Rhythmus hin und her wippt, erscheint vor unseren Augen. Miat springt vom Gestell hinunter, mit wenigen großen Tanzschritten ist sie bei der Reihe der Männer angelangt, die breitausladenden Arme heftig auf und ab bewegend, die Zunge weit herausgestreckt, die Augen verdreht, den Kopf schräg auf die linke Schulter gedreht, tanzt sie dicht vor einem Mann. Dieser hat den Blick starr geradeaus gewendet. Das lernen die jungen Männer in der Initiation. »Schaut nicht hin, wenn für euch ein *naven* getanzt wird, sonst brecht ihr in Tränen aus.« Und so schaut er starr vor sich, als ob Miat nicht für ihn tanzte. Die Männer, einer hinter dem anderen, bewegen sich voran. Miat folgt ihnen ein Stück, dann tanzt sie für sich weiter. Die Männerreihe entfernt sich in den unteren Dorfteil, wo sie umkehrt. Wenige Minuten später kommen sie zurück. Wieder tanzt Miat dicht vor einem her, bis er beim Blätterzaun anlangt, hinter dem sie alle wieder verschwinden. Dann setzt sie sich neben mich, raucht eine Zigarette, kaut Betel und spricht mit mir. Beim nächsten Auftritt springt sie wieder von der Sitzfläche, wählt sich den anderen Sohn aus und tanzt vor ihm wieder ein *naven*. Miat läßt keinen Auftritt aus. Ihre Tanzschritte und Gesten wiederholen sich nie. An den Reaktionen der Frauen merke ich, daß sie auf eine ganz besondere Weise *naven* tanzt. Sie lachen, rufen ihr zu, wenden ihre Gesichter mit gespielter Scham ab, als ob sie nicht länger hinschauen könnten. Stunden vergehen. Seit es dunkel ist, tanzen die Männer mit brennenden Fackeln.

Ich sehe, wie Kwaragwi auftaucht und sich ruhig neben Guse setzt und wie diese ihr Betel anbietet. Plötzlich steht der ehemalige Dorfchef vor mir; ganz erstaunt, mich hier zu fin-

den, schlägt er mir vor, doch auch zu den Männern ins Zeremonialhaus zu kommen, ich als weiße Frau sei dort stets willkommen. Einen Moment sind die Frauen um mich herum still.
Ich bedanke mich für die Einladung, beteuere ihm aber, daß es
mir hier gut gefalle. Die Frauen nicken und reden weiter.
Gegen Mitternacht werde ich müde und lasse Milan im Zeremonialhaus ausrichten, daß ich nach Hause möchte. Auch Miat
hat genug. Bald kommen Milan und Temben. Wir können im
Motorkanu mitfahren, Temben bringt uns nach Hause und kehrt
anschließend zum Fest zurück. Ich verabschiede mich von den
Frauen, und wir besteigen das Kanu. Temben fährt langsam,
um in der Dunkelheit nicht auf einen im Wasser treibenden
Baumstamm aufzufahren. Es ist kühl, und ich bin froh, meine
Jacke mitgenommen zu haben. Als wir anlegen und aussteigen,
will die kleine Tagendaua nicht mit uns kommen. Sie möchte
bei ihrem Vater bleiben. Da alles Bitten nichts nützt, beginnt sie
laut zu heulen. Doch Temben wendet das Kanu und fährt ohne
sie zurück. Ich gebe Miat eine Taschenlampe für den Heimweg
ins Dorf. Noch lange ist das Schreien und Weinen des ent-
täuschten Mädchens zu hören.

Der Brief

Als wir aufwachen, steht die Sonne hoch. Ich schreibe das gestrige Gespräch auf und mache mir Notizen zu unserem Ausflug. Ich hatte nicht erwartet, daß alles so gut gehen würde. Ich fühlte mich wohl mit Miat und in der Gruppe der Frauen. Einzig das Schreien des Mädchens klingt wie ein Mißton in meinen Ohren. Nach dem Mittagessen lege ich mich hin. Ich schlafe tief, als mich Miats Stimme weckt. »Bist du da, Florence?« fragt sie leise. Sie steht unter dem Haus, genau dort, wo ich liege, und so klingt ihre Stimme unerwartet nah. »Ja«, antworte ich und schlüpfe vorsichtig unter dem Moskitonetz hervor, um Milan nicht zu wecken. Ich ziehe einen Rock an und gehe zur Tür. Miat fährt verlegen mit der Hand über ihr Haar.

Florence: Du hast mich geweckt. Komm, gehen wir in Amuias Haus. *Und während wir über den Baumstamm auf die andere Seite gehen, die Treppe hochsteigen und uns zum Fenster setzen, beginnt Miat zu erzählen.*

Miat: Ich dachte, es ist besser, wenn ich hierher komme. In unserem Hause schlafen die Männer. Sie kamen erst heute früh zurück und sind müde. *Pause.*

Es gibt nichts zu essen. Gestern kamen wir hungrig vom Fest zurück, und heute morgen fing ich keinen einzigen Fisch. Auch der Sago ist aufgebraucht. Die Kinder aßen Bananen und Süßkartoffeln, das ist alles. Auch Kaso, Wundan und Temben kamen hungrig heim. Nach einem Fest sollten ihre Bäuche voll sein und herausstehen, doch ihre waren tief eingefallen.

Florence: Gestern ging alles gut, du hast viele Fische gefangen, viel in kurzer Zeit erledigt, niemand hatte Hunger, und deine Kinder waren zufrieden. Du bist mit großen Erwartungen zur Initiation gegangen.

Miat: Die Leute vom Dorf am Fluß haben sich unmöglich benommen. Wir sind alle enttäuscht. Wenn wir ein Initiationsritual veranstalten, sorgen wir dafür, daß es genug zu essen und viel Betel gibt. Auch Guse und Turi beklagten sich heute morgen auf dem See. Statt Essen und Betel habe es nur viele Mücken gegeben. *Pause.*

Ich ließ Kasoagwi fragen, ob sie uns Sago leihen kann. Sie sagte, sie hätte auch keinen. Ich hatte solchen Hunger, daß mein Magen knurrte.

Florence: Und jetzt? Hast du gegessen, oder soll ich drüben etwas für dich holen?

Miat: Nein, das ist nicht nötig, ich habe Süßkartoffeln gegessen. Nur Sago habe ich nicht. Keine Frau im Dorf hat Sago im Haus. Ich habe mir überlegt, ob ich in ein Walddorf fahren soll, um selbst welchen zu holen. Doch der Weg ist weit. Ich könnte auch zu meinen Verwandten im Nachbardorf gehen, doch sie haben immer viel Besuch und bestimmt keinen Sago übrig. *Pause.*

Ich glaube, ich bin verwirrt. Ich hätte am letzten Markttag nicht nur meine Tochter hinschicken sollen. Warum habe ich nicht noch einer anderen Frau etwas Geld mitgegeben, daß sie mir Sago besorgt? Das war dumm. Aber ich hatte ja kein Geld.

Noch nie hat Miat von sich gesagt, sie sei verwirrt. Die Sago-Geschichte, von der sie spricht, liegt mehrere Tage zurück. Sie konnte nicht wissen, daß ihre Tochter vom Markt nur neun kleine Sagobrocken heimbringen würde, die nicht ausreichten. Gestern sind wir zusammen auf dem Fest gewesen. Hat Miat den Eindruck, auch in bezug darauf etwas nicht vorhergesehen zu haben? Etwas, das sie nun vermißt?

Florence: Alle haben dich bewundert, wie du *naven* getanzt hast. Der Ausflug gestern hat mir sehr gefallen. Doch es ist, als fehlte dir etwas.

Miat: Mir hat es gestern auch gefallen. *Pause.*
Wenn du den Fotoapparat mitgenommen hättest, hättest du meine Söhne und mich fotografieren können.

Florence: Das stimmt. Ich habe aber sehr gut gesehen, wie prächtig deine Söhne aussahen und wie schön sie tanzten. Und dich habe ich auch gesehen, wie du keinen einzigen Auftritt ausgelassen und ein *naven* nach dem anderen getanzt hast. Als deine Söhne zum ersten Mal auftraten, bist du vom Gestell gesprungen, hast deine Arme weit ausgestreckt und heftig auf und ab bewegt. Du hast die Zunge herausgestreckt und den Kopf zur Seite gelegt. Ein anderes Mal hast du deinen Rock zwischen den Beinen zusammengefaßt und wie einen Schwanz hin und her bewegt. Zu jedem *naven* ist dir etwas anderes eingefallen. Alle haben dich bewundert.

Miat: Einige sagten, Florence soll auch *naven* tanzen.

Florence: Das kann ich nicht. Das können nur die Iatmul-Frauen.

Miat: Ich sagte ihnen, Florence tanzt gerne. Ihr habt selbst gesehen, wie sie bei der Party, als die Musikgruppe aus der Provinzhauptstadt da war, keinen Tanz ausgelassen hat. *Pause.*
Als ich gestern *naven* tanzte, dachte ich, wie groß sind meine Söhne geworden. Wie schön sind sie, und wie gut verstehen sie zu tanzen. Als ich sie gebar und sie klein waren, hatte ich viel Arbeit mit ihnen. Niemand half mir dabei. Meine Mutter war tot, und meine Schwiegermutter war eine schlechte Frau. Einmal, es war nach der Geburt meines ersten Kindes, hatten wir nichts zu essen. Da rief sie Temben zu sich. Sie hatte für ihn Essen vorbereitet. An mich dachte sie nicht. Als er das Essen sah, kam ich ihm in den Sinn. Er ließ alles stehen und ging. In der Nacht wurde mein Hunger immer größer. Temben ging

in den Wald und versuchte etwas zu jagen. Er fand viele Frösche. Zusammen mit Gemüse füllte er sie in ein Stück Bambus und dünstete sie in der Glut. So sorgte er für mich. An diese harten Zeiten denke ich, wenn ich *naven* tanze. *Pause.*

Plötzlich bin ich schweißüberströmt, und meine Hände zittern. Ich springe auf und beginne zu tanzen. Dann vergesse ich alles um mich herum. Viele Frauen sagen mir immer wieder: »Wie du *naven* tanzt, wir können das nicht.« Andere denken sich nur: »Ach, könnte ich doch wie Miat tanzen.« Ich sage den Frauen immer wieder: »Die Kinder wachsen doch nicht auf den Bäumen. In unserem Bauch haben wir sie getragen!« Als wir gestern nacht wegfuhren, sagte ich zu Kwaragwi und Turi: »Übernehmt meinen Platz, und tanzt für meine Söhne weiter.« *Pause.*

Ich weiß, daß Kasoagwi zu Hause Sago hat. Sie wollte mir keinen geben.

Florence: Du hast den Eindruck, daß dir deine Tochter etwas vorenthält.

Miat: So ist es. Ich helfe ihr immer wieder, doch sie hilft mir nie.

Florence: Ich habe dich gestern nicht fotografiert und kein *naven* getanzt. Ich sagte, daß ich das nicht kann. Deine Gefühle, die du hast, wenn du ein *naven* tanzt, habe ich aber sehr gut verstanden. Kwaragwi, Turi, alle können *naven* tanzen, nur ich kann es nicht. Hätte ich für dich ein *naven* tanzen sollen, wie du es für deine Söhne getan hast? Ich glaube, du hast den Eindruck, ich würde dir etwas vorenthalten.

Miat fährt sich mit der Hand über den Kopf und lacht: Vielleicht hast du recht. *Pause.*

Als ich vorhin zu eurem Haus kam, war es ganz still, so daß ich dachte, Florence und Milan schlafen wohl. Ich überlegte hin und her, soll ich dich wecken oder nicht? Dann fand ich, Florence kann ich schon wecken, und rief deinen Namen. Du hast gleich geantwortet. Milan aber schlief weiter oder tat zumindest so, als ob er schlafen würde, auf jeden Fall sagte er nichts.

Florence: Ich habe deine Stimme erkannt. Wie könnte es anders sein, sprechen wir nicht jeden Tag miteinander? *Miat nickt mir zu. Als wir nun aufstehen, hebt sie das Silberpapier vom neu geöffneten Zigarettenpaket, das auf dem Boden liegt, auf.*

Miat: Das nehmen wir besser mit, damit die Schwiegertochter Amuias nicht denkt, in diesem Haus treffen sich Leute, die miteinander Liebe machen.

Miat lacht übers ganze Gesicht. Und nun lache ich auch. So gelacht über die Vorstellung, wir zwei würden es treiben, haben Miat und ich schon einmal. Es war während meines ersten Aufenthalts. Nachdem wir uns kennengelernt hatten, trafen wir uns oft. Und da erzählte Miat plötzlich eine seltsame Geschichte. Ich müsse auf Milan aufpassen, denn immer, wenn ich das Haus verlasse, besuche ihn eine Frau. Die habe es auf ihn abgesehen. Ich versuchte Miat zu beruhigen, doch sie hielt unbeirrt an ihrer Warnung fest. Unsere Beziehung wurde immer gespannter und festgefahrener. Erst als ich das Unbewußte aussprach, kam es zu einer Veränderung: »Miat, wenn du immer wieder von der Gefahr sprichst, die Milan droht, sprichst du doch von uns beiden. Du denkst, wir könnten es zusammen treiben.« Miat brach in Gelächter aus, und ich lachte mit ihr. Jetzt, vierzehn Jahre später, sprechen wir wieder miteinander, und unsere Beziehung entwickelt und vertieft sich. Und wieder ist das Sexuelle eine Realität zwischen uns. Nun spricht Miat aus, was ich vor Jahren ausgesprochen habe. Wenn sich zwei Frauen, wie wir, jeden Tag treffen und sich so gut verstehen, liegt das Liebemachen nahe.

Am Abend kommen Männer zu Besuch, sie laden Milan ein, morgen vormittag ins Zeremonialhaus zu kommen. Obwohl die Leute vom Dorf am Fluß sich als wenig großzügig erwiesen und nur wenige Hühner als Geschenke gegeben haben, werden sich alle Männer versammeln und teilen, was sie bekamen. Milan müsse auch dabeisein. Am nächsten Morgen wird Milan abgeholt. Es ist Mittag, als ich Frauen an unserem Haus vorbeigehen sehe. Eine ruft mir zu: »Miat läßt dir ausrichten, daß sie mit dir sprechen will.« Es ist früh, denke ich, sonst reden wir zwischen zwei und drei Uhr miteinander. Ich setze Wasser für eine Suppe auf. Da kommt Kinembe, um mir auszurichten, daß Miat mit mir sprechen will. Ich frage, ob ihr etwas zugestoßen sei. »Aber nein«, antwortet Kinembe. »Sie ist zu Hause und wartet auf dich.« Ich esse meine Suppe und mache mich auf den Weg ins Dorf. Mir geht das Gespräch von gestern durch den Kopf. Miat ist nicht nur hungrig nach Essen, nach Sago, sondern auch nach unseren Gesprächen, unserem Zusammensein. Vor dem Haus ist niemand. Als ich den Raum betrete, steht mir Miat gegenüber. Sie hält einen kleinen Besen in der Hand, mit dem sie den Platz beim Fenster sauber fegt.

Miat: Eben wollte ich zum Fenster hinausschauen, ob du endlich kommst, da riefen die Kinder: »Wir sehen den schwarzen Schirm von Florence. Sie kommt.«

Jetzt verstehe ich, weshalb Miat immer weiß, wann ich komme, und weshalb sie bei unserem ersten Treffen, als sie Malaria hatte, so schön angezogen war. Es ist nicht einfach, einen Menschen in der dicht bewachsenen Landschaft zu erkennen, den schwarzen Schirm aber sieht man schon von weitem. Miat legt den Besen beiseite und setzt sich zu mir.

Miat: Schau, meine Hände sind noch voll von Sagokrümeln. Ich habe nicht nur für Temben und meine Söhne einen Fladen gebacken, sondern auch für Milan. Heute findet das große Essen im Zeremonialhaus statt. Hühner und Betel bekommen sie dort, doch Sagofladen müssen sie mitbringen. Niemand soll denken, für Milan würde nicht gesorgt.

Florence: Das hast du gut gemacht. Gestern sah es noch so aus, als ob du für die nächsten Tage keinen Sago mehr hättest. Und heute kannst du sogar für Milan einen Fladen backen.

Miat: Kwaragwi lieh mir einen großen Sagobrocken aus. Heute morgen beschimpfte mich Turi auf dem See, sie sagte: »Warum hast du gestern nicht meine Reusen nachgesehen und die Fische für dich behalten? Auch Sago hätte ich dir leihen können. Ich bin eine Klansschwester deiner verstorbenen Mutter, und du sagst mir erst heute, daß ihr gestern nichts Rechtes zu Essen gehabt habt. Was ist mit dir los? *Pause.*

Du hättest meine Kinder heute morgen sehen sollen, die dachten nur ans Essen. Zuerst kochten sie einen Eintopf mit Yams, Süßkartoffeln und geraspelter Kokosnuß, und anschließend aßen sie noch Fisch und Fladen. *Pause.*

Ohne mich wären sie verloren. Jeden Tag beschaffe ich für die ganze Familie das Essen. Das ist meine wichtigste Aufgabe. Daneben mache ich Fischreusen und Taschen. Taschen sind für den Verkauf an die Touristen, sie bringen Geld ein. Ich habe zu viele Kinder und habe keine Zeit dafür. Wenn sie einmal alle erwachsen sind, dann werde ich nicht mehr arbeiten und mich nur noch ausruhen. *Pause.*

Nicht alle Frauen sind wie ich. Die meisten lassen hin und wieder einen Tag aus und bleiben zu Hause. Ich aber muß jeden Tag zum See fahren. Nur wenn ich sehr krank bin, lasse ich es sein. Viele Frauen wundern sich, weshalb ich soviel arbeite. Doch ich will nicht, daß mir die Fische entgehen, ich will sie fangen. Ich wäre nie wie Turi gestern auf dem Fest geblieben. Ich dachte an meine Reusen und die Fische, die drin sein könnten, und wollte nach Hause. Vielleicht haben das die Fische gespürt und ließen gestern meine Reusen deshalb links liegen.

Seit Miat davon spricht, wie sie jeden Tag auf den See fährt, denke ich, das ist wie mit unseren Gesprächen. Seitdem wir damit begonnen haben, ließ sie keinen Tag aus. Und heute, als sie kaum erwarten konnte, bis ich komme, fällt ihr das Bild mit den Fischen ein. Es ist, als ob sie sich erklären wollte, weshalb ihr so sehr an unserer Beziehung liegt. Unsere Gespräche sind wie Fische, die sie sich nicht entgehen lassen will.

Frauen gehen am Haus vorbei. Sie tragen Taschen mit sich, die sie an Touristen verkaufen wollen. Miat schaut ihnen nach.

Miat: Da fällt mir etwas ein. Früher sind die Touristen nicht auf diesem Weg ins Dorf gekommen. Sie benützten den Weg, der in den anderen Dorfteil führt. Es war an einem Nachmittag. Wir waren mehrere Frauen und fischten im Bach. Wir hatten nicht bemerkt, daß Touristen auf dem Weg daherkamen, plötzlich hörten wir ihre Stimmen. Da sagte Timogwa: »Kommt schnell, verstecken wir uns, sonst machen sie Fotos.« Wir rannten aus dem Wasser ins hohe Gras und schauten aus unserem Versteck zu, wie sie vorbeigingen.

Florence: Weshalb wolltet ihr nicht, daß die Touristen euch fotografieren?

Miat: Wir waren nackt, nur unsere Vaginas hatten wir bedeckt. Timogwa dachte, die sollen uns nicht fotografieren, die Bilder herumzeigen und auf unsere Brüste scharf werden. Ich sagte den Frauen: »Glaubt ihr denn, eure Brüste sind etwas Schönes? Ihr seid alt, und sie hängen herunter. Wem gefallen die schon? Die Brüste der jungen Frauen sind voll und stehen heraus. Die sollen sie fotografieren.«

Florence: Ist das lange her?

Miat: Ja, damals war ich jung und schön. Jetzt bin ich eine alte Frau.

Ich schaue Miat aufmerksam an. In der Tat, sie ist keine junge Frau mehr, die rund und fest ist am ganzen Körper. Miats Gesichtszüge sind schärfer geworden. Die Stirn und die Backenknochen stehen hervor, aus ihren schwarzen Haaren leuchten vereinzelte weiße, und ihre Brüste hängen vom vielen Stillen herab. Ihre Gedanken an ihre vergangene Jugend und Schönheit und ihr Wunsch, mir zu gefallen und sich vor mir zu zeigen, berühren mich.

Florence: Schön bist du immer noch. Ich hätte dich wirklich auf dem Fest fotografieren sollen.

Miat: Du kannst überall und wen du nur willst fotografieren. Vor dir schämt sich niemand. Du gehörst hierher. Du und Milan, ihr seid ein Teil vom Dorf. *Pause.*

Gestern wollte euch Temben unbedingt besuchen. Er sagte, nun habe ich sie schon einige Tage nicht gesehen, und bald fahren sie weg.

Florence: Jetzt fällt dir unser Abschied ein. Wir werden uns noch oft sehen. Fast vier Wochen bleiben wir noch hier.

Miat: Wie viele Tage sind das?

Florence: Mehr als zwanzig. Zweimal die beiden Hände.

Miat schaut auf meine hingehaltenen Hände: Nur so wenig. *Pause.*

In der Nacht, bevor ihr abreist, werden wir lange bei euch am Sepik bleiben. Hätten wir keine Kinder, würden wir bei euch übernachten.

Als ich aufstehe und mich verabschiede, begleitet mich Miat zur Tür. Bei der Wegbiegung schaue ich zurück. Sie winkt mir aus dem hinteren Fenster zu. Von da aus erkennt sie mich immer schon von weitem an meinem schwarzen Regenschirm. Miat hat recht, vier Wochen sind eine kurze Zeit.

Zu Hause treffe ich Milan. Er ist müde. Stundenlang haben sich die Männer im Zeremonialhaus über das kleinliche Benehmen der Leute vom Dorf am Fluß während der Initiation ausgelassen. Erst als das Essen – Hühner, Betel und Kokosnüsse – verteilt wurde, entspannte sich die Stimmung. Milan nimmt aus seiner Tasche ein Stück Huhn, einen Rest vom Sagofladen, den Miat für ihn gebacken hat, und weist auf eine geschälte und zum Trinken fertige Kokosnuß. Sie sei ein Geschenk an mich von Wundan, der sie eigenhändig vorbereitet habe. Mit dem Taschenmesser schneide ich die Öffnung auf. Ich trinke den kühlen Saft und lasse mir das Hühnerbein und den Fladen schmecken.

Bevor ich am nächsten Tag das Haus verlasse, stecke ich einen Zweig Betel ein. Kinembe ging gestern auf den Markt und fragte mich, ob sie für mich etwas besorgen könne. Sie brachte mehrere Zweige Betel mit. Als ich eine halbe Stunde später Miat, Temben und mehreren Kindern gegenübersitze und den Reißverschluß meiner Tasche aufziehe, schauen sie aufmerksam zu. Als der Zweig sichtbar wird, werfen sie mir anerkennende Blicke zu. Während Miat die Früchte verteilt, erzählt Temben über das gestrige Essen im Zeremonialhaus. Er schließt seine Schilderung mit der Feststellung, wie gut sich Milan in der Gesellschaft der Männer ausgenommen habe. Nun erzähle ich, wie Milan nach Hause kam und zu meinem Erstaunen Essen für mich mitbrachte, ja sogar eine Kokosnuß von Wundan. So soll es sein, ein guter Mann ißt sich im Zeremonialhaus nicht einfach voll, er denkt an seine Frau und seine Kinder zu Hause und bringt ihnen einen Leckerbissen mit. Temben steckt die Betelfrüchte, die ihm Miat hingelegt hat, ein und steht auf. Schon in der Tür, sagt er, daß er morgen zum Regierungsposten fahre und für Milan und mich im Laden dort Einkäufe besorgen könne.

Ich lehne mich an die Truhe und schaue Temben nach, wie er die Treppe hinuntersteigt. Miat schält eine Betelfrucht und holt ihre Dose mit Kalk aus der Tasche hervor. Wie lieb alle zu uns sind. Miat bäckt für Milan einen Sagofladen, Wundan schenkt mir eine Kokosnuß, Temben denkt an unsere immer kleiner werdenden Vorräte, und Milan wurde gestern in die Gruppe der Männer integriert. Mir fällt die Geschichte mit der Tasche und das Weihnachtsessen ein. Auch damals wurde die Beziehung von Miat und mir durch andere Menschen erweitert. Doch was damals unsere Beziehung bedrohte, ist jetzt eine Bereicherung und Entspannung.

Die Kinder, die noch im Haus sind, folgen Tembens Beispiel und gehen eines nach dem anderen weg. Nur ein kleiner Nachbarsjunge bleibt sitzen. Er hat einen Vogel bei sich, der lautstark kräht und dabei seinen großen Schnabel unentwegt öffnet. Der Vogel, mit leuchtend blauen Federn und einem großen Schnabel, ist noch jung. Das kann nur ein *kisha-kisha* sein. Jetzt erinnere ich mich, daß mir die Kinder während meines ersten Aufenthaltes einen solchen gebracht haben. Der Junge macht keine Anstalten wegzugehen, und der Vogel kräht unaufhörlich. Da schickt ihn Miat weg.

Miat: Als ich am Morgen zum See kam, stand in allen Kanus Wasser vom Regen in der Nacht. Wir schöpften sie leer und schauten unsere Reusen nach. Guse, Turi, Mbal und ich waren zusammen unterwegs. Einige fingen viel, andere wenig, und so halfen wir uns aus. Ich gab Mbal drei von meinen Fischen. Zu Hause kochte ich und ließ das Trommelsignal von Temben schlagen. Er ging am Morgen, ohne etwas gegessen zu haben, ins Zeremonialhaus. *Pause.* Gestern abend rief die alte Karandian Kaso und Wundan zu sich. Sie sagte: »Könnt ihr beide morgen meine Treppe flicken? Bald fällt sie ganz auseinander. Ich habe bereits einen jungen Mann darum gebeten, doch er ist faul und hat sich nicht gerührt.« Kaso antwortete ihr: »Weshalb fragst du uns erst jetzt, wir hätten dir deine Treppe längst repariert.« Am Morgen fällten die beiden einen kleinen Baum, schnitten die Sprossen zurecht und flickten die Treppe. Karandian gab ihnen einen ganzen Topf voll gekochten Yams mit Kokosnuß und einen großen Fisch. Sie brachten den rohen Fisch und baten mich, ihn im Feuer zu rösten.

Tagendaua kommt nach Hause. Am Kopf trägt sie eine geflochtene Tasche, aus der Blätter des *apika*-Strauches herausschauen. Auf der Tasche liegen Zuckerrohrstengel zu einem Bündel zusammengebunden. Miat schaut ihre Tochter zufrieden an und sagt zu mir:

Miat: Tagendaua ist mir eine große Hilfe. *Während Tagendaua das Bündel und die Tasche abstellt, geht Miat in die Ecke, wo die Töpfe mit Essen stehen, und schöpft eine große Portion Gemüse auf einen Teller.* Das ist für dich, Tagendaua. *Zu mir gewandt:* Sie ißt lieber Gemüse als Fisch.

Tagendaua nimmt den Teller, holt aus ihrem Vorratstäschlein ein Stück Sagofladen und setzt sich in den hinteren Teil des

Hauses. Ich denke, wie stolz Miat heute auf ihre Kinder ist und wie aufmerksam sie sich ihnen zuwendet. Da kommt der Junge mit dem *kisha-kisha* wieder. Um dem Gekrächze des Vogels ein Ende zu setzen, hat er ihm in der Zwischenzeit eine Schnur um den Schnabel gewickelt. Doch da der *kisha-kisha* unentwegt versucht, seinen Schnabel aufzureißen, hat sich die Schnur gelockert. Nun fällt sie ganz herunter, und der Vogel schreit um so lauter. Ich sehe, wie der Junge drei Schritte zur Tür macht, nach dem Besen greift, der dort am Boden liegt, und den Besen weit ausholend auf den *kisha-kisha* niedersausen läßt. Wie der Junge auf den Vogel einschlägt, sehe ich nicht mehr. Ich höre nur das Geräusch des aufschlagenden Besens und ein leises Krächzen. Als er den Besen hob und ich begriff, was er vorhatte, hielt ich meine Hände vors Gesicht und wandte mich entsetzt ab. Miat schreit den Jungen an, er solle auf der Stelle samt Vogel verschwinden. Ich warte, den Kopf zum Fenster gewandt. Als es still ist, schaue ich wieder hin. Der Junge und der Vogel sind weg. Während ich versuche, mir mein Entsetzen nicht noch mehr anmerken zu lassen, spricht Miat weiter.

Miat: Als ich heute morgen vom See nach Hause kam, hat sich Temben über mich lustig gemacht. Dort saß er auf dem Stuhl, hielt ein Stück Papier in der Hand und sagte: »Eben brachte mir ein Kind einen Brief von Milan und Florence. Hier steht geschrieben, daß sie morgen früh unerwartet abreisen müssen. Sie haben eine Nachricht bekommen und werden übermorgen in der Hauptstadt erwartet.« Ich geriet in eine unglaubliche Aufregung und sagte: »Dann muß ich jetzt sofort kochen und zu Florence gehen.« Schnell machte ich ein Feuer, holte den Sago aus dem Topf, stellte die Schüsseln hin. Ich rannte außer mir im Haus umher. Da lehnte sich Temben auf dem Stuhl zurück und lachte schallend. Er krümmte sich auf dem Stuhl vor Lachen. Nun begriff ich, daß er sich über mich lustig machte. Er log mich an und lachte mich aus. Ich ärgerte mich und sagte: »Du benimmst dich so dumm und blöd wie ein kleines Kind.«

Als Miat die Geschichte mit Temben zu erzählen beginnt, bin ich in Gedanken noch mit dem Jungen beschäftigt, der grausam auf den kleinen Vogel einschlug. Ich begreife, daß sie mir etwas mitteilt, das so außergewöhnlich ist, daß ich zuerst unsicher bin, ob ich auch alles richtig verstanden habe.

Florence: Temben tat so, als ob er einen Brief von uns bekommen hätte, in dem steht, daß Milan und ich morgen abreisen?

Miat: Ja, er hat alles erfunden.

Florence: Und als er sah, wie dich diese unerwartete Nachricht traf, lachte er dich aus.

Miat: Ja, er machte sich über mich lustig.

Florence: Wer morgen in der Tat wegfährt, ist Temben.

Miat: Ja, er muß zu einer Versammlung. Stell dir vor, was mir Guse auf dem See erzählte; Kwaragwis Unverschämtheiten nehmen von Tag zu Tag zu. Jetzt stellt sie mitten in der Nacht einen bis zum Rande gefüllten Teller vor sich hin und ißt für sich alleine, ohne sich im geringsten um die anderen im Haus zu kümmern. Dazu furzt sie so gewaltig, daß es alle hören können. Gestern sah Guse, wie ihr Mann eine Holzfigur in die Hand nahm, um daran weiterzuarbeiten. Da sagte sie zu ihm: »Laß das Schnitzen sein. Von der Kwaragwi bekommst du ja nie so gutes Essen wie von mir. Denke nicht, daß du ihr alles Geld für die Plastik geben kannst.« Mehr brauchte Guse nicht zu sagen. Er begriff sofort und legte die Schnitzerei beiseite. Sie hatte ihm schon einmal eine Lektion erteilt. Die hat er nicht vergessen. Es war vor etwa einem Jahr, während der Initiation für Wundan und Kaso. Da hat er Guse beleidigt. – Ich weiß nicht mehr, worum es ging. – Auf jeden Fall war sie böse auf ihn und nahm ihm alles weg, was er je von ihr oder ihren Kindern geschenkt bekommen hatte: das Moskitonetz, die Matte, alle Kleider, seine Tasche. Da blieb ihm nur noch ein verwaschenes Tuch, ein Geschenk von der zweiten Frau. In diesem Lumpen mußte er beim Initiationsritual tanzen.

Als wir ihn so kläglich angezogen tanzen sahen, hatten wir alle Mitleid mit ihm. Wir sagten: »Schaut euch den armen Mann an. Seine Frau geht wirklich zu weit.« Am Abend kam er nach Hause, senkte den Kopf und sagte kein Wort. Da gab ihm Guse eine Hose und ein Hemd. Daran hat er sich gestern erinnert und verstand sogleich, was seine Frau meinte, als sie ihm sagte, er solle das Schnitzen sein lassen.

Florence: Guse will ihren Mann für sich haben und nicht mit der zweiten Frau teilen. Ist Temben auch eifersüchtig, und hat er dich deshalb hochgenommen?

Miat: Nein, Temben ist nicht eifersüchtig. Er hat sich über mich lustig gemacht.

Florence: Gestern hast du am Schluß unseres Gespräches an meine Abreise gedacht und bist traurig geworden.

Miat: In der Nacht habe ich mit Temben lange darüber gesprochen. Wir haben die Tage gezählt. Noch vier Wochen bleiben sie, habe ich ihm gesagt.

Ich war so sehr auf die Entwicklung der Beziehung zwischen Miat und mir konzentriert, auf ihre Erwartungen, ihren Wunsch, sich zu zeigen und von mir wahrgenommen zu werden, daß ich mir keine Gedanken darüber gemacht hatte, wie Miats Veränderung auf ihre Umgebung wirken könnte. Heute hat nun Temben mit dramatischen Mitteln vorgeführt, wie es um Miat steht – als ob er ihr sagen wollte: »So sehr hängst du an dieser Florence, daß du, wenn sie wegfahren wird, ganz außer dir sein wirst und nicht mehr weißt, wo dir der Kopf steht.« Wie recht ich hatte, als ich begriff, daß Temben nicht zu unterschätzen ist. Seine Geschichte mit dem Brief ist stark, ein großartiger Einfall, Miat zur Vernunft zu verhelfen. Seltsam aber ist, daß Miat sich dadurch nicht beeindrucken läßt. Sonst würde sie mir die Begebenheit nicht erzählen. Zeigt sie mir damit doch nur, wie sehr sie an unserer Beziehung hängt, wie weit es mit ihr schon gekommen ist. Sie schämt sich nicht und verheimlicht nichts. Sie zeigt sich wie gestern mit den Fotos, die ich von ihr hätte machen sollen.

Die Szene mit dem *kisha-kisha* will mir nicht aus dem Kopf. Hat Miat die Begebenheit mit Temben nicht genau dann erzählt, nachdem der Junge so grausam auf den Vogel einschlug? Zuerst denke ich: Wie der Junge auf den Vogel einschlug, so machte sich Temben mit dem Brief über Miat lustig. Doch dann merke ich, daß ich mich täusche und allzu sehr von mir und meiner Kultur ausgehe. Was der Junge mit dem Vogel tat, ist für die Iatmul nichts Besonderes. Einen *kisha-kisha* mögen, das kommt keinem in den Sinn. Miat kann sich darüber nicht entsetzen. Was sie gerade in diesem Augenblick veranlaßt hat, mir die Geschichte mit Temben zu erzählen, muß mit meiner Reaktion auf den Jungen zusammenhängen. So außer mir, wie ich in diesem Augenblick war, war sie, als sie von meiner Abreise erfuhr: entsetzt, kopflos, hilflos. In diesem Augenblick habe ich sie daran erinnert, daß es ihr heute Vormittag genauso ergangen ist.

Und was bedeutet die Geschichte mit Guse? Weshalb erzählt mir Miat mit solcher Ausführlichkeit über Kwaragwis Unverschämtheiten, die von Tag zu Tag zunehmen? Was will sie mir damit sagen? In der Geschichte von Guse, Kwaragwi und ihrem Mann verhält sich Guse wie Temben. Auch sie gibt mit dramatischen Mitteln zu verstehen, daß es so wie bisher mit Kwaragwi und ihrem Mann nicht mehr weitergehen kann. Dasselbe tat Temben. Er versuchte Miat zu zeigen, daß ihr zuviel an der weißen Frau liegt und daß das zu Schwierigkeiten führen könnte. Während Miat durch Tembens Verhalten ganz direkt betroffen ist, handelt die Geschichte von Guse von anderen Leuten. Sie ist in der Rolle einer Beobachterin. Sie schaut zu, wie es anderen ergeht, so wie Temben sie beobachtet hat. Und was sie da sieht, ist wohl nichts anderes als das, was mit ihr und mir passieren könnte. Aus der privaten Sache zwischen uns zweien würde eine öffentliche Angelegenheit werden. So lächerlich und kläglich wie der Ehemann von Guse in seinem ausgewaschenen Tuch, dem einzigen Geschenk von Kwaragwi, am Initiationsfest mittanzte, so wird auch Miat zum Gespött des ganzen Dorfes werden. Und wie den Ehemann nichts davon abhielt, seine Beziehung zu der zweiten Frau weiterzuführen, scheint sich Miat nicht davon abhalten zu lassen, ihre Beziehung zu mir weiterzuführen. Unausweichlich ist die emotionale Bewegung, in der sie sich befindet.

Am Abend kommt Kinembe. Sie bringt eine Tasche voller Süßkartoffeln aus ihrem Garten. Während Milan im hinteren Teil des Hauses sitzt und ein Buch liest, lassen wir uns bei der Tür nieder. Ein angenehmer Wind weht vom Fluß herüber. Kinembe erzählt. Ich höre ihr gerne zu. Sie ißt eine Betelfrucht, ich rauche eine Zigarette, und hie und da schauen wir in die dunkle Nacht hinaus. Einmal fragt sie mich: »Bist du wiedergekommen, um mit Miat jeden Tag ein Gespräch zu führen? So wie wir zwei es das letzte Mal gemacht haben?« »Ja«, antworte ich. Kinembe sagt: »Das habe ich mir gedacht.« Und dann erzählt sie weiter. Kinembe trägt mir nichts nach. Mit ihr zusammen vergesse ich die Aufregungen, in denen ich in der Beziehung zu Miat stecke.

Schon von weitem sehe ich Miat. Sie winkt mir aus dem Fenster zu. Zum Zeichen, daß ich sie bemerkt habe, bewege ich den Schirm auf und ab. Als ich wenig später den Raum betrete, sitzt sie auf dem Boden, eine Tasche vor sich ausgebreitet. Ihr Mund ist vom Betel leuchtend rot. Ich lege den Schirm auf die Truhe, schlüpfe aus den Sandalen und setze mich zu ihr. Miat weist auf die Tasche.

Miat: Morgen soll diese alte Tasche zum Markt. Sie hat Löcher, die ich flicken muß.

Die Tasche ist viel gebraucht worden, die Farben sind verblaßt und die Schnur an mehreren Stellen gerissen. Da faßt mich Miat am Arm. »Psst!« sagt sie und hält die Hand vor den Mund. Aufmerksam lauscht sie nach draußen. Jetzt beugt sie sich nach vorne und schaut durch einen Spalt hinaus. Sie scheint etwas Interessantes wahrzunehmen. Ihr Gesicht ist gespannt. Nun wendet sie sich an mich.

Miat: Eben ist ein Mann vorbeigegangen und sagte zu der Nachbarsfrau: »Komm mit zum Sepik, und hilf, die Sachen, die dort sind, ins Dorf zu tragen.« Er lügt. Weil er weiß, daß wir ihm zuhören, hat er nicht offen gesagt, was er im Kopf hat. Er will es mit der Frau treiben, nichts anderes will er. Er ist ein alter geiler Kerl, und sie ist eine junge Frau. *Laut, daß es die Frau, die unter dem Haus stehengeblieben ist, hören kann:* Weshalb treibst du es mit jedem, der daherkommt? Ob er dick oder dünn, alt oder jung ist, dir ist jeder recht. Weißt du nicht, daß die Männer wie Hunde sind und nie nein sagen können? Läuft eine Hündin durchs Dorf, laufen zehn Hunde hinter ihr her. Sie können nicht anders, sie sind ohne eigenen Willen. Immer müssen sie es treiben. Eine Frau kann nein sagen, ein Mann nie. Weshalb treibst du es mit jedem Kerl, der dich danach fragt? *Und zu mir gewandt:* Sie stellt ihre Vagina jedem zur Verfügung.

Die Frau antwortet nichts. Alle im Dorf sagen, sie sei seltsam und ein wenig dumm. Miat spricht zu ihr in provozierendem Ton, so wie es die Iatmul-Frauen tun, wenn sie sich in ihren Gruppen hochnehmen und über ihre Vaginas sprechen. Nun schweigt sie, zupft aus den Fasern zwei dünne Stränge heraus und legt sie auf den Oberschenkel. Mit der Handfläche fährt sie mit Druck darüber. Miat rollt Schnur, um die Löcher ihrer Taschen zu flicken. Mit veränderter, ruhiger Stimme fährt sie fort.

Miat: Als es noch dunkel war, stand ich heute morgen auf. Temben mußte zur Regierungsstation, und ich wollte ihm Essen für die lange Reise mitgeben. Da ich wußte, daß es am Morgen nicht reicht, zum See zu gehen, legte ich gestern abend im Bach vor dem Haus eine Reuse aus. Acht kleine *makau*-Fische waren darin. Ich wollte sie auf der Tonplatte braten, da standen schon Bolkara und Turis Sohn da. Sie holten Temben ab. Ich ärgerte mich, denn das Essen war noch nicht bereit. Temben nahm seinen Sagofladen und eine halbe Kokosnuß und machte sich auf den Weg zum Sepik. Ich beeilte mich, und als die Fische gar waren, schickte ich

Wundan hinter ihm her. Dann ging ich auf den See. Acht Aale waren in meinen Reusen. Sie liegen da hinten auf dem Räuchergestell. Zuerst wollte ich, daß Taga sie morgen zum Markt bringt, doch das Kanu von Kwaragwi ist zu klein, und sie kann Taga nicht mitnehmen. Sie ist aber bereit, die Fische für mich gegen Sago einzutauschen. *Pause.*
Zwei Aale sind bereits gegessen, so bleiben noch sechs. Die habe ich entzweigeschnitten, das macht zwölf. Dazu kommen zwei Fische, die ich gestern bei Guse hinterlegt habe, das macht vierzehn. *Miat strahlt.* Morgen werde ich vierzehn Sagobrocken haben.

Florence: So viele Fische hast du schon lange nicht mehr gefangen.

Miat: Heute habe ich wirklich Glück. Es wird gesagt, daß Magendaua ihre Fischreusen an einem Ort im See ausgelegt hat, wo ein Wassergeist lebt. Der wurde wütend und deshalb regnete und stürmte es heute nacht so stark. Die Frauen von unserem Dorfteil sind begeistert. Das Wasser im See steigt, und wir fangen wieder viele Fische. Sie wollen sich bei Magendaua mit Betel bedanken.

Ich muß lachen. Die Geschichte mit dem Wassergeist ist deshalb komisch, da diese, sind sie erzürnt, den Menschen sonst nur Ärger bringen.

Florence: Aus der Wut eines Wassergeistes entsteht eine gute Sache.

Miat: So ist es.

In der Tür erscheint ein Junge mit einem Radio unter dem Arm, dessen Gehäuse arg zerschlagen ist. Er nennt den Namen seines Vaters und stellt es neben die Tür.

Miat: Dieses Radio läßt der Nachbar bei Temben hinterlegen als Beweis dafür, daß ihn sein Sohn während eines Streits damit geschlagen hat.

Florence: Das ist eine Wut, die schlecht endet.

Miat nickt. Sie zeigt mit der Hand in den hinteren Teil des

Hauses: Dort liegen die Aale, die ich heute gefangen habe. Komm, schau sie an.

Sie schiebt die Schnur vom Knie und steht auf. Ich folge ihr. Über zwei Feuerschalen hängt ein Gestell aus Draht, auf dem die Fische geräuchert werden. Sie sind mit einem großen Blatt zugedeckt. Miat hebt es hoch. Mehrere Stücke dunkelbrauner Aale liegen auf dem Gestell. Miat beugt sich nach vorne und ruft laut aus:

Miat: Die Kinder haben davon genommen. *Sie zählt nach.* Es sind nur noch sieben Stücke. Diese Saubande! Denen werde ich es zeigen. Den Schädel schlage ich ihnen ein. Es soll mir nur eines unter die Augen kommen! *Wir gehen zurück zu unserem Platz. Miats Gesichtsausdruck ist starr, und mit ungewohnt harter Stimme sagt sie:* Sie wagen es, sich mir zu widersetzen. Gut, ich werde alle Fische auf den Abfall werfen. Sollen sie vor Hunger verrecken.

Ich sitze da und sage nichts. Miats Wut verschlägt mir den Atem. Eine Weile bin ich unfähig nachzudenken. Dann kommt es mir wieder in den Sinn. Diese Wut kenne ich. Wenn die Iatmul jemanden mögen und sich von ihm abhängig fühlen, geraten sie in eben diese Wut. Nach all dem, was in den letzten Tagen zwischen uns geschehen ist, fühlt sich Miat von mir abhängig. Nicht ihren Kindern, sondern mir gilt ihre Wut.

Miat: Was soll ich jetzt nur machen? Ich habe Kwaragwi versprochen, daß ich ihr vierzehn Fische bringen werde. Jetzt sind es nur noch sieben.
Florence: Die sieben und die zwei von Guse kannst du ihr doch bringen.
Miat: Ja, aber es sind weniger, als ich gedacht habe.

Miat trommelt mit den Fingern auf den Boden und schaut aus dem Fenster. Sie ist aufgebracht. Ich warte. Ich merke, daß ich jetzt am liebsten nichts sagen würde. Langsam beginne ich zu sprechen.

Florence: Zuerst haben wir übers Liebemachen gesprochen. Über die Frau, die ganz davon abhängig ist, und auch über die Männer, die wie Hunde sind. Dann kam dir Temben in den Sinn, der von Bolkara abhängig ist und gehen mußte, obwohl das Essen noch nicht bereit war. Sowohl über die Frau als auch über die Situation mit Bolkara hast du dich geärgert. Dann sprachen wir über die Wut des Wassergeistes, dann über die Wut des Sohnes auf den Vater. Und jetzt bist du ganz wütend auf deine Kinder. Wenn man sich abhängig fühlt, kommt die Wut. Und wenn man jemand gerne hat, spürt man die Abhängigkeit um so mehr, und die Wut wird um so größer. *Miats Gesichtsausdruck verändert sich. Aufmerksam schaut sie mich an, und jetzt lacht sie sogar.*

Miat: Wahrscheinlich hast du recht. Heute morgen kamen Touristen ins Dorf, darunter waren einige schöne Männer. Als ich sie sah, dachte ich mir: Ich lasse meinen Mann und meine Kinder sein und fahre mit einem von ihnen weg.

Florence: Schade, dann kann ich nicht mehr mit dir sprechen.

Miat: Es gibt viele Frauen, mit denen du sprechen kannst. Zum Beispiel Magendaua.

Florence: Ich will aber mit dir sprechen.

Miat schlägt sich mit der Hand aufs Bein: Ich bin ja da, nur mein Geist ist weggefahren. Miat ist da. *Pause.*
Florence, du kannst dir nicht vorstellen, wie wir schwarzen Frauen über die weißen Männer reden. Für uns sind sie das Größte. Ich würde zu gerne mit einem von ihnen abhauen.

Florence: Wie würdest du das machen?

Miat: Ich würde ihm zuflüstern: »Geh du schon voraus zum Sepik. Ich folge dir nach.« Dann würde ich in sein Boot springen und mit ihm wegfahren.

Florence: Wohin fahrt ihr?

Miat: Zu ihm nach Hause.

Florence: Ist dies vielleicht die Schweiz?

Miat: Ich glaube.

Florence: Wenn die Verhältnisse so liegen, dann wundert es mich nicht mehr, daß Temben gestern eine solche Szene gemacht hat. Er dachte wohl zu Recht: »Jetzt reicht es aber mit dem Treiben zwischen Miat und Florence.«

Miat: Der hat mich erwischt. Ich habe mich so beeilt, um dich noch zu sehen. Ich werde es ihm heimzahlen. Wie könnte ich das nur anstellen? *Pause.*

Ich sage ihm: »Eben kam die Nachricht, daß du mit Milan in die Provinzhauptstadt fahren mußt.« Sollen doch beide wegfahren. Er wird dann schnell begreifen, daß ich es ihm damit heimzahle.

Florence: Dann wären wir unsere Männer los.

Miat: So ist es. *Pause.*

Kaso sagte: »Die beiden sollen einen Laden im Dorf aufmachen.« Pengal meinte: »Wie schade, daß sie nicht länger hierbleiben, sonst könnten sie eine große Tanzparty mit Eintritt organisieren.« Ich sagte ihnen: »Natürlich könnten sich die beiden hier für immer niederlassen, wie es Jeff, der Australier, tat. Doch sie arbeiten an der Universität und müssen zurück.« *Miat hält die Tasche hoch.* Das letzte Loch ist geflickt, nun kann sie morgen zum Markt fahren.

Miat möchte drei Zigaretten haben, eine für jetzt, eine für den Abend und eine für die Nacht. Morgen kommt sie zum Sepik, sie wird den Sago, den ihr Kwaragwi vom Markt bringen wird, ins Dorf tragen. Gemeinsam stehen wir auf.

Miat: Du gehst jetzt zum Sepik, und ich gehe zu Kwaragwi, um mit ihr wegen morgen alles zu besprechen.

Unten an der Treppe schlage ich den Weg nach links ein, während Miat nach rechts ins Dorf geht. Es dauert eine ganze Weile, bis ich mich von der Aufregung der letzten Stunde befreien kann. Wie aufgebracht Miat heute war. Sie beschimpft die Frau, ist wütend auf Bolkara und stellt sich vor, ihren Kindern den Schädel einzuschlagen und sie verrecken zu lassen. Als ich über den Zusammenhang von Wut und Abhängigkeit sprach, veränderte sie sich. Und wie ein Flirt klang unser Dialog über Miats Phantasien, mit einem Weißen wegzufahren.

Daran halte ich mich und merke nicht, daß mir Miats Aggres-
sionen unerträglich sind.

Der Tod der Mutter

Nach dem Frühstück baden Milan und ich im Sepik. Und wie jeden Tag schließen sich auch heute die Kinder von Kinembe und Pamdaua an. Kaum sieht eines von ihnen, daß wir mit einem Badetuch um die Schulter das Haus verlassen, ruft es laut seine Geschwister herbei. Drei Kinder laufen begeistert zum Ufer. Schon ziehen sie die Kleider aus und werfen sie hinter sich ins Gras. Die Kleinste, Watkut, kann noch nicht gut schwimmen und schaut vom Ufer aus zu. Von einem großen Baumstamm, der am Ufer festgebunden ist und auf den ich auch die Seife und das Shampoo lege, springen wir in die kaffeebraunen Fluten des Sepik. Wir lassen uns ein Stück treiben, schwimmen gegen die Strömung wieder hinauf, klettern auf den Baumstamm, und das Spiel beginnt von vorne.

Wenn wir genug haben, seifen Milan und ich uns ein. Die Kinder stehen da, schauen auf die Seite, doch immer wieder fällt ihr Blick auf die Seife. Seife wird zum Wäschewaschen gebraucht. Die Seife, die Goli und Jimmy so interessiert anschauen, ist keine Waschseife. Sie heißt Lux und duftet wunderbar. Schon lange haben die Kinder herausgefunden, wie sie auch daran teilhaben können. Ich war eben aus dem Wasser gestiegen, da spürte ich, wie jemand mit der Seife vorsichtig über meinen Rücken glitt. Es war Goli. Zwei Tage später wagte Jimmy dasselbe mit Milan, und seither warten beide auf den einen Satz von mir: »Und ihr, wollt ihr euch nicht auch einseifen?« Zuerst reibt sich Goli, dann Jimmy den Schaum auf die schwarze Haut. Wie mit weißer Erde für ein Fest bemalt sehen sie aus.

Heute will ich mir die Haare waschen. Die Haare nicht einfach mit Seife, sondern mit Shampoo zu waschen, ist der Inbegriff von Luxus. Vorsichtig gießt Goli eine kleine Portion in Jimmys, dann in ihre Hand. Kinembe, die am Ufer daherkommt, ruft laut: »Florence, verwöhne sie nicht!« und zu den Kindern: »Laßt die beiden in Ruhe, ihr stört sie!« Doch die hören gar nicht mehr hin. Seitdem wir gemeinsam baden, versuchen Kinembe und Pamdaua ihre Kinder mit dem Argument: »Ihr stört die beiden«, davon abzuhalten. Denn was Milan und ich da treiben, ist für die Iatmul ungewöhnlich. Erwachsene lassen sich nicht auf diese spielerische Weise mit Kindern ein. Da die Kinder spüren, daß ihre Anwesenheit uns keineswegs stört, sondern freut, haben Kinembes Worte keine Wirkung. Nachdem wir in den Fluß gesprungen sind und die Seife und das Shampoo weggewaschen haben, kehren wir nach Hause zurück. Ich ziehe mich um und frottiere mit einem Tuch meine Haare. Da steht Miat in der Tür. Es ist noch nicht einmal Mittag.

Miat: Hast du gebadet?

Ich nicke und überlege, was ich tun soll: Mir weiter die Haare trocknen oder gleich mit Miat sprechen? Es ist mir unangenehm, daß sie so früh kommt. Ich gehe in den hinteren Teil des Hauses und hänge das Tuch auf die Schnur, schüttle meinen Kopf, daß die Haare nach hinten fallen, und kehre zu Miat zurück.

Florence: Komm, gehen wir in Amuias Haus. *Schweigend gehen wir auf die andere Seite des Baches. Miat öffnet die Tür, und wir setzen uns zum Fenster.*
Miat: Gestern nach unserem Gespräch bin ich dir gefolgt.
Florence: Wirklich? Ich dachte, du wolltest zu Kwaragwi gehen.
Miat: Als ich erfuhr, daß sie auf dem See ist, folgte ich dir. Ich sah dich vor mir auf dem Weg gehen. Du hast nichts bemerkt. Als du bei der Wegbiegung ankamst, schlug ich den Weg in unseren Garten ein.

Miat schaut mich erwartungsvoll an. Ich spüre, wie mir Wassertropfen den Nacken hinunterlaufen. Jetzt sitze ich da, mit tropfnassen Haaren. Weshalb kam Miat heute nur so früh? Schon vorgestern bestellte sie mich früher als sonst zum Gespräch, und nun erfahre ich, daß sie mir gestern abend gefolgt ist. Ich habe es nicht bemerkt. Es ist wie mit den Häusern, man glaubt, man sei alleine, da spricht einen plötzlich jemand aus dem Innern an. Beobachtet wird man, ohne etwas davon zu wissen. Ich habe ein unangenehmes Gefühl. Ich lehne mich nach hinten und schaue Miat an. Sie sitzt ruhig da, den Kopf leicht zur Seite gewandt. Jetzt lacht sie mich an. Ich frage mich, weshalb ich mich von ihr bedrängt fühle.

Florence: Da fehlte ja wenig, und wir zwei wären in einem Boot zusammen weggefahren, wie du es dir mit dem Touristen vorgestellt hast.

Miat: So ist es. *Pause.*

In der Nacht erlosch unsere Lampe. Das Kerosin war zu Ende. Da dachte ich: Florence würde mir bestimmt welches geben, wenn ich es verlangen würde. Warum frage ich sie nicht danach? *Mir liegt auf der Zunge zu sagen: »In der Tat, Kerosin kann ich dir doch geben.« Miat fährt, ohne eine Antwort abzuwarten, fort:* Bevor ich am Morgen zum See ging, sagte ich den Kindern, sie sollten für mich ein paar Süßkartoffeln auf die Seite tun, daß ich etwas zu essen habe, wenn ich zurückkomme. Ich paddelte zu meinen Reusen. Eine war so schwer, daß ich Mühe hatte, sie hochzuheben. Ich schaute hinein, da sah ich einen riesigen Aal. Ich erschrak und wagte nicht, den Aal herauszunehmen. Kurzerhand legte ich die Reuse ins Kanu. Turi und Guse lachten mich aus: »Angst vor einem Aal, was ist mit dir los?« Doch ich konnte ihn nicht töten. Guse nahm einen Stock, Turi hob die Reuse hoch, zog die Blätter aus der Öffnung. Ein dicker, langer Aal glitt auf den Boden. Guse schlug mit dem Stock auf ihn ein, bis er sich nicht mehr rührte. Zu Hause tanzten die Kinder vor Begeisterung. Paswat, der glaubte, ein so

großer Aal könne nur ein Krokodil sein, sagte in einem fort: »Mama, zeig mir das Krokodil!« *Pause.*
Die Kinder hatten für mich vier Süßkartoffeln auf die Seite gelegt. Als ich sie nun essen wollte, waren sie weg. Irgend jemand hatte sie genommen. So kam ich hungrig zu dir. Mit dem Sago, den Kwaragwi vom Markt bringen wird, werde ich zu Hause Fladen backen.

Florence: Es ist nicht gut, wenn du hungrig zum Gespräch kommst. Soll ich dir etwas holen?

Miat: Vielleicht später. Es ist nicht schlimm. Ich habe mich so auf unser Gespräch gefreut. Der Hunger ist mir gleich. Auch die Kinder haben dich gerne. Bevor ich hierherkam, sagte Kaso: »Geh jetzt schnell zu Florence. Wenn du zurück bist, backst du uns dann Fladen.« Er möchte gerne Schuhe von dir haben. Ich vergaß den Namen der Marke, auch die Größe weiß ich nicht mehr. Wenn ihr auf eurer Heimreise in die Hauptstadt kommt, sollt ihr ihm die Schuhe kaufen und ins Dorf schicken. *Pause.*
Temben hat mich wirklich erwischt. Ich erschrak so sehr und wollte so schnell wie möglich bei dir sein. Schon zwei-mal habe ich geweint, als du weggefahren bist. Auch jetzt werde ich wieder weinen. Als du das erste Mal nach Europa zurückgefahren bist, sind Temben und ich mit euch in die Provinzhauptstadt gekommen. Wir begleiteten euch zum Flugplatz. Wir sahen, wie sich das Flugzeug in die Luft hob und davonflog. Ich weinte in einem fort. Temben sagte kein Wort, er senkte nur den Kopf und war traurig. Damals habt ihr uns viele Dinge geschenkt: Teller, Besteck, zwei große Töpfe, Schlafmatten, ein Moskitonetz, einen Tisch und die große Lampe. Und weil Temben für euch gearbeitet und Geld verdient hatte, konnte er für seinen verstorbenen Vater ein großartiges Totenritual veranstalten. Es gab Reis, Fisch und viel Betel, den er mit eurem Motorkanu bei den Leuten am großen See holte. Auch ein Schwein haben wir ge-schlachtet. Die Lampe und der Tisch sind noch da. Bis heute leihen wir sie immer aus, wenn im Dorf ein Fest stattfindet.

Die Matten, Töpfe und das Besteck sind im Laufe der Zeit kaputtgegangen.

Miat schweigt. Sie nimmt sich eine Zigarette aus der Schachtel, und ich zünde sie an. Miat denkt an den Abschied und erinnert sich an die Sachen, die wir ihr das letzte Mal geschenkt haben. Immer wenn eine Trennung bevorsteht, stellen die Iatmul sich vor, viele Dinge zu bekommen. Diese sollen die Trauer überbrücken helfen und den Abschied leichter machen. Doch wie soll ich Miats Wünsche erfüllen? Heute ist es Kaso, morgen Wundan, übermorgen Taga. Wir haben ja nicht viel mit, was wir verschenken könnten. Und auch Temben arbeitet jetzt nicht für uns, und den Lohn, den er so gut gebrauchen könnte, hat er nun nicht.

Florence: Als wir zum ersten Mal zum Sepik kamen, lebten wir anderthalb Jahre hier und hatten einen großen Haushalt mit vielen Sachen. Jetzt haben wir nur das Nötigste mitgebracht. Ich habe nicht viel zum Verschenken. Auch machen wir jetzt alles selbst, Wasser holen, waschen, kochen. Wie ihr auch. Du fängst jeden Tag auf dem See Fische, kochst und verteilst sie. Du bist selbständig und unabhängig und ich auch.

Miat: Es ist wahr, keine von uns ist abhängig. *Sie wirft einen Blick zum Fenster hinaus.* Sind die Marktfrauen wohl schon zurückgekommen?

Florence: Komm, gehen wir schauen. In unserem Haus habe ich auch etwas zum Essen.

Wir stehen auf, und nachdem wir den Bach überquert haben, öffnet sich der Blick auf den Sepik. Von den Frauen fehlt jede Spur.

Zu Hause breche ich von der Staude reife Bananen und nehme aus der Metallkiste eine Packung Biskuits. Miat ißt. Einen Bissen Banane, ein Biskuit, so wechselt sie ab, bis alle Bananen aufgegessen sind und das Paket leer ist. Da kommen Kinembe und die kleine Goli. Nachdem die Begrüßungsformeln

»Woher kommst du? Wohin bist du unterwegs?« beantwortet sind, tauschen Miat und Kinembe Neuigkeiten aus. Etwas zu erzählen gibt es immer. Zuerst geht es um den Markt, dann um den Fischfang. Miat und Kinembe leben in verschiedenen Dorfteilen. Da das ganze Territorium, das zum Dorf gehört, unter den zwei Dorfteilen aufgeteilt ist, fischen die beiden nicht in denselben Gewässern. Kinembe erzählt, daß es im Sepik schon viele Crevetten gibt. Da meint Miat, daß die Frauen in Kinembes Dorfteil es gut haben, denn im See sei die Zeit dazu noch nicht gekommen. Kinembe verspricht, ihr in den nächsten Tagen Crevetten zu bringen.

Goli saß ruhig neben ihrer Mutter und hörte dem Gespräch zu. Jetzt steht sie auf und geht zur Tür. Und wie sie sich wieder zu uns wendet, wirft sie mir einen fragenden Blick zu. Ich weiß, was sie im Sinn hat, und nicke ihr zu. Nun holt sie sich von der Staude Bananen. Sie setzt sich zu mir, legt den Kopf in meinen Schoß und ißt. Sie schaut mich an und streichelt über mein Haar. Von weitem hören wir Stimmen. Es sind die Marktfrauen. Miat springt auf und verabschiedet sich. Als sie später am Haus vorbeikommt, trägt sie die Tasche, die sie gestern geflickt hat. Sie ist prall mit Sago gefüllt. »Morgen bei mir!« ruft sie mir zu.

Als ich Milan am Abend das Gespräch mit Miat vorlese, geraten wir in Diskussionen. Er teilt meine Auffassung nicht, Miat stelle an mich Geschenkforderungen, um den Abschied zu erleichtern. Wohl möchte sie von mir Geschenke bekommen, doch nicht im Sinne einer Forderung, sondern als Ausdruck von Zuwendung. Überhaupt sei das Wichtigste in unserem Gespräch die Zuwendung. Miat kommt viel zu früh, sie kommt hungrig, so sehr freut sie sich auf unser Treffen, und gestern ist sie mir sogar gefolgt. Auch ihre Erinnerung an die früheren Abschiede sind Ausdruck dafür – als ob sie sagen wollte: »Weil ich so sehr an dir hänge, werde ich sehr traurig sein, wenn du jetzt wieder weggehst.« Milan findet, daß ich Miat zurückweise, indem ich ihr Bananen und Biskuits gebe, ihr erkläre, wir seien mit wenig gekommen, und ihre und meine Unabhängigkeit betone. Er hat den Eindruck, daß ich mich durch Miats Zuwendung verfolgt fühle und deshalb auf die Geschenkforderungen ausweiche. Die seien mir noch lieber als die Vorstellung, mit Miat im Kanu in die Schweiz davonzufahren. Ich halte Milan entgegen, er würde meine Angst überbetonen und die orale Gier nicht sehen, welche bei den Iatmul gerade beim Abschied immer eine zentrale Rolle spiele. Milan geht zur Tür und schaut hinaus. Dann wendet er sich zu mir: »Es ist seltsam, bisher hast du dich offen auf Miats Zuwendung eingestellt, doch jetzt ist es dir zuviel geworden.« Ich sage nichts. Mir fällt wieder ein, wie ich mich durch Miats frühes Kommen überrumpelt fühlte und wie mich die Tropfen meiner nassen Haare ärgerten. Und ich denke an gestern. An Miats Wutausbrüche, ihre Heftigkeit und offene Aggression. Kann ich denn eine so wilde Frau lieben? Ich stehe auf und schaue in die Nacht hinaus. Hat Milan mit seiner Auffassung recht, dann habe ich Miat heute mit meinem Verhalten in der Tat zurückgewiesen.

Am folgenden Tag, unterwegs ins Dorf, bin ich noch immer unsicher. Vielleicht ging es Miat doch um die Überbrückung der Trauer, des Abschieds durch Geschenke. Als ich Miats Haus von weitem sehe, verlangsame ich meine Schritte. Und wenn Milan klarer sieht als ich? Gewisse Dinge möchte ich lieber nie erfahren. Meine Gedanken helfen mir nicht weiter. Miat winkt mir aus dem Fenster zu. Ich steige die Treppe hinauf und betrete den Raum. Sie sitzt auf dem Boden und trägt den Rock, den ich ihr als Geschenk mitgebracht habe.

Miat: Ich schaute immer wieder zum Fenster hinaus, ob du endlich kommst. Du bist später als sonst. Heute habe ich früh gegessen, ich dachte, es ist besser, wenn ich etwas gegessen habe, bevor wir miteinander reden. *Ich denke an Milans Worte.*

Florence: Nachdem es mir gestern so unangenehm war, daß du hungrig bist, hast du dir gedacht, du ißt lieber etwas.

Miat: Nach unserem Gespräch ging ich nach Hause und backte

Sagofladen. In der Zwischenzeit kochten die Kinder Gemüse und den Aal. Kaso hatte die Idee, ihn in kleine Stücke zu zerschneiden, damit sich der Geschmack des Aals mit jenem des Gemüses vermischt. Wir aßen, bis wir nicht mehr konnten. Bei dir habe ich mit den Bananen und den Biskuits eine Grundlage geschaffen, darauf kamen nun Sagofladen, Fisch und Gemüse. Ich aß soviel wie schon lange nicht mehr. Ich konnte kaum noch gehen, lag da, als wäre ich krank. Am Abend kam Temben von seiner Reise zurück und brachte Fische und Krebse mit. Ich sagte zu ihm: »Mit mir kannst du nicht mehr rechnen, ich bin erledigt.« Die Kinder kochten die Fische und die Krebse und aßen weiter.

Milan hat recht. Als Reaktion auf mein Verhalten gestern, als ich Miats Zuwendung mit Bananen und Biskuits beantwortete, führt sie mir nun mit ihrem grandiosen Eßgelage vor, daß sie ihren Hunger nach Essen selbst stillen kann und ich mir darüber keine Gedanken zu machen brauche.

Miat: Heute morgen kam die Nachricht, Temben soll für Guses Mann auf der Regierungsstation Einkäufe machen. Er wurde böse: »Keinen einzigen Tag habe ich Ruhe. Jetzt soll ich noch Einkäufe machen! Weshalb erledigt das nicht Turis Sohn? Ich habe genug von dieser mühsamen Herumfahrerei.« Ich unterstützte ihn. Ich ging zu Turis Sohn und stellte ihn zur Rede: »Habe ich je von dir Reis, Fischkonserven oder gar Geld bekommen? Hast du mir etwa je einen Rock oder eine Bluse geschenkt?« Er antwortete: »Nein, du hast recht.« Ich fuhr fort: »Nur dank mir bist du in die Schule gegangen und Lehrer geworden und verdienst jetzt viel Geld. Wir waren zusammen auf der Missionsstation, wo mein Vater unterrichtete, und ich mußte für dich sorgen. Du warst ein kleiner Bub, der ständig eine greuliche Rotznase hatte, du verstecktest dich unter dem Haus und dachtest nicht daran, in die Schule zu gehen. Ich putzte dir die Nase, ich schlug dich, ich schleifte dich in die Schule. Ich rackerte

163

mich für dich ab, wofür?« Er nickte nur, denn was ich ihm sagte, ist die Wahrheit. *Pause.*

Es wird darüber diskutiert, für die Kinder in unserem Dorf eine neue Schule einzurichten. Die Schule auf der Missionsstation ist schlecht. Unsere Kinder gehen nicht hin und hängen nur herum. Sie haben keine Chancen, in den Städten Arbeit zu finden. Von meinen Kindern haben nur Kaso und Wundan die Schule besucht. Pengal und alle anderen haben keinen Abschluß.

Miat findet, daß der Sohn Turis sie ungerecht behandelt, sich bei ihr für all die Mühe, die sie mit ihm hatte, nicht revanchiert. Miat ist von ihm enttäuscht. In der Enttäuschung Miats über Turis Sohn, den sie sonst gerne mag, steckt auch die Enttäuschung über mich. Großzügig habe ich mich gestern gegenüber ihren Geschenkwünschen nicht verhalten. Anstatt zu sagen: »Selbstverständlich bekommt Kaso die Schuhe, die er so gerne mag«, ging ich gar nicht darauf ein. Doch ganz so schlimm wie mit Turis Sohn steht es nicht um mich. Hat er ihr noch nie etwas geschenkt, hat Miat von mir doch schon Geschenke bekommen. Wie eine Erinnerung daran trägt sie gerade heute den Rock, den ich ihr mitgebracht habe.

Florence: Heute bist du von Turis Sohn enttäuscht, gestern warst du es von mir. Als du von den Wünschen deiner Kinder gesprochen hast, ging ich nicht darauf ein, sondern sprach über deine und meine Unabhängigkeit.

Miat nickt mir zu. Einen Augenblick habe ich den Eindruck, sie hätte nicht gehört, was ich eben gesagt habe. Doch ich täusche mich.

Miat: Heute hatte ich mit meiner Tochter Taga Streit. Ich versteckte das Essen vor ihr. Da warf sie das Brennholz, das sie für mich zerkleinert hatte, aus dem Haus hinaus.

Florence: Was sind das für neue Sitten? Das Essen zu verstekken?

Miat lehnt sich zurück und schaut mich von der Seite an: Es könnte durchaus sein, daß ich sie von einer weißen Frau gelernt habe.

Florence: Etwa einer Frau aus der Schweiz?

Miat: Woher sie kommt, weiß ich nicht.

Florence: Bin ich eine Frau, die alles für sich zurückhält?

Miat: Ich bin nicht sicher. Ich glaube, ich habe es bei einer anderen Frau gesehen.

Miat lacht und nimmt aus ihrer Tasche eine Betelfrucht. Tagendemi kommt die Treppe herauf, bleibt in der Türe stehen und wirft einen Ball haarscharf an meinem Kopf vorbei. Erschreckt fahre ich zur Seite. Miat schreit den Jungen an. Fluchtartig verläßt er das Haus. In ruhigem, ja zufriedenem Ton wendet sich Miat an mich.

Miat: Ein Kind wie er ist mir immer noch lieber als Kinder, die sich wie Kletten an einen hängen. *Sie beugt sich zu mir und hält mein Bein mit beiden Händen fest umklammert, daß es mir weh tut.* Solche Kinder muß man ganz einfach wegstoßen. *Sie zieht das rechte Bein an und stößt es mit einer ruckartigen Bewegung von sich.* So!

Florence: Es gibt Frauen, die anhängliche Kinder gerne haben.

Miat: Ich gehöre nicht zu ihnen.

Kaum hat sie zu Ende gesprochen, kommt schon wieder eines ihrer Kinder von draußen herein und setzt sich ganz nahe zu ihr hin. Es ist, als hätte es zugehört und möchte Miat die Gelegenheit geben, ihre Worte in die Tat umzusetzen. Ich habe keine Zeit, mir in der Phantasie die Szene auszumalen, schon stößt sie das Kind weg und schreit es an.

Miat: Weg, weg!

Das Kind erschrickt und geht weinend die Treppe hinunter. Da fällt mir die Szene von gestern ein. Wie Goli sich zärtlich an mich schmiegte und mein Haar streichelte. Miat saß ja daneben und muß uns beobachtet haben.

Florence: Du hast gestern gesehen, wie Goli und ich miteinander geschmust haben.

Miat: Ja, sie ist schlecht erzogen, das tut man nicht. Ich habe meine Kinder besser erzogen. *Pause.*

Hast du gehört, was sich gestern auf dem Markt abgespielt hat? Die Frauen aus den Walddörfern wollten für ihren Sago Geld haben und keine Fische. Kwaragwi brachte mir die Hälfte der Fische zurück. Nun muß ich selbst hinfahren, denn jetzt habe ich wieder keinen Sago.

Obwohl ich mich abgestoßen fühle von ihrem groben Verhalten gegenüber den zärtlichen Bedürfnissen ihrer Kinder, lasse ich mich von meinen Gefühlen nicht lenken. Jetzt spricht Miat vom Sago, der ihr fehlt. Sie hat sich so sehr darauf gefreut, und nun steckt sie schon wieder in Problemen.

Florence: Fahren morgen die Frauen wieder zum Markt?

Miat: Ja.

Florence: Wieviel Geld brauchst du, um genügend Sago zu kaufen?

Miat: Für einen Kina bekomme ich zehn Sagobrocken. Das würde reichen.

Florence: Gut, dann gebe ich dir das Geld. *Pause.*

Mußt du wirklich selbst hinfahren? Ist dir das nicht zuviel, zum Markt und noch auf den See zu fahren?

Miat: Du hast recht. Ich schicke Taga. Sie ist alt genug und kann sich durchsetzen.

Florence: Ich habe kein Geld bei mir. Taga soll morgen in der Früh, wenn sie zum Markt fährt, bei uns vorbeikommen. Dann werde ich es ihr geben.

Ich stehe auf, nehme den Schirm und hänge meine Tasche um. Miat begleitet mich bis zur Tür.

Als ich die Treppe unseres Hauses hinaufsteige, wünsche ich mir, daß Milan da ist. Er sitzt im Schneidersitz auf der Matte, eine Kartonschachtel als Schreibunterlage vor sich, und macht Notizen. Er schaut auf, schiebt die Schachtel zur Seite und will wissen, wie es gegangen ist. Ich erzähle. Er nickt, stellt Fragen, lacht darüber, wie Miat so viel gegessen und Temben erklärt hat: »Mit mir kannst du nicht mehr rechnen, ich bin erledigt.« Hin und wieder sagt er einfach nur: »Siehst du.« Er ist zufrieden. Er hat mit seiner Auffassung, es gehe Miat nicht um Geschenkforderungen und ich fühle mich von ihr verfolgt, recht gehabt. Er konnte etwas sehen, was ich nicht sehen konnte. Eigene unbewußte Ängste bestimmten meine Wahrnehmung und mein Verhalten Miat gegenüber. Sie haben mich blind gemacht. Obwohl mir das unangenehm ist, bin ich zufrieden, ja glücklich. Ich bin nicht alleine. Wenn ich in Gefahr gerate, mich in meiner eigenen Geschichte zu verlieren, ist Milan da. Und wenn ich nicht verstehe, was Miat bewegt, kann ich mit ihm darüber sprechen. Ohne seine Mitarbeit wären die Gespräche mit Miat gar nicht möglich. Wären wir jetzt in der Schweiz, würde ich ihm vorschlagen, auszugehen, ins Kino, ins Restaurant, oder Freunde zu besuchen. Wir sind am Sepik. Haben wir in unseren Vorräten nicht noch eine Flasche guten Wein? Der Wein ist zu warm und schmeckt doch köstlich.

Stimmen wecken mich. Es ist fünf Uhr morgens. Die Frauen, die zum Markt unterwegs sind, gehen am Haus vorbei. Ich stehe auf und zünde eine Lampe an. Da kommt auch schon Taga. Ich gebe ihr einen Kina und 10 Toea, damit sie sich selbst auch etwas kaufen kann. Sie steckt das Geld in ein kleines Portemonnaie und verschwindet in der Dunkelheit. Eine Weile bleibe ich sitzen und horche auf die Geräusche: Frauenstimmen, hie und da bellt ein Hund, dann ist es plötzlich still. Die Frauen müssen in die Kanus gestiegen und abgefahren sein. Ich lösche die Lampe aus und lege mich wieder schlafen.

Nach dem Frühstück lese ich das Gespräch mit Miat nochmals durch. So sehr war ich gestern mit der Frage beschäftigt, ob ich sie zurückgewiesen habe oder nicht, daß mir gar nicht auffiel, daß Miat auf mein ungeschicktes Verhalten mit einer erstaunlichen Heftigkeit reagierte. Sie veranstaltete ein Eßgelage, das sie halb krank machte. Sie richtete an die Adresse von Turis Sohn Vorwürfe, die bis in die Kindheit zurückreichen. Ihrer Tochter wollte sie kein Essen mehr geben. Dies alles sind großartige, dramatische Szenen, die von massiven Vorwürfen und Enttäuschungen getragen sind. Die Realität unserer Beziehung droht unvermittelt in den Hintergrund zu treten. Ich bin ja keine geizige, nur auf mich bezogene Frau, von der Miat ihr Verhalten gegenüber ihrer Tochter abgeschaut haben könnte. Und obwohl nie ganz verlorengeht, wie ich eigentlich bin, eher großzügig und zugewandt, kann ich mich wie in einem Zerrspiegel in eine geizige, nur auf den eigenen Vorteil bedachte Frau verwandeln. Und auch Miat führt in der Szene mit ihren Kindern ein Verhalten vor, das sogar nicht zu ihr paßt. Die liebevolle Zuwendung ihres Kindes weist sie heftig zurück und erklärt, daß sie anhängliche Kinder nicht mag. Die Szene, die sie gestern zwischen mir und Goli beobachtet hat, wandelt sie ins Gegenteil. Ich spaziere zum Ufer und überlege, wie ich Miat meine Gedanken mitteilen soll. In der Ferne höre ich das Geräusch eines Außenbordmotors. Es ist Temben, der von den Einkäufen auf der Regierungsstation zurückkehrt. Kinembe, Pamdaua und die Kinder kommen zum Ufer. Das Kanu legt an. Goli fängt die Schnur auf, die ihr Temben zuwirft, und bindet sie an einem Baum fest. Da kommt Miat. Sie ruft Temben etwas zu, dann nimmt sie mich bei der Hand.

Miat: Komm, gehen wir zu Amuias Haus. *Plötzlich bleibt sie stehen und hält sich ihren Bauch mit beiden Händen.* Schau, wie voll er ist. *Ich lege meine Hand darauf und spüre, wie sie ihn absichtlich herausstreckt.*

Florence: Schau, meiner ist auch nicht leer.

Miat faßt mich fest am Bauch und meint: Nicht schlecht. Stell dir vor, wenn wir zwei so dick wären wie gewisse Frauen im Dorf. Dann hätten wir Mühe, schwere Dinge zu tragen und lange Strecken zurückzulegen. Zum Glück sind wir beide dünn.

Wir halten uns die Bäuche. Aus der Hungergeschichte ist eine vergnügliche, sinnliche Angelegenheit geworden. In Amuias

Haus setzen wir uns wie immer ans Fenster. Miat holt eine Betelfrucht aus ihrer Tasche. Ich schaue ihr zu, wie sie die Frucht schält, die Dose mit Kalk öffnet und zu kauen beginnt. Ich habe den Eindruck, sie denke über etwas nach. Nachdem die Dose wieder verschlossen und die rote Masse durch einen Spalt unters Haus gespuckt ist, beginnt sie zu sprechen.

Miat: Als Taga vom Markt zurückkam, erzählte sie, wie erstaunt sie war, daß du am Morgen schon wach warst und auf sie gewartet hast. Ich erklärte ihr, daß du dich hier auskennst und darüber Bescheid weißt, wann die Frauen zum Markt fahren. Auch Temben habe ich vorhin zugerufen, daß du mir geholfen hast, Sago zu besorgen.

Miat schweigt. Eben sprach sie von mir als ihrer Freundin, die sich bei den Iatmul-Frauen auskennt und die ihr beisteht. Ich denke daran, wie ich für sie gleichzeitig auch die andere, nur auf sich selbst bedachte Frau sein kann.

Florence: Ja, das mit dem Sago haben wir gut gemacht. Doch vorgestern ist etwas Seltsames passiert. Kannst du dich erinnern? Da hast du dich so sehr auf das Gespräch gefreut, wir sprachen über Hunger, deine Trauer, über Geschenke. Da habe ich nicht verstanden, was dich bewegt. Und du hast ganz vergessen, wie ich sonst bin. Ich wurde für dich zu einer Frau mit einem – wie ihr sagt – »pes i drai« *(pes* heißt Gesicht, *drai* heißt trocken, hart, ausdruckslos). Eine solche Frau denkt: »Ich schulde niemandem etwas, ich gebe nichts, ich bin unabhängig und brauche niemanden!« Du hast dich dann vollgegessen, bis du halb krank warst, und bist auf Turis Sohn und deine Tochter wütend geworden. Bin ich, Florence, mit der du jeden Tag sprichst, etwa eine Frau *pes i drai*?

Miat: Aber nein, so bist du nicht.

Florence: Auch du warst gestern ganz verändert. Du bist zu einer Frau geworden, die ihre Kinder zurückstößt. Kein Kind darf ihr nahe kommen. Ist das Kind traurig oder möchte es mit seiner Mutter zärtlich sein, die Frau will nichts davon wissen und stößt es weg. So bist du sonst nicht zu deinen Kindern.

Miat: Nein. Ich nehme sie auf den Schoß, ich halte sie und schmuse mit ihnen. *Pause.*

Nur wenn ich krank bin, habe ich es nicht gerne, wenn sie sich an mich hängen.

Florence: Wer ist diese ablehnende Frau, die unvermittelt zwischen uns auftaucht? Wenn du es nicht bist und ich es nicht bin, wer ist diese Frau?

Miat schweigt lange. Dann sagt sie leise: Wirklich, das ist seltsam, wir sind beide nicht so. *Sie läßt ihren Blick durch das Haus gleiten und hält plötzlich inne.* Sie war so. *Miat weist auf zwei Feuerschalen, die an der Wand stehen, auf Amuias Kochstelle.* Meine Stiefmutter ließ mich nie auf ihren Schoß sitzen. Wenn ich mich ihr näherte, stieß sie mich zurück. So war sie. *Pause.*

Ich war so alt wie Paswat (dreijährig), als meine Mutter an der Geburt von Zwillingen starb. Mein Vater dachte an uns Kinder und heiratete bald darauf Amuia. Wenn ich weinte und mich an sie hing, stieß sie mich weg und sagte: »Ich mag das nicht. Laß mich in Ruhe.« Sie hatte mich nicht gerne, denn ich war das Kind einer anderen Frau. Wenn ich hungrig war, sagte sie: »Wenn du einen Sagofladen willst, dann bring mir zuerst Holz.« Holte ich kein Holz und kein Wasser, backte sie mir keinen Fladen. Deshalb sorge ich so gut für meine Kinder und fahre jeden Tag auf den See, damit sie zu essen haben. Sie müssen auch nicht jeden Tag mithelfen, nur hie und da. Ich will nicht, daß sie dasselbe erleben wie ich. Für die kleinste Sache mußte ich arbeiten. Ich bekam nichts geschenkt. *Pause.*

Wenn ich sterbe, haben meine Kinder niemanden mehr. Mein Vater und mein Bruder sind tot. Eine Schwester habe ich nicht. Wer wird für meine Kinder sorgen? Niemand außer mir. *Pause.*

Als meine Mutter starb, waren Piakna und mein zweiter

Bruder Asagame schon älter. Ich war die Jüngste. Wenn sie mich weinend auf der Treppe des Hauses sitzen sahen, fragten sie: »Ist der Vater weg?« Sagte ich: »Ja«, wollten sie wissen: »Und die Mutter?« Und wenn ich mit dem Kopf nickte, fragten sie weiter: »Hast du zu essen?« Meistens antwortete ich: »Nein.« Dann wischte mir Piakna die Tränen weg. Er nahm mich bei der Hand, und wir gingen kleine Baumfrüchte suchen. Mein Bruder Asagame lebte nicht bei uns, er war bei Adoptiveltern untergebracht. Die sorgten gut für ihn. Auch er half mir mit Essen aus. Er brachte mir einen Fisch oder ein Stück Sagofladen. Auch mein Vater stand mir bei. Er weigerte sich zu essen, wenn Amuia nicht auch mir etwas gab. *Pause.*

Schnur drehen und Fischreusen flechten lernte ich nicht von Amuia, sondern von meinem Vater. Piakna nannte sie stets bei ihrem Namen und nie Mutter. Er sagte zu mir: »Sie ist nicht deine wirkliche Mutter, deshalb ist sie böse zu dir.« Als mein Vater und mein Bruder starben, war ich so unglücklich, nur dank ihnen bin ich überhaupt am Leben. Hätten sie nicht zu mir gestanden, wäre ich als Kind gestorben.

Miat schweigt. Sie wirkt traurig und in sich versunken. Ich überlege mir, ob ich etwas sagen soll. Sie hat den Kopf zum Fenster gewandt und schaut in die Ferne. Und während ich mir noch Gedanken mache, verändert sich ihr Gesichtsausdruck plötzlich. Miat ist nicht mehr traurig.

Miat: Stell dir vor, was Amuia nach Piaknas Tod vorhatte. Piakna hinterließ Kinembe und Pamdaua einen Außenbordmotor. Den wollte Amuia den beiden wegnehmen und ihrem Adoptivsohn geben. Als ich davon erfuhr, mischte ich mich ein. Ich sagte: »Laß die Finger von dieser Sache. Hat sich dein Adoptivsohn je um meinen kranken Vater gekümmert, hat er auch nur einen Toea für das Totenessen gestiftet? Wenn du diesen Motor nur anrührst, schmeiße ich dich aus dem Haus.«

Florence: Du kannst nicht vergessen, wie sie dich als kleines Kind behandelt hat.

Miat: Ich bin noch immer voller Wut. Das ist keine kleine Sache, die du mit der Spucke hinunterschlucken oder wie Pisse oder Scheiße von dir geben kannst. *Pause.* Wie sie zu mir war, kann ich nie vergessen.

Wir stehen auf. Mein Blick fällt auf die Feuerschalen, auf die Matte, wo Amuia zu schlafen pflegt. Amuia ist weg, in einer Stadt, und doch ist es, als ob sie durch Miats Erinnerung anwesend wäre.

Temben sitzt mit Milan im Haus, er wartet auf Miat. Er ist müde von der langen Fahrt. Miat geht zum Ufer, packt Eßwaren, die er für den Laden eingekauft hat, in eine Tasche, dann gehen beide ins Dorf. Heute abend findet eine Tanzparty statt. Ich habe mit Miat verabredet, hinzugehen. Am Abend fällt ein schwerer tropischer Regen, und wir lassen es. Gleichzeitig paßt mir das nicht. Ich denke an Miats Traurigkeit und würde gerne mit ihr zusammen sein.

Nach dem Frühstück trage ich den Eimer mit der Wäsche zum Sepik. Vom Ufer springe ich auf den großen Baumstamm, lasse mich in der Hocke nieder und schrubbe die Kleidungsstücke. Dann tauche ich Stück für Stück ins Wasser und passe auf, daß mir die starke Strömung keines aus der Hand reißt. Vertieft in meine Arbeit, merke ich nicht, daß Kinembe zum Ufer gekommen ist. Erst als sie meinen Namen ruft, schaue ich auf. Sie sagt, sie komme eben aus dem Dorf und Miat lasse mir ausrichten, daß sie krank sei und nicht zum Sepik kommen könne. Auf meine Frage, was sie denn habe, weiß Kinembe nichts zu antworten. Ich tauche das letzte Wäschestück kurz ins Wasser, wringe es aus und trage den Eimer zur Leine vor dem Haus.

Kinembes Nachricht, Miat sei krank, beunruhigt mich. Ich denke an unser Gespräch von gestern. Hängt Miats plötzliche Krankheit damit zusammen? Ich stecke Malaria- und Aspirintabletten ein. Früher als sonst mache ich mich auf den Weg. Ich gehe zu schnell, auch die Treppe des Hauses springe ich hinauf. Beim Fenster, wo wir immer zusammen reden, sitzt Miat, an den Pfosten gelehnt. Sie hebt die rechte Hand. Einen Augenblick glaube ich, sie wolle ihr Gesicht dahinter verbergen, doch dann sehe ich das Tüchlein, mit dem sie sich übers Auge wischt. Ich lasse mich neben ihr auf dem Boden nieder. Das Auge ist ganz geschwollen.

Miat: Dieses Auge weint ununterbrochen, und aus dem rechten Nasenloch fließt ständig Schleim.

Ich schaue Miat aufmerksam an. Die eine Gesichtshälfte ist gesund, die andere weint. Die eine Gesichtshälfte ist Miat als weinendes Mädchen mit einer Rotznase, die andere ist die zufriedene Miat. Doch vielleicht ist in der gesunden, trockenen Hälfte auch etwas von der *pes i drai*-Frau, die ablehnend und auf sich bezogen ist. Denn *drai* heißt nicht nur ablehnend, abweisend, sondern auch trocken. In Miats zweigeteiltem Gesicht ist beides enthalten, worüber wir gestern gesprochen haben, die Traurigkeit und ihre Ablehnung, Miat und ihre Stiefmutter Amuia. Ich beuge mich zu ihr hin und lege die Hand auf ihre Stirn. Sie ist heiß.

Florence: Du hast Fieber. Ich habe dir Medikamente mitgebracht.
Miat: Das ist gut.

Im hinteren Teil des Hauses sind weitere Leute. Temben sitzt mit einer jungen Frau zusammen. Ich erfahre, daß sie gegen ihren Vater Klage einreicht. Gestern abend hat dieser in einem Wutanfall die Familie aus dem Haus gejagt. Noch in der Nacht sind sie zu Verwandten gezogen. Die Wut des Vaters sei ganz unbegründet und das Dorfgericht solle ihn zur Rede stellen, meint die junge Frau. Temben pflichtet ihr bei. Bald steht sie auf, und auch Temben verläßt das Haus. Wir sind alleine. Aus dem Eimer neben der Tür schöpfe ich einen Becher Wasser und reiche ihn Miat mit zwei Aspirintabletten. Für den Abend und die Nacht wickle ich weitere in ein Stück Papier ein. Langsam und leise beginnt sie zu sprechen.

Miat: Gestern abend waren wir auf der Tanzparty. Ich schaute immer wieder zum Eingang und fragte mich, ob du wohl kommen wirst.

Florence: Als es zu regnen begann, beschlossen wir, nicht ins Dorf zu gehen.

Miat: Das habe ich mir gedacht. Vom Regen war der Boden vollständig aufgeweicht. Wenn die Leute tanzten, bespritzten sie sich gegenseitig. Sie sahen aus, als ob sie sich im Schweinepfuhl gewälzt hätten: von oben bis unten mit Erde beschmiert. Zwischendurch gingen sie sich im Bach waschen. Sie hielten sich zu dritt und zu viert an der Hand, setzten vorsichtig einen Fuß vor den andern, um ja nicht auszugleiten. Saubergewaschen kehrten sie zurück, doch kaum tanzten sie einige Schritte, waren sie wieder von oben bis unten mit Erde bespritzt. *Pause.*

Ich blieb nicht bis zum Schluß. Heute morgen erfuhr ich, daß sich in der Nacht noch einiges zugetragen hat. Eine Frau, die hinter einem Busch pißte, wurde von einem unbekannten Mann überrascht. Sie schrie laut, da lief er schnell davon. Eine andere wurde von einem jungen Mann angemacht. Und als der Morgen anbrach, brannte eine weitere mit einem Mann aus dem Nachbardorf durch. Sie will ihn heiraten und fuhr mit ihm in sein Dorf. Als ihre Brüder sie heute morgen suchten, war sie schon weg.

Es herrscht eine eigenartige Stimmung. Miat wischt sich immer wieder mit dem Tüchlein über ihr weinendes Auge. Kleine Schweißperlen sammeln sich auf ihrer Stirn. Sie spricht ungewohnt langsam und ruhig. Die Begebenheiten, die sie erzählt, sind vielschichtig. Unter ihrer Oberfläche verbergen sich Erinnerungen und Bilder, die an unser Gespräch von gestern anknüpfen. Miat beschäftigt sich mit der Frage, wie aus dem kleinen Mädchen von damals die Frau geworden ist, die sie heute ist. Das erste Bild, die von Kopf bis Fuß mit Erde verschmierten Menschen, die, kaum haben sie sich gewaschen, schon wieder verschmutzt sind, steht für die Säuglingszeit. Es ist ein Bild, das die Iatmul gebrauchen, um die frühe Mutter-Kind-Beziehung darzustellen: der Säugling, der kaum gewaschen schon wieder scheißt und sich beschmiert; und die Mutter, der es nichts ausmacht, daß ihr Kind, das auf ihrem Schoß liegt, ihre Beine bepißt und verdreckt. Ein Säugling darf das, er ist klein und kann noch nicht denken. Die Mutter wäscht sich, ohne sich zu ekeln und ohne den Säugling zu beschimpfen, mit Wasser sauber. Das zweite Bild, die Frau, die in der Nacht pißt und von einem Mann erschreckt wird, ist ein Bild für ein Kind, das nun groß genug ist und weiß, wo es zu scheißen und zu pissen hat. In diesem Alter erzählen die Erwachsenen den Kindern, daß sie aufpassen müssen, wenn sie in der Nacht in den Wald gehen. Dort halten sich die Geister auf und überraschen und erschrecken sie. Nur durch lautes Schreien sind sie zu vertreiben. Im dritten Bild der jungen Frau, die von einem Mann angemacht wird, erscheint eine sexuell reife Frau. Ein Mann will etwas mit ihr haben. Sie weiß, was er will, doch will sie nichts davon wissen. Im vierten Bild aber ist die junge Frau bereit, sich in ein Liebesverhältnis einzulassen, sie brennt mit ihrem Geliebten durch und verläßt ihr Dorf. Wie Traumbilder muten Miats Geschichten an.

Miat: Kannst du mir Wasser geben? Ich bin durstig. *In wenigen Zügen leert sie den Becher, den ich ihr hinhalte.*
Florence: Willst du noch mehr?
Miat: Das reicht. *Pause.*

Heute morgen auf dem See wurde ich krank. Alle Kanus waren voll Regenwasser, und da ich die erste war, schöpfte ich sie leer. Das Kanu von Guse, von Turi und meines. Da wurde ich krank. Ich schaute meine Reusen nach und kam nach Hause zurück. Mein rechtes Auge weinte in einem fort, und ich sah kaum etwas. Ich machte alles bereit, um die Fladen zu backen. Als Temben sagte: »Für mich brauchst du keinen zu backen«, war ich froh. Ich legte mich hin und ruhte mich aus. Wenn ich schlafe, liege ich immer auf der rechten Seite. Das Blut hämmerte so stark in meinen Schläfen, daß ich mich auf den Rücken drehen mußte. Später fragte mich Temben, ob wir zusammen zu dir gehen sollen. Da sagte ich: »Ich bin krank und fühle mich schwach. Wenn ich nicht komme, wird Florence von sich aus zu mir kommen.«

Florence: Gestern haben wir über schwierige Dinge gesprochen.

Miat: So ist es. Ich spüre, daß dies keine große Krankheit ist. Als du gekommen bist, war ich sehr krank. Das reicht, ich will nicht nochmals krank werden! *Pause.*
Kannst du mir eine von euren Zwiebeln geben? Bei Erkältungen hilft es, eine rohe Zwiebel zu essen.

Florence: Selbstverständlich kannst du von unseren Zwiebeln haben.

Miat: Ich werde Wundan bei dir vorbeischicken. *Pause.*
Gestern auf der Party habe ich viel an dich gedacht. Ich schaute immer wieder zum Eingang, ob du nicht doch noch kommst.

Florence: Du bist enttäuscht, daß ich mich vom Regen habe abhalten lassen.

Miat: Es regnete wirklich stark. Es kamen nicht viele erwachsene Frauen. *Sie denkt nach.* Etwa vier waren wir. Kinembe war auch darunter. Ich glaube, sie blieb bis zum Morgengrauen. Früher ging sie nie auf solche Feste. Gestern aber sah ich, daß es ihr Spaß machte, sie tanzte gerne und viel. *Pause.*
Bestimmt wird sie wieder heiraten. Sie ist noch jung. Als ich ihr beim Tanzen zuschaute, kam mir dieser Gedanke. Und als sie sich zu den Musikern setzte und mit ihnen schäkerte, ärgerte ich mich sogar über sie. »So etwas tut eine erwachsene Frau nicht!« dachte ich. Am Morgen sprach ich mit Temben darüber. Er meinte: »Was stellst du dir eigentlich vor? Kinembe ist noch jung, selbstverständlich wird sie wieder heiraten. Lebt etwa dein Bruder Piakna in einer Stadt

und wird bald ins Dorf zurückkehren? Nein! Er ist tot, und Kinembe ist alleine.« Temben hat recht, aber ich bin trotzdem böse. Es hockt in mir drin.

Florence: Wenn du Kinembe Vorwürfe machst, denkst du an deinen verstorbenen Bruder. Dann bist du wie Piakna.

Miat: Als er starb, sagte er mir: »Sollte eine meiner drei Frauen wieder heiraten und vom Dorf wegziehen, dann kümmere du dich um die Kinder.«

Florence: Du hast selber viele Kinder.

Miat: Schon, aber für die Kinder meines Bruders würde ich dennoch sorgen.

Florence: Wenn Piakna dir seine Kinder anvertraut, zeigt er dir, wie wichtig du für ihn bist, aber wenn du wirklich für sie sorgen müßtest, wäre dies eine Belastung für dich.

Miat: Das ist wahr. Pamdaua, seine erste Frau, wird nicht wieder heiraten. Sie sagte: »Piakna war meine einzige große Liebe. Jetzt ist er tot. Einen anderen Mann will ich nicht.« *Pause.*

Meine Sorge gilt den Kindern. Würde Kinembe einen Mann heiraten, der die Kinder nicht mag, ginge es ihnen schlecht.

Florence: Das verstehe ich gut. Das hast du selbst erlebt, als du eine Stiefmutter bekommen hast, die dich nicht gerne hatte.

Miat: Ja, darüber weiß ich Bescheid. *Pause.*

Meinen Bruder Asagame gab mein Vater Leuten zur Adoption, und jetzt hat er mich vollständig vergessen. Er verließ das Dorf, als ich Kaso geboren hatte (vor rund 18 Jahren). Seither ist er nie wieder gekommen, und nie hat er mir ein Geschenk geschickt. Auch zu Piakna hat er die Beziehung ganz abgebrochen.

Florence: Gestern hast du dich daran erinnert, wie er dir als Kind geholfen hat.

Miat: Jetzt ist es, als wäre er tot. Erst wenn wir alle gestorben sind, werden wir uns wieder begegnen. Dann werde ich meine zwei Brüder, meinen Vater und meine Mutter wiedersehen. Dann kann ich sagen: »Das ist mein Vater, das ist meine Mutter, und das sind meine zwei Brüder.« *Pause.*

Asagame kommt nicht ins Dorf zurück, weil er kein Geld hat. Als Piakna starb, hat er einen Brief geschickt. Darin stand geschrieben: »Seitdem ich die Nachricht vom Tode meines Bruders erhalten habe, weine ich nur. Ich wasche mich nicht, ich rasiere mich nicht, ich sitze nur da und trauere. Bald werde ich ins Dorf kommen und für meinen Bruder ein großes Totenessen veranstalten. Wartet auf mich, ich komme bald!« Du hättest die Kinder Kinembes sehen sollen. Sie freuten sich und waren voller Erwartungen. Jeden Tag sprachen sie nur von Asagame, der ins Dorf kommen und für ihren Vater ein großes Totenessen veranstalten würde. Hörten sie in der Ferne das Geräusch eines Motorkanus, liefen sie zum Ufer und dachten: »Da kommt er!« *Pause.*

Das war alles Lug und Trug. Er hat kein Geld und wird nie wiederkommen. Ich ließ ihm hundertmal ausrichten, er soll uns besuchen. Er hat nie geantwortet. Ich sagte den Kindern, ihm könnt ihr nicht glauben, er ist ein Lügner. Als Kinembe ihren ältesten Sohn zu Asagame in die Stadt schicken wollte, war ich dagegen. Als er dann hinfuhr, ging ich aus lauter Wut nicht einmal zum Sepik, um von ihm Abschied zu nehmen. Doch er ließ mir Geschenke zurück, Kleider für meine Kinder. Wenn ich erfahren sollte, daß es ihm in der Stadt schlecht geht, würde ich ihn auf der Stelle ins Dorf zurückholen. *Pause.*

Temben ist ein guter Mann, auch er macht sich um die Kinder Piaknas Sorgen und steht ihnen bei.

Auf dem Weg vor dem Haus geht eine alte Frau vorbei. Miat grüßt sie. Als sie aus unserem Blickfeld verschwindet, wendet sie sich wieder an mich.

Miat: Sie und ihr Bruder sind wie ich und Piakna. Auch sie sind leibliche Geschwister. Sie hat keine Kinder und hilft mit, für die Kinder ihres Bruders zu sorgen. Manchmal versucht die Schwägerin, über sie herzuziehen, doch sie hat keine Chance. Dann sagen die Kinder nur: »Die Schwester unseres

Vaters ist eine gute Frau. Sei du still.« *Als ich mich verabschiede und aufstehe, bleibt Miat sitzen und sagt ruhig:*
Meine Krankheit wird nicht schlimmer werden, doch morgen mußt du wieder zu mir ins Dorf kommen.

Ich bin beeindruckt. Ruhig, traurig und differenziert ist Miat
heute. Unmittelbar reagiert sie auf unser gestriges Gespräch.
Sie wird krank, wie die Zeit nach dem Tod ihrer Mutter eine
Krankheit gewesen ist. Und wie präzis ihr zweigeteiltes Gesicht
ihre kindliche Lage widerspiegelt. War sie als Kind ganz auf die
Zuwendung anderer angewiesen, kann sie sich heute auf ihre
eigenen Beziehungen abstützen. Auf Temben, auf ihre Kinder
und auf mich. Nicht nur ihre Krankheit, auch das, worüber
Miat heute sprach, ist durch ihre Erinnerung an den Tod ihrer
Mutter bestimmt. Stand vorgestern ihre eigene Situation ganz
im Vordergrund, findet heute eine Erweiterung statt. Miat stellt
sich die Frage, wie andere Menschen mit dem Tod einer geliebten Person umgehen. Ausgangspunkt ist ihr verstorbener
Bruder. Miat beschäftigt sich mit der Situation der zurückgelas-
senen Frauen, der Kinder und jener, die in die entstandene
Lücke einspringen.
    Sie beginnt mit Kinembe. Zuerst fällt es ihr schwer, anzuer-
kennen, daß diese recht hat, wieder zu heiraten. Doch dann läßt
sie es sich durch Temben sagen. Kinembe ist jung und voller
Lebenslust. So ist es auch für Miats Vater gewesen. Auch er
hatte Gründe, wieder zu heiraten. Er brauchte eine Frau, die
ihn und seine Kinder ernährt. Die nächste Frage, mit der sich
Miat beschäftigt, betrifft den neuen Ehepartner. Mag dieser die
Kinder oder nicht? Erleichtert stellt sie fest, daß Pamdaua nicht
mehr daran denkt zu heiraten und ihre Kinder daher nicht
Gefahr laufen, einen Vater zu bekommen, der sie nicht mag.
Nicht nur durch eine neue Heirat, auch durch Adoption finden
Kinder, die Mutter oder Vater verloren haben, einen neuen
Elternteil. Diese Lösung wählte Nagwan für seinen zweiten
Sohn Asagame. Er gab ihn einer Frau zur Adoption, die gut für
ihn sorgte. Bei einer Adoption besteht die Gefahr, daß das weg-

gegebene Kind seinen noch lebenden Elternteil und seine Geschwister vergißt. Dies hat Miat mit ihrem Bruder Asagame erfahren. Seit sechzehn Jahren ist er weg, kam nie ins Dorf zurück und schickte nie ein Geschenk. Doch ganz entschieden ist für Miat die Beziehung zu ihrem Bruder noch nicht. Vielleicht möchte er sie wieder sehen, doch hat er kein Geld, um die Reise und die Geschenke zu bezahlen.

Für die zurückgebliebenen Kinder ist die Situation eine andere. Miat spricht nicht über die Trauer von Piaknas Kindern nach dessen Tod. Aber sie spricht von der Erwartung, welche diese in Piaknas Bruder Asagame setzen. Sein gefühlvoller Brief, seine Trauer und seine Ankündigung, er komme ins Dorf, um für Piakna ein Totenessen zu veranstalten, versetzen diese in freudige Erwartung. Bei jedem Geräusch eines Motors laufen sie zum Ufer und denken: »Er kommt.« Der Brief Asagames ließ die Hoffnung wach werden, er nehme den Platz des verstorbenen Vaters ein. In Miats anschaulicher Schilderung der Erwartung von Piaknas Kindern klingt ihre eigene Situation an: die Erwartung eines kleinen Kindes, das die Endgültigkeit des Todes nicht kennt und sich vorstellt, die Mutter stehe eines Tages plötzlich wieder da. Der Wunsch nach einem Menschen, der dem Vater nahesteht, ist so groß, daß der älteste Sohn Kinembes in die Stadt fährt, um Asagame zu besuchen. Ihm gelingt, was Miat nicht kann, er geht weg und holt sich, was er braucht. Miat ist über die enttäuschte Erwartung, welche der Brief Asagames in ihr hervorrief, so wütend, daß sie Kinembes Sohn vor seiner Abreise nicht verabschiedet. Doch dieser ist ihr deswegen nicht böse und läßt ihr Geschenke für ihre Kinder zurück.

Damit ist Miat bei ihrer aktuellen Situation angelangt. Kann sie den Platz ihres verstorbenen Bruders überhaupt einnehmen? Miat ist unsicher. Ihr selbst fiel es schwer, mit ihrer Stiefmutter eine gute Beziehung zu haben. Und so steht die Geschichte der alten Frau als Beispiel dafür, daß die Kinder Piaknas zu ihr stehen werden. Auch hier, wie schon im Falle von Kinembes Sohn, der ihr Geschenke zurückließ, erlebt Miat Kinder als

stark, großzügig und gefühlvoll. Miat ist scharfsichtig und einfühlend. Kritisch gegenüber sich selbst, schildert sie ihre Wut
auf Kinembe und auf deren Sohn. Ihr Schicksal, einen Elternteil
zu verlieren, ist nicht einmalig, den Kindern Piaknas ist dasselbe geschehen. Und für jeden der Betroffenen stellen sich
andere Probleme und zeigen sich andere Lösungen.

Die Schwestern im See

Der Himmel ist von Wolken überzogen, und es ist drückend heiß. Im Bach, der neben dem Weg fließt, badet eine Gruppe Kinder. Zwei rufen mir zu: »Gehst du zu unserer Mutter?« »Ja«, gebe ich zur Antwort. Sie tauchen unter, und nur ihre winkenden Arme sind zu sehen. Zu Hause treffe ich Miat mit ihrer Tochter Taga. Diese sitzt neben ihr und blättert in einem Schulheft.

Florence: Wie geht es dir heute?
Miat: Es geht besser, doch ganz gesund bin ich noch nicht.

Ich lege den Schirm auf die Truhe und setze mich hin. Mit der Hand wische ich mir den Schweiß vom Gesicht. Miat nimmt Taga das Heft weg und fächelt mir mit festen Bewegungen Luft zu.

Miat: Heute ist die Hitze unerträglich.

Die Luft weht angenehm über mein Gesicht. Taga schaut mich aufmerksam an. Die Kinder sind heute anders als sonst. Als ob sie sich für mich zu interessieren begännen. Das muß mit Miat zusammenhängen. Sie merken, daß sich ihre Mutter verändert und daß ich dabei eine Rolle spiele. Als Miat Taga wegschickt, bleibt sie sitzen, als hätte sie nichts gehört. Erst als Miat sie noch einmal auffordert, uns nun endlich alleine zu lassen, trollt sie sich unwillig aus dem Haus.

Miat: Am Morgen war ich mit Guse und Turi auf dem See. Mit Guse schnitt ich Schilf. Wir wollten unsere Reusen an einem neuen Ort auslegen. Turi half uns nicht. Da meinte Guse: »Sie ist faul. Wenn sie durch unseren Kanal paddeln will, werden wir es nicht zulassen.« Ich sagte: »Du kannst doch nicht so nachtragend sein.« Turi schaute ihr Netz nach. Ich sah, daß es sich stark bewegte. Es müssen viele Fische darin gewesen sein. Doch sie gab mir keinen einzigen davon.

Wir hören auf der Treppe ein Geschrei. Drei Kinder rennen aufgeregt auf uns zu. Der kleine Tagendemi hält seine Hand hin; Blut tropft von einem Finger auf den Boden. Er hat sich an einem Gras geschnitten, und nun steht er weinend da. Miat setzt ihn auf den Schoß und schickt ein Mädchen ein Stück Stoff holen. Ich nehme aus meiner Tasche eine Papierserviette und gebe sie dem Mädchen. Es wischt damit das Blut weg und bindet dann einen Streifen Stoff um die Wunde. Tagendemi schaut interessiert unseren Bemühungen zu und hört auf zu weinen. Dann schickt Miat alle Kinder wieder weg.

Miat: Heute fand ich sechs Aale in meinen Reusen. *Pause.*
Die Reusen nennen wir Schwestern. Sie sind unsere Schwestern im See, die Tag für Tag für uns Fische fangen. Wenn sie voller Fische sind, rufen sie uns: »Komm, Schwester aus dem Dorf, komm, und leere mir den Bauch, ich fühle mich voll und schwer.« Einmal gingen eine alte Frau und ein alter Mann auf den See. Da hörten sie zu ihrem Erstaunen, wie die Reusen miteinander sprachen. Eine rief laut: »Schwester, wie viele Fische hast du gefangen?« »Zwei«, war die Antwort. »Und du?« wollte sie von der nächsten wissen. »Ich habe sechs.« So fragte sie bei allen nach, bis sie zur letzten kam. Diese sagte: »Ich habe zwanzig gefangen.« Da war sie zufrieden: »Ich ging heute leer aus und machte mir schon Sorgen wegen meiner Schwester im Dorf. Doch wenn du zwanzig hast, kannst du mir davon einige abgeben.« Dann war es still. Die zwei Alten kehrten nach Hause zurück und erzählten, was sie auf dem See gehört hatten. Seither wissen wir, daß die Reusen eigentlich unsere Schwestern sind. – Was ich dir erzähle, ist eine Mythe.
Florence: Eine leibliche Schwester hast du nicht, doch Reusenschwestern hast du viele.

Miat: Zur Zeit habe ich vierzehn im See ausgelegt.

Florence: Vierzehn Schwestern, die du selbst geflochten hast.

Miat: Ja. Ich bin die fünfzehnte. Alle vierzehn arbeiten für mich. Jede Nacht fangen sie Fische. Ich brauche sie am Morgen nur noch einzusammeln und kann damit meine Familie ernähren. *Pause.*

Es ist noch gar nicht so lange her, da lagen fünfzehn Reusen von mir im See. Ich hatte Schilf geschnitten und sie an einem neuen Ort ausgelegt. Am anderen Morgen paddelte ich zusammen mit Wundan auf den See. Er kletterte auf einen Baum am Ufer und schaute mir zu. Jede Reuse, die ich aus dem Wasser hob, war bis oben mit Fischen voll. Bald war der Fischkorb gefüllt, und ich schüttete sie direkt ins Kanu. Nach und nach füllte sich dieses immer mehr, bis ich in den Fischen saß. Als Wundan das Kanu sah, tanzte er vor Freude auf dem Baum. Auch die Kinder zu Hause wollten es nicht glauben. Sie schrien vor Begeisterung laut und hüpften im Haus herum. Sie sagten in einem fort: »Oh, was bist du für eine Mutter! Oh, was haben wir für eine Mutter!« An jenem Tag war meine Tochter zum Markt gefahren. Als sie zurückkam, wollte ich ihr zehn Fische geben. Doch sie lehnte ab und meinte: »Gib mir nur fünf. Wenn ich zehn Fische nach Hause bringe, muß ich meinen Schwiegereltern auch welche abgeben. Die behalten aber immer alles für sich. Wenn sie viele Fische gefangen haben, verstecken sie sich hinter dem Moskitonetz und essen sich heimlich voll. Ich nehme nur fünf. Den Rest esse ich bei dir.« Ich sagte: »Aber mach es doch wie sie, und iß die Fische im Versteck.« Doch sie wollte nichts davon wissen. Auch Temben fand, daß ich nicht im Dorf herumerzählen soll, wie viele Fische ich gefangen habe, da sonst alle anderen Frauen ihre Reusen an denselben Ort im See auslegen würden.

Florence: Deine Tochter und Temben wollten nicht teilen und genossen es, viel für sich zu haben.

Miat: Ja. Sie dachten, weshalb sollen die anderen auch etwas davon haben. *Pause.*

Ob Fische in einer Reuse sind oder nicht, siehst du bereits an der Wasseroberfläche. Tauchen dort kleine Blasen auf, dann weiß ich, in dieser Reuse sind Aale. Denn die lassen immer wieder Luft ab. Sie machen uah! uah! Schwimmen Fettflecken obenauf, sind Fische in der Reuse, die andere Fische fressen. Schwimmen kleine Fische in die Reuse hinein, werden sie von den größeren aufgefressen, und das Fett des Fischfleisches steigt an die Oberfläche. Reusen, in denen fleischfressende Fische waren, mußt du immer gut auswaschen, bevor du sie wieder auslegst. Die Fische riechen den Fettgeruch und meiden diesen Ort. *Pause.*

Wie viele Fische in der Reuse sind, merke ich schon, wenn ich sie anhebe. *Miat nimmt meine große Zehe und zieht an ihr meinen Fuß in die Höhe.* Ist sie voll, springt sie mir entgegen, als ob sie sagen würde: »Du bist eine gute Schwester, denn du kommst mir meinen schweren Bauch leeren!«

Wir werden unterbrochen. Im hinteren Teil des Hauses hustet jemand. Miat steht auf und trägt Paswat auf dem Arm herbei. Sie legt ihn in den Schoß, putzt ihm die Nase und schlägt ihm leicht auf den Rücken.

Miat: Er ist auch erkältet. *Pause.*

Nicht alle Frauen fangen viele Fische. Ich habe viele Kinder, und deshalb fange ich viele Fische. *Pause.*

Ich glaube, ich werde noch eine weitere Reuse flechten, dann habe ich wieder fünfzehn. *Pause.*

Auch die Fische haben ihre Sitten und Bräuche. Es gibt solche, die ganz alleine herumschwimmen, andere immer zu zweit und wiederum andere stets in großen Schwärmen. Die Reusen müssen genau in ihrer Schwimmrichtung liegen, sonst fängst du sie nicht. Ich mache immer sehr große Öffnungen an den Reusen, dann bestehen mehr Chancen, daß die Fische hineinschwimmen.

Was Miat mir heute über die Reusen und den Fischfang erzählt, wußte ich nicht. Mehr als zwei Jahre habe ich hier gelebt. Ich habe viele Gespräche mit den Frauen über den Fischfang geführt, doch daß die Reusen die Schwestern der Frauen im See sind, hat mir nie eine gesagt. Und noch nie hat mir eine Frau so anschaulich, sinnlich und mit Sachkenntnis über den Fischfang erzählt. Es ist kein Zufall, daß Miat gerade heute von ihren Reusenschwestern spricht. Die Erinnerung an den Tod ihrer Mutter vor zwei Tagen steht damit in Beziehung. Eine Mutter sorgt nicht nur für ihre Tochter, wenn diese klein ist, sie hilft ihr auch, wenn sie erwachsen ist und eigene Kinder hat. Sie fährt für sie auf den See und hilft ihr, die Kinder zu ernähren. Im Netz der gegenseitigen Hilfe, das die Frauen verbindet, nimmt die Mutter den wichtigsten Platz ein. Miats Mutter starb. Das Bild der Schwestern im See und ihre Kenntnisse übers Fischen helfen ihr, das Gefühl, auf sich gestellt zu sein, wettzumachen. Miat ist nicht alleine. Vierzehn, ja fünfzehn Schwestern im See helfen ihr. Und so ist sie nicht nur in eine reale, sondern auch in eine mythische Frauengruppe eingebettet und muß nur noch holen, was die Reusen für sie gefangen haben. Und wenn Turi ihr wie heute keine Fische gibt, ist das nicht so schlimm, denn Miat hat Schwestern im See, die ihr beistehen.

Das Bild der Frau, die am Morgen das Dorf verläßt und mit einer Menge Essen zurückkehrt, ist ein Thema, das in vielen Mythen der Iatmul zur Darstellung kommt. Immer steht dabei das Staunen im Vordergrund. Woher hat die Frau, die mit einem leeren Korb das Dorf verließ, plötzlich all die köstlichen Fische? Es ist das Staunen der kleinen Kinder, die noch nicht wissen, wohin die Mutter verschwindet und woher all das Essen kommt. In der Szene mit ihren Kindern drückt Miat dieses Staunen aus. Als die Kinder die vielen Fische sehen, tanzen sie vor Freude und rufen voller Bewunderung aus: »Oh, was haben wir für eine Mutter!« Da ist Miat für ihre Kinder die starke, übermächtige und geheimnisvolle Frau, die mit Köstlichkeiten heimkommt, ohne die es nichts zu essen gäbe. Und das Geheimnis der Frauen ist es, daß gar nicht sie alle die Fische fangen, sondern ihre Reusen-Schwestern im See und daß sie den Kindern nur bringen, was sie von jenen bekommen haben.

Florence: Das, was du mir über die Reusen und das Verhalten der Fische erzählst, höre ich zum ersten Mal. Du kennst dich im Fischen besonders gut aus.

Miat: Das habe ich von den alten Frauen gelernt. Ich schaute ihnen aufmerksam zu, wenn sie ihre Reusen auslegten, ich hörte ihnen zu, wenn sie übers Fischen sprachen, und so weiß ich jetzt Bescheid. Viele Frauen im Dorf bewundern mich deswegen und sagen: »So gut wie du kann keine von uns fischen.« *Pause.*

Wenn du mit dem Speer Fische fangen willst, mußt du besonders schnell sein, denn du darfst keine Zeit verlieren. Kaum hast du die Fische gesehen, schon mußt du den Speer in der Hand haben und ihn mit Kraft schleudern. Die Distanz und die Lichtbrechung im Wasser mußt du im Nu einschätzen. Die alte Nachbarsfrau sagte: »Wenn ich schon tot bin, wirst du noch lange weiter Fische jagen.« *Pause.*

Turi will in die Stadt fahren, und so bietet sie mir an, ihre Reusen im See zu benützen. Sie will ihre Enkelin zurückholen. Es ist die Nachricht gekommen, daß das Mädchen traurig sei und oft weine. Ich weiß nicht genau, wann Turi wegfährt.

Florence: In den letzten Tagen sprachen wir über schwierige Erfahrungen aus deiner Kindheit. Doch du hast Schwestern im See und verstehst dich aufs Fischen. *Pause.*

Nun fährt Turi fort, und ich reise auch bald weg.

Miat: Als Kind ging es mir oft schlecht. Jetzt geht es mir gut. Ich habe viele Schwestern, die für mich arbeiten und mir helfen. *Pause.*

Noch etwas ist ganz wichtig beim Fischen. Du mußt dir gut überlegen, wo du eine Reuse auslegst. Du darfst sie nicht unüberlegt irgendwo auslegen, du mußt wissen, was du tust. Oft überlege ich mir mehrere Tage, welcher Ort der beste wäre. Erst wenn ich ganz sicher bin, lege ich die Reusen aus. Und noch etwas ist wichtig: Wenn heute in der Reuse Fische drin sind, dann darfst du sie nicht woanders auslegen, du mußt abwarten, bis kein Fisch mehr hineinschwimmt.

Ich denke, Miat weiß übers Fischefangen wirklich Bescheid. Und einen Augenblick stelle ich mir vor, selbst ein Fisch zu sein, der in eine ihrer Reusen geschwommen ist, die sie mit soviel Kenntnis und Geschick am richtigen Ort ausgelegt hat. Von einer so fähigen Frau gefangen worden zu sein, gefällt mir.

Von meiner Abreise will Miat nichts wissen. Sie geht gar nicht auf meine Bemerkung ein. Solange Fische in der Reuse sind, solange ich hier bin und wir miteinander reden, will sie sich keine Gedanken über das Nachher machen. Temben kommt die Treppe herauf. Er fragt, ob er störe, und als ich ihm sage, daß unser Gespräch zu Ende sei, setzt er sich zu uns. Er erzählt über seinen Besuch im Nachbardorf. Als ich mich verabschiede, sagt er, zu Miat gewandt: »Jetzt sind Florence und Milan nur noch zwei Wochen hier.«

Als mich Milan zu Hause fragt, wie es mit Miat gegangen sei, erzähle ich voller Begeisterung über die Schwestern im See. Am Abend lese ich ihm das ganze Gespräch vor. Er stellt verschiedene Fragen, doch auf die Schilderung Miats über die Schwestern im See geht er nur kurz ein. Er teilt meine Begeisterung nicht. Er sitzt vor mir auf der Matte, der Schein der Petroleumlampe beleuchtet sein Gesicht nur schwach, und spricht über ein metapsychologisches Problem. Ich höre ihm zu. Meine Begeisterung kann er nicht teilen. Was mir Miat heute erzählt hat, ist eine Frauensache, für Männer gibt es darin keinen Platz. Frauen gebären die Kinder, Frauen ernähren sie, und andere Frauen helfen ihnen dabei. Das ist das Geheimnis der Frauen. Milan fühlt sich ausgeschlossen. Das kann ich auch nicht ändern und beschließe daher, schlafen zu gehen.

Ein guter Traum

Als ich mich am folgenden Tag auf den Weg ins Dorf mache, habe ich ein seltsames Gefühl. Einmal in der Woche tun sich alle Männer des Dorfes zusammen und verrichten gemeinsam eine Arbeit. Heute schnitten sie Gras, zuerst auf der Zeremonialwiese, dann links und rechts des Weges, der vom Dorf zum Sepik hinaus an unserem Haus vorbeiführt. Temben, der auch unter den Männern war, hat jede Gelegenheit ausgelassen, Milan oder mich zu begrüßen. Es war, als wären wir gar nicht mehr hier. Auf halbem Weg begegnete ich Miats Tochter Tiri. Sie lachte mich an, blieb stehen und wollte wissen, ob ich zu ihrer Mutter unterwegs sei. Wenig später kam Kwaragwi daher. Sie faßte mich beim Arm, neigte sich zu mir und sagte in vertraulichem Ton: »Gut, daß du kommst, Miat erwartet dich. Sie legt im Bach vor dem Haus Reusen aus. Geh nur du zu deiner Freundin!« Immerhin, für die beiden war ich noch nicht abgereist.

Als ich mich dem Haus nähere, höre ich dumpfe Schläge, jemand bearbeitet Holz. Temben sitzt unter dem Haus, eine große Plastik vor sich. Er schaut auf und bewegt den Kopf Richtung Bach. Ich gehe weiter, erst jetzt sehe ich Miat. Sie steht mit nacktem Oberkörper bis zur Hüfte im Wasser. Sie hat mir den Rücken zugewandt und rammt einen Stock fest in den Grund. Ich setze mich auf einen Baumstamm und warte. Nachdem auch der zweite Stock im Boden steckt, wendet sie sich zu mir.

Miat: Ich dachte, heute kommst du bestimmt nicht. *Pause.*
Ich bin gleich fertig.

Vornübergebeugt, die Hände im Wasser, tastet sie die Zwischenräume ab, greift nach einem Büschel Gras und stopft damit ein Loch zwischen zwei Reusen zu.

Miat: Jetzt bleibt den Fischen kein anderer Weg mehr offen, als in meine Reusen zu schwimmen.

Sie steigt aus dem Wasser, hebt vom Boden einen Rock auf, der dort bereit liegt und zieht ihn an. Nun zieht sie den Rock, den sie im Wasser trug, und die Unterhose darunter hervor und wirft beides neben den Weg ins Gras.

Miat: Wer hier vorbeigeht und meine Unterhosen sehen will, der soll nur schauen.

Dazu lacht sie mich an, geht zur Treppe und springt hinauf. Miat ist wieder gesund. Wie herausfordernd sie heute ist.

Miat: Ich dachte mir, bis du kommst, lege ich noch hier die Reusen aus. Ich schaute zum Fenster hinaus auf den Weg. Von deinem Schirm fehlte jede Spur. Der ist schon von weitem zu sehen. Da kein schwarzer Punkt in Sicht war, habe ich gegessen. Dann setzte ich mich auf die Treppe und schaute hinaus. Viele kleine *makau*-Fische schwammen im Bach herum. Da kam mir die Idee mit den Reusen. Ich sagte zu Tiri: »Komm, gehen wir Florence entgegen und schneiden im Garten Schilfstöcke, um die Reusen festzumachen.« Im Garten schnitten wir ein Bündel Stöcke zurecht. Von dir war immer noch weit und breit nichts zu sehen. *Pause.*
Noch bevor wir in den Garten gingen, meinten Tiri und Temben: »Es sieht nach Regen aus, Florence wird heute bestimmt nicht kommen.«

Florence: Seitdem ich hier bin, haben wir jeden Tag miteinander gesprochen. Jetzt bleiben uns nur noch zwei Wochen. Denkst du an meine Abreise?

Miat: Ich wußte, daß du kommen wirst. *Pause.*
Als ich im Bach die Reusen auslegte, sagte ich zu Temben: »Ruf mich, wenn jemand auf dem Weg daherkommt, damit ich mich verstecken kann.«

Florence: Weil du halbnackt warst?

Miat: Ja. Ich wollte nicht, daß mich jemand sieht. Als zwei Männer des Weges kamen, rief mir Temben zu, und ich versteckte mich schnell im Haus. Ich würde mich vor ihnen schämen. Als du kamst, rief er: »Da ist Florence!«

Mir fällt die Szene ein, als sich Miat mit den Frauen vor den weißen Touristen versteckte, damit diese ihre Brüste nicht sehen. Jetzt ist es umgekehrt. Miat versteckt sich vor den schwarzen Männern, und vor mir, der weißen Frau, zeigt sie sich.

Florence: Zum Glück hast du dich vorhin nicht versteckt.

Miat: Aber nein! Vor dir habe ich auch nichts zu verbergen.

Ein Kind weint laut. Miat steht auf und trägt Paswat herbei, der im Moskitonetz geschlafen hat. Aus ihrer Vorratstasche nimmt sie eine halbe Kokosnuß und ein Stück Sagofladen und beginnt, Kokosnußfleisch zu raspeln.

Miat: Wenn er aufwacht, muß er immer etwas zu essen haben, deshalb weint er.

Paswat sitzt vor uns, Tränen laufen ihm übers Gesicht. Er schaut Miat aufmerksam zu. Sie bricht vom Fladen ein Stück ab, legt geraspelte Kokosnuß darauf und klappt es wie ein Sandwich zusammen. Paswat verstummt, nimmt das Sandwich fest in seine kleinen Finger und beißt ein Stück ab. Tiri kommt nach Hause. Sie setzt sich zu uns, nimmt Miat die Kokosnuß aus der Hand und schabt daran weiter. Mit beiden Füßen hält sie die Schale fest und beugt sich nach vorne. Plötzlich lacht Miat laut.

Miat: Schau dir das an. Zeigst du uns deine Vulva? Wenn du deine Beine so spreizt, sehen wir alles. Nimm!

Sie wirft ihr ein Tuch hin. Unwillig legt es Tiri in den Schoß und raspelt ruhig weiter. Miat bereitet für Paswat das nächste Sandwich vor. Das ist bereits die dritte Portion, die er verschlingt. Satt und zufrieden sitzt er da.

Miat: Ich habe immer etwas für ihn bereit. Ich weiß, was er gerne mag.

Sie lehnt sich zurück und schaut mich lachend an. Darüber kannst du in der Schweiz erzählen.

Florence: Wie meinst du das?

Miat: Du kannst erzählen, wie Paswat aufwachte und schrie und ich etwas für ihn bereithielt. Und wie ich die Fische im Bach herumspringen sah und die Reusen auslegte, bis du gekommen bist. Das ist eine gute Geschichte, wie eine Mythe.

Florence: Die Geschichte unserer Beziehung kommt mir manchmal auch wie eine Mythe vor: Eine schwarze Frau und eine weiße Frau treffen sich Tag für Tag, und noch immer haben sie sich etwas zu erzählen.

Miat: Da fällt mir etwas ein. Es ist schon länger her. Ich war ganz alleine auf dem See. Plötzlich kamen Schwärme von Fischen. Mit jedem Speerwurf fing ich einen. Mein Korb war voll, und ich warf die Fische ins Kanu. Bald saß ich in den Fischen. Da brach mein Speer entzwei. Wäre er nicht zerbrochen, ich weiß nicht, wie viele Fische ich noch gefangen hätte. Zu Hause tanzten die Kinder vor Freude und sagten: »Wir behalten alle Fische und verteilen keinen einzigen!« Ich tat, wie sie sagten, und verschenkte keinen. *Pause.*

Ein anderes Mal gingen alle Frauen von unserem Dorfteil zusammen fischen. Wir kamen zu einem großen Wasserloch, das voll von *mangen*-Fischen war. Hunderte, ja Tausende schwammen darin herum. Wir fingen so viele, daß unsere Räuchergestelle überquollen. Ich verteilte an die Frauen im anderen Dorfteil. Doch noch immer blieben mir soviel, daß ich mit Räuchern nicht nachkam.

Temben kommt die Treppe herauf und setzt sich zu uns. Er spricht von unserer Abreise und macht sich Gedanken über eine billige Fahrgelegenheit für uns. Er hat schon eine gefunden. Morgen möchte er die Angelegenheit mit Milan besprechen. Auch Miat will morgen zu mir kommen.

Unterwegs zum Sepik bleibe ich stehen. Eine Gruppe Kinder badet im Bach. Sie springen vom Ufer, bewegen die Arme wie beim Tanzen auf und ab; lachend tauchen sie unter, machen im Wasser den Handstand und reden in einem fort. Vor Jahren habe ich ein Buch über diese Kinder geschrieben. Wie sie arbeiten, spielen, sich selbst wahrnehmen. Am meisten faszinierten mich ihre autonomen Gruppen. Ganze Tage verbringen sie unter sich, unabhängig von den Erwachsenen, und gehen ihren eigenen Unternehmungen nach. So etwas gibt es im industrialisierten Europa nicht mehr. Weshalb bleibe ich gerade heute bei den Kindern stehen, die täglich im Bach spielen? Die Kinder erinnern mich an die Begegnung mit Miat. So ausgelassen, provokativ, frech, aufmerksam und eigenwillig geht es nur unter Kindern zu. Die Unterhose im Gras, die Ungeduld Miats über mein Kommen, die sie so offen beschreibt, die Vulva von Tiri, die Sandwichs für Paswat, die Fische, die nicht verteilt werden, und die Freude, soviel gefangen zu haben, daß man sie selbst durch Verschenken nicht loswerden kann, das alles sind Szenen und Stimmungen aus einer Kindergruppe. Miat und ich sind zwei Mädchen, die aufmerksam aufeinander eingehen und sich verstehen. Miat will noch nichts vom Abschied wissen. Es ist Temben, der davon spricht. Ich überlege mir, wie ich sie darauf ansprechen soll. Unsere Zeit scheint mir viel zu kurz.

Die Sonne steht im Zenit, als Miat und Temben zu uns kommen. Während Temben und Milan unsere Abreise besprechen, gehen Miat und ich in Amuias Haus.

Miat: Jetzt fahren viele Leute aus dem Dorf weg. Hast du Susendu und seine zweite Frau gesehen? Heute früh, als die Dämmerung noch nicht angebrochen war, gingen sie bei uns vorbei. Sie trug einen großen Koffer. Heute oder morgen wird ein Schiff hier anlegen. *Pause.*
Turi fährt auch mit. *Auf dem Weg sehen wir mehrere Frauen mit Kindern auf dem Arm vorbeigehen.* Heute kommt die

Krankenschwester von der Missionsstation, um die Säuglinge zu untersuchen. Ich habe Paswat zu Hause gelassen.

Florence: Weshalb?

Miat: Ich wollte ihn nicht mitnehmen, damit er uns nicht stört und wir alleine sind.

Florence: Wie wir zwei jeden Tag zusammen sind, ist etwas Besonderes. Ich bin eine weiße, du eine schwarze Frau. Ich komme aus der Schweiz, du vom Sepik. Und obwohl wir so verschieden sind, verstehen wir uns gut. Du bist zu Hause und schaust aus dem Fenster, ob mein Schirm in der Ferne sichtbar ist, und ich bin am Sepik und schaue auf die Uhr: Ist es Zeit, ins Dorf zu gehen? Warte ich noch, bis die Sonne nicht mehr so stark brennt? Ach nein, ich habe ja meinen Schirm und mache mich auf den Weg. Wenn ich weiß, daß du zum Sepik kommst, wie heute, denke ich, wann wird Miat wohl hier sein? Wir reden immer miteinander. Manchmal ist eines deiner Kinder dabei, dann schickst du es weg.

Miat: Ich will nicht, daß sie uns stören.

Florence: Was wir miteinander sprechen, verteilen wir nicht, wie ihr eure Fische verteilt.

Miat: Niemals. Du behältst es für dich, und ich behalte es für mich. Die Gespräche gehören nur uns zweien.

Florence: Solche Beziehungen kennt ihr nicht. Wenn du mit einer Frau zusammen bist, dann fischt ihr, geht auf den Markt, unternehmt etwas zusammen. Wir tauschen Gedanken und Gefühle aus. Vielleicht gibt es so enge Beziehungen, wie wir sie zueinander haben, zwischen Kindern. So, wie du es mir gestern mit Paswat gezeigt hast.

Miat: Doch wenn er älter ist, kann ich mich nicht mehr so um ihn kümmern, dann holt er sich selbst, was er braucht.

Florence: Wir zwei sind erwachsene Frauen. Das ganze Dorf schaut auf uns und fragt sich, was wir jeden Tag zusammen haben.

Miat: Sie denken: Die zwei kennen sich von früher, und deshalb treffen sie sich jeden Tag. Sie stehen draußen und begreifen nichts. *Pause.*

Was wir zwei zusammen haben, gibt es nur zwischen Zauberinnen. Die haben auch eine enge Beziehung miteinander und erzählen nichts von dem weiter, was sie besprechen. Doch Zauberinnen sehen sich nicht jeden Tag. Und wenn sie sich treffen, besprechen sie, welches Kind sie töten und aufessen wollen. Wären wir zwei Zauberinnen und hätten wir Kinder getötet und aufgegessen, hätte man uns längst vor Gericht gestellt. *Miat lacht und schlägt mir dazu mit der Hand aufs Bein.* Ich traf die alte Nachbarsfrau, sie wollte wissen, wann ihr wegfahrt. »In zwei Wochen«, sagte ich. »So bald?« rief sie aus. »Weshalb nur? Die beiden sollten für immer hier bleiben, sie gehören ins Dorf.« Sie war an jenem Morgen auch am Sepik, als du auf Taga gewartet und ihr das Geld für den Markt gegeben hast. Sie staunte nur und schnalzte mit der Zunge. Als ich ihr dann erzählte, daß wir überlegt haben, wie ich die Marktfahrt am besten organisieren könnte, und daß du gemeint hast, es wäre zuviel für mich, zum See und auch noch zum Markt zu fahren, schnalzte sie wieder mit der Zunge. Sie meinte: »Florence weiß so gut über uns Iatmul-Frauen Bescheid, als wäre sie selbst eine. Sie muß hier bleiben.«

Florence: Die Frau hat recht. Weshalb fahre ich weg? Ich meine, wenn wir uns doch so gut verstehen, weshalb gehe ich fort?

Miat schaut mich erstaunt an: Du kommst aus der Schweiz. Du arbeitest an der Universität. Du mußt doch zurück.

Florence: Du hast recht. Und trotzdem. Wir verstehen uns gut, und da liegt es nicht nahe, sich zu trennen. Hätten wir Streit, wäre alles einfach. Im Streit geht es sich leicht auseinander. Wir würden uns gegenseitig beschimpfen, daß es das ganze Dorf hören könnte. Ich würde sagen: »Ich habe genug von dieser Miat, ich gehe!«

Miat fällt mir ins Wort: Und ich würde sagen: »Auch mir reicht es jetzt mit diesen Gesprächen. Ich bin froh, wenn du gehst!«

Florence: Aber wir haben keinen Streit. Und vielleicht sieht es jetzt so aus, als ob ich dich verlassen würde, wie dich einst deine Mutter verlassen hat, als sie starb. Mit ihr hattest du auch keinen Streit und wolltest nicht, daß sie weggeht.

Miat sagt nichts. Sie schaut aus dem Fenster. Langsam beginnt sie zu sprechen: Als meine Mutter starb, war ich ein kleines Mädchen. Ich kann mich nicht daran erinnern. Aus Erzählungen weiß ich, daß ich ununterbrochen weinte und meine Mutter überall suchte. Ich wollte zu ihr, aber sie war nicht mehr da. Wenn ich allzu sehr weinte, wurde ich zur Schwester meiner Mutter gebracht. Doch ich weinte weiter. Man versuchte es mit anderen Frauen. Es half nichts. Ich beruhigte mich nicht. Nur auf dem Schoß meines Vaters hörte ich zu weinen auf. Wenn ich mit ihm im selben Moskitonetz schlafen konnte, wurde ich ganz ruhig und zufrieden. So ist es gewesen, hat man mir erzählt. *Pause.*

Wenn du weggehst, werde ich auch weinen.

Florence: Auch ich werde traurig sein, wenn wir uns nicht mehr sehen können. Du wirst mir fehlen. *Pause.* Ich werde wiederkommen.

Miat: Du hast recht. Wir beide sind noch jung, wir werden noch lange leben. Die anderen Ethnologen sind nicht zum Sepik zurückgekehrt, du aber und Milan, ihr kommt immer wieder. Jetzt ist es schon das vierte Mal. *Pause.*

Als ich erfahren habe, daß du in Afrika krank geworden bist, erschrak ich und dachte, du kommst nie wieder hierher. Als ihr jetzt gekommen seid, war ich ganz aufgeregt. Das nächste Mal mußt du genau schreiben, wann ihr ankommt, daß ich mich vorbereiten kann. Dann werde ich für dich ein *naven* tanzen. *Pause.*

Wenn du gehst, gibt es kein Fest, dann bin ich nur traurig. *Pause.*

Manchmal überkommt mich die Lust, etwas zu stehlen. Ich sehe etwas, das ich haben möchte. Dann sage ich mir, sieh nicht genau hin, dann vergeht auch der Wunsch, es zu besitzen. *Ich sehe Miat fragend an. Sie lacht nur, streckt sich auf dem Boden aus und legt die Arme unter den Kopf.*

Die letzte Geburt meiner Tochter Kasoagwi war schwierig. Sie lebte in der Stadt, und man mußte ihr einen Kaiserschnitt machen. Das Kind war nicht normal und hatte einen zu großen Kopf. Kurz nach der Geburt starb es. Jetzt ist sie wieder schwanger, und ich mache mir Sorgen um sie. Heute habe ich sie zur Krankenschwester geschickt, damit sie sich untersuchen läßt. *Pause.*

Ich habe vor jeder Geburt Angst. Seit meinem dritten Kind gebäre ich liegend, so wie ich es auf der Missionsstation gelernt habe. *Pause.*

An meiner letzten Geburt bin ich beinahe gestorben. Zwei Tage lang hatte ich Wehen, und die Geburt ging nicht voran. Da wußte ich, daß es schlecht um mich steht, und Temben beschloß, in die Klinik der Mission zu fahren. Guses Mann lieh uns sein Motorkanu aus. Ich schleppte mich zum Sepik. Ich hatte kaum die Kraft dazu und mußte mich immer wieder ausruhen. Als wir das Boot bestiegen und losfuhren, war ich nicht mehr bei vollem Bewußtsein. Ich befand mich in einem eigenartigen Zustand, als ob ich keinen Kontakt mehr mit dem hatte, was um mich herum geschah. Wie soll ich das beschreiben? Ich versank ganz in mir. So, als ob es nur noch mich auf der Welt geben würde. Ich vergaß, daß ich zehn Kinder habe, ich vergaß Temben. Mir war alles gleichgültig. Ich war bereit zu sterben. So muß der Tod sein. Ich war tot. Doch plötzlich erinnerte ich mich: Du hast Kinder, die dich brauchen und ohne dich nicht leben können. Du hast einen Mann, du hast Verwandte, du bist nicht alleine. Ich wollte wieder leben und kehrte dem Tod den Rücken. Als wir bei der Missionsstation anlegten, kamen zwei Schwestern und trugen mich in die Klinik. Sie legten mich auf ein Bett und gaben mir eine Spritze. Mit ihrer Hilfe gebar ich Paswat. Ich verlor viel

Blut und mußte mich zwei Wochen lang erholen. Dann kehrten wir nach Hause zurück.

Florence: Auch an deiner ersten Geburt bist du beinahe gestorben, da hast du ein totes Kind geboren.

Miat: Alle Geburten verliefen ohne Schwierigkeiten, nur die erste und die letzte waren schwierig.

Florence: Wirklich, du hast so viele Geburten erlebt, und alles ist gut gegangen. Du lebst und hast elf gesunde Kinder. Deine Mutter starb an der Geburt ihres vierten Kindes.

Miat setzt sich auf und sagt in seltsam ruhigem Ton: Sie starb, weil mein Vater Unrecht getan hat. Er ist schuld. Wäre er nicht zur Mission gegangen, hätte er nicht den katholischen Glauben ins Dorf gebracht und die Leute aufgefordert, die alten Kultgegenstände zu verbrennen, dann wäre meine Mutter nicht gestorben. Die Ahnen haben sich an ihr gerächt. Es ist seine Schuld.

Seit wir uns kennen, hat Miat nie ein böses Wort über ihren Vater geäußert, und jetzt macht sie ihn für den Tod ihrer Mutter verantwortlich. Als wir aufstehen und über die Brücke gehen, zieht sie aus ihrer Tasche ein Stück eines zerbrochenen Spiegels hervor.

Miat: Das habe ich aus Amuias Haus mitgehen lassen. Ich will sehen, ob ich ein weißes oder ein schwarzes Gesicht habe.

Florence: Und was siehst du?

Miat: Mein Auge ist wieder ganz gesund.

Im Haus sitzen Temben und Milan. Miat und ich lassen uns bei den beiden auf dem Boden nieder. Temben beginnt darüber zu erzählen, daß übermorgen im Nachbardorf am See eine Initiation stattfinden wird. Es ist die erste seit vielen Jahren. Alle Männer sind eingeladen mitzumachen.

Temben: Nun sind die Beziehungen zwischen den beiden Dörfern auch wieder besser. Vor einigen Jahren ist es beinahe zu einem Kampf gekommen. Wir verweigerten den Leuten vom Nachbardorf, den Weg, der hier vorbeiführt, zu benüt-

198

zen. So hatten sie keinen Zugang zum Sepik. Um zu zeigen, daß es uns damit ernst ist, hängten wir ein Verbotszeichen über den Weg. Es ging nicht lange, und da begann das Unheil: Als erste traf es Miat. Sie starb beinahe an der Geburt von Paswat. Als zweite wurde eine Frau schwer krank. Dann starben zwei Frauen, eine an der Geburt eines Kindes. Die Ahnen bestraften uns dafür, dem Nachbardorf den Weg versperrt zu haben.

Ich denke, was Temben erzählt, paßt genau zu dem, worüber ich eben mit Miat gesprochen habe, als hätte er ihre Stimmung gespürt. Die beiden stehen schon in der Tür, um zu gehen, da fällt Miat ein, daß sie eine Taschenlampe für ihre Söhne ausleihen möchte. Die wollen in der Nacht auf die Jagd gehen. Ich schaue beiden nach, wie sie den Weg ins Dorf einschlagen.

Es ist still. Ich nehme mein Heft und schreibe das Gespräch auf. Noch nie habe ich eine so eindrückliche Schilderung einer Geburt gehört. Und noch nie erschien mir die Schwelle von Leben und Tod so klar. Es ist, als würde Miat bei ihren vielen Geburten immer wieder das Schicksal ihrer Mutter durchleben, ihre Schwäche und die Bereitschaft, alles sein zu lassen, zu sterben. Bis zu diesem Punkt folgt Miat ihrer Mutter. Dann erinnert sie sich: Ich habe Kinder, die mich brauchen, einen Mann, Verwandte. Miat will weiterleben. Zwölfmal war sie in Gefahr, dem Schicksal ihrer Mutter zu folgen, zwölfmal gelang es ihr, einen anderen Weg einzuschlagen – als wollte sie den Tod ihrer Mutter wettmachen.

Es ist Mittag, und wir sitzen beim Kaffee. Wir merken nicht, daß Miat in der Tür steht.

Miat: Dank eurer Taschenlampe haben meine Söhne gestern nacht eine große Ratte, eine Schlange und Temben gar ein kleines Krokodil gefangen.

Milan und ich wenden uns zur Tür, erstaunt über Miats Erscheinen und über den Erfolg unserer Taschenlampe. Als sie unsere Gesichter sieht, lacht sie. Ich stehe auf, und wir gehen in Amuias Haus. Kaum haben wir uns zum Fenster gesetzt, beginnt sie zu sprechen.

Miat: Gestern abend kam meine Klansschwester auf Besuch. Sie legte zwei große Taschen auf den Boden und fragte, ob wir ihr dafür Geld geben könnten. Ihr Kind ist schwer krank. Sie will es in das Spital bringen und braucht Geld für die Reise. Als sie sprach, hielt sie ihren Kopf nach oben gewandt, hätte sie ihn gesenkt, wären ihr die Tränen heruntergeflossen. Ich hatte Mitleid mit ihr, doch mußte ich ihr sagen: »Wir haben kein Geld im Haus und können dir nicht weiterhelfen.« Darauf meinte sie: »Es ist schon recht. Ich dachte nur, ich frage euch.« *Pause.*

Ich beschimpfte sie: »Du hast einen schlechten Mann geheiratet, der sich nur um die erste Frau kümmert. Weshalb gibst du ihm zu essen, wenn er dir nicht hilft?« Sie antwortete nur: »Du hast recht.«

Florence: Geht es um dasselbe Kind, das sie auf die Krankenstation brachte und dem ein Abszeß aufgeschnitten wurde?

Miat: Ja. Es ist noch immer nicht gesund. Deshalb will sie mit ihm in das Spital gehen. *Pause.*

Sie ist wie ich aus dem Klan der Mbowi. Ich sagte ihr, daß sie sich um ihre zwei älteren Kinder keine Gedanken machen müsse. Ich werde für sie sorgen, wenn sie im Spital ist. *Pause.*

Vor einigen Tagen hat sie ihren Mann verlassen und ist zu ihrem Bruder gezogen. Doch der hilft ihr auch nicht. Er denkt sich: »Sie hat einen schlechten Mann geheiratet, weshalb soll ich ihr helfen? Sie hält ja weiterhin zu ihm. Mich geht das alles nichts an.« *Pause.*

Ich konnte mich immer an meinen Bruder Piakna wenden. Er stand zu mir. Er würde mich auch ins Spital begleiten. *Pause.*

Erinnerst du dich, was Temben gestern über den Streit mit dem Nachbardorf und über den Tod der zwei Frauen erzählte?

Die Frage Miats überrascht mich. Ich denke an ihre Klansschwester. Wegen ein paar Franken ist das Leben des Kindes in Gefahr. Ich habe erwartet, daß Miat mich fragt, ob ich mit Geld aushelfen könne. Ohne eine Antwort abzuwarten, fährt sie fort.

Miat: Bevor die eine Frau starb, hatte ich einen Traum. Sie war damals im Spital in der Provinzhauptstadt, und man sagte, daß sie gesund ist und bald ins Dorf zurückkommen wird. Da träumte ich: Es ist Hochwasserzeit. Ich paddle mit dem Kanu ins Nachbardorf. Plötzlich sehe ich vor mir die Frau. Auch sie sitzt alleine in ihrem Kanu. Die Strömung ist stark, und wir gleiten schnell dahin. Jetzt nähert sie sich dem Verbotszeichen, das unsere Männer über den Weg gehängt haben: eine große Schlinge aus Pflanzen. Die Spitze ihres Kanus gleitet bereits darunter hindurch, jetzt folgt das Heck, wo sie sitzt. Sie bückt sich, da bleibt ihr Kopf in der Schlaufe hängen. Sie versucht sich zu befreien, doch es gelingt ihr nicht. Das Kanu wird von der Strömung fortgetrieben. Die Frau baumelt in der Schlaufe, die vom Baum herunterhängt. Entsetzt wende ich mein Kanu und kehre nach Hause zurück. Paswat schlägt mir mit der Hand auf die Brust, und ich wache auf. Ich war ganz durcheinander und erzählte Temben den Traum. Er meinte: »Das ist ein guter Traum, ich werde ihn Bolkara erzählen.« Und auch dieser fand: »Der Traum ist gut. Die Frau wird sterben. Wir müssen die Sache für uns behalten.« Einige Tage später kam die Nachricht ins Dorf, der Mann der Frau soll in die Provinzhauptstadt kommen. Da wußten wir, daß seine Frau gestorben war. Er aber glaubte, er könne sie gesund abholen. Erst dort erfuhr er von ihrem Tod. *Ich bin noch ganz in den unheimlichen Traum vertieft, als Miat schon den nächsten erzählt.*
Als ich schwanger war, starb Matkwan. Und bevor sie starb, hatte ich auch einen Traum. Ich war alleine zu Hause. Drei Männer kamen die Treppe herauf und sagten: »Morgen bringen wir dir den Sarg mit der toten Matkwan.« Vor Schreck wachte ich auf. Als ich Temben den Traum er-

zählte, meinte er: »Das ist ein guter Traum, sie wird bald sterben.« Und so war es.

Ich lehne mich zurück und zünde mir schon die zweite Zigarette an. Miat ist verändert. Sie spricht ohne Pausen, in ungewohnt gespanntem Ton. Ich fühle mich unbehaglich und sage trocken:

Florence: Alles, was du träumst, bewahrheitet sich.
Miat: So ist es.
Florence: Hast du heute auch geträumt.
Miat: Seitdem wir miteinander sprechen, habe ich noch nie einen Traum gehabt. Doch als ich an Malaria erkrankt war, wenige Tage vor deiner Ankunft, hatte ich einen Traum. Ich war zu Hause. Da kamen mein Vater und Piakna auf Besuch. Piakna setzte sich auf Tembens Stuhl, und mein Vater ging im Haus auf und ab. Er sagte: »Wie groß Kaso geworden ist! Miat, du hast so viele gesunde Kinder, so viel wie ein kleines Dorf. Deine Krankheit ist nichts Schlimmes, du wirst nicht sterben.« Dann verabschiedeten sie sich und gingen zum Sepik, um ihre Frauen zu besuchen.
Florence: Wenn du krank oder schwanger bist, hast du Angst.
Miat: Ja, dann denke ich immer, ich könnte sterben.

Wir hören eine Sirene. Das muß das Schiff sein, das seit Tagen erwartet wird. Miat und ich laufen zum Sepik und sehen gerade noch, wie es vom Ufer wegfährt. An Bord stehen Susendu, seine zweite Frau und Turi. Miat läuft am Ufer entlang, winkt mit beiden Armen und ruft: »Turi, *ñamey! ñamey!* Gute Reise!« Turi ist eine der wenigen Frauen, die aus demselben Klan kommen wie Miats Mutter. Miat nennt sie *ñamey* (Mutter), und Turi nennt Miat *ñan* (Kind). Wir schauen dem Schiff nach, bis es verschwindet. Nun ist Miats Mutter weggefahren und läßt ihr Kind zurück. Ich sehe Miat an. Sie sieht nicht traurig aus. Energisch geht sie auf dem Weg zu Amuias Haus voran. Heute habe ich Mühe, ihr zu folgen. Auch ihre immer wiederkehrende Aussage, »das ist ein guter Traum«, irritiert mich. Jetzt frage ich sie, was das bedeutet.

Miat: »Das ist ein guter Traum« heißt, daß nicht ich, sondern jemand anders stirbt. Zuerst versuchten die Ahnen das provozierende Verhalten der Männer an mir zu rächen, doch da ich nichts mit der Sache zu tun hatte, traf es die drei anderen Frauen. Sie starben. *Pause.*
All das Unheil wäre vermeidbar gewesen, wenn man richtig gehandelt hätte. Wenige Tage nachdem unsere Männer das Verbotszeichen auf dem Weg aufgehängt hatten, träumte ich: Die ganze Dorfgemeinschaft versammelte sich in unserem Zeremonialhaus und veranstaltete ein großes Versöhnungsessen. Drei Schweine wurden getötet, und viel Betel wurde gekauft. Alle Dorfbewohner bekamen etwas Schweinefleisch und Betel. Niemand ging leer aus. Als ich diesen Traum hatte, war nur Temben im Dorf, alle anderen wichtigen Männer waren auf einer Versammlung in der Provinzhauptstadt. Er konnte eine so wichtige Sache nicht alleine in die Hand nehmen. Hätte man aber nach meinem Traum gehandelt und die Ahnen mit einem Festessen versöhnt, wären die zwei Frauen nicht gestorben. Viel später, als die Männer die Ahnen befragten, stellte sich heraus, daß mit diesem Essen das Unglück vermeidbar gewesen wäre.
Wir hören Stimmen. Das müssen die Marktfrauen sein. Ich gehe ihnen helfen, den Sago ins Dorf zu tragen.

Wir überqueren die Brücke. Miat schlägt den Weg zum Ufer, ich den zu unserem Haus ein. Ich lasse mich auf der Matte nieder. Ich fühle mich von Träumen überschüttet. Nicht einen, sondern vier Träume hat mir Miat eben erzählt. Doch sind es nicht nur die Anzahl und die unheimlichen Inhalte, die mich so erschöpften, sondern vor allem die gespannte Stimmung, in der mir Miat heute begegnet. Kaum erzählt sie einen Traum zu Ende, folgt schon der nächste, als dürfte keine Pause, kein Aufatmen entstehen. Ich bleibe auf der Matte liegen und schlafe ein. Ein Geräusch weckt mich. Ich weiß nicht, wie lange ich geschlafen habe. Ich setze mich auf und blicke um mich, einen Augenblick frage ich mich, wo ich bin. Da ruft Goli meinen

Namen. Sie sitzt in der Tür und hält mir einen Zuckerrohrstengel hin. Ich setze mich neben sie. Wir saugen den süßen Saft aus den Fasern und schauen auf den Fluß. Goli ist aufgeregt. Sie berichtet, daß sie mit Jimmy Streit habe. Eben habe er alleine eine ganze Melone aufgegessen, ohne ihr nur ein Stück davon zu geben. Sie spuckt die zerkauten Fasern im weiten Bogen vor das Haus. Fragend sieht sie mich von der Seite an. Sie schlägt vor, im Sepik zu baden.

Erst am Abend vertiefe ich mich in das Gespräch mit Miat. Ich versuche die Bedeutung der vier Träume zu verstehen. Auf der bewußten Ebene sagen alle dasselbe aus. »Es gibt große Gefahren, doch mir, Miat, kann nichts passieren.« Und so verhält es sich auch. »Ein guter Traum heißt, daß nicht ich, sondern jemand anders stirbt.« Was ist geschehen, daß mir Miat gleich viermal beschwörend vorführen muß, ihr könne nichts geschehen, der Tod könne sie nicht treffen? An jenem Abend auf der Matte unseres Hauses sitzend, nahm ich nur die große Spannung in unserer Beziehung wahr, und ich hatte das Gefühl, Miat habe Angst. Erst viel später verstand ich, was diese Angst ausgelöst hat. Es war meine bevorstehende Abreise, über die wir gestern sprachen. Sie erinnerte Miat an die schwierige Zeit nach dem Tod ihrer Mutter. Und es war, als müßte sie, wenn ich weggehe, dieselben Schrecken, dasselbe Unglück wie damals noch einmal durchleben. Gestern konnte Miat die drohende Gefahr noch gut bewältigen, wenngleich schon die Tendenz sichtbar wurde, die heute ganz im Vordergrund steht. Unheilvolle Folgen ergeben sich für die anderen, aber nicht für sie.

So hatte Kasoagwi große Schwierigkeiten bei der Geburt, man machte ihr einen Kaiserschnitt, und später starb das kranke Kind. Auch Miat hatte große Schwierigkeiten mit Paswats Geburt, doch passierte schließlich weder ihr noch dem Kind etwas. Daß Gefahren nur den anderen drohen, ist heute das zentrale Thema. Mit magischen Bildern, die in der Iatmul-Kultur verankert sind, weist Miat das Unheil, das ihr droht, von sich. Schuld am Unheil sind in der Phantasie der Frauen immer die Männer. Sie rivalisieren, geraten in Streitigkeiten, sie wenden sich von den Ahnen ab wie Miats Vater, oder sie sorgen schlecht für ihre Frauen wie der Mann ihrer Klansschwester. Wer darunter leidet, sind die Frauen und die Kinder. Sie sterben wie Miats Mutter und die zwei Frauen in den Träumen, sie geraten in Schwierigkeiten wie die Klansschwester und haben schwere Geburten wie Miat. Doch in der Macht dieser streitsüchtigen, ehrgeizigen und skrupellosen Männer liegt es auch, alles wieder gutzumachen. Hätte man die Ahnen mit einem großen Essen versöhnt, wäre all das Unheil nicht geschehen.

Es ist wohl kein Zufall, daß Miat gerade heute auf ihre Klansschwester zu sprechen kommt. Schon bei der ersten Deutung spielte sie eine Rolle. Damals war der Abszeß, der ihrem Kind aufgeschnitten wurde, ein Bild für den gefährlichen Inhalt meiner Deutung. Heute stehen sie und ihr krankes Kind dafür, daß sie in Schwierigkeiten ist, Miat aber nicht.

Diese Nacht schlafe ich schlecht. Unheimliche Traumbilder verfolgen mich, und ich wache mehrere Male auf. Am Morgen fühle ich mich müde wie nach einer durchzechten Nacht. Wir essen früher als sonst zu Mittag, und ich freue mich darauf, eine lange Siesta zu machen. Kaum habe ich mich hingelegt und bin eingeschlafen, weckt mich Tembens Stimme. Verärgert schlüpfe ich unter dem Netz hervor. Temben steht in der Tür und entschuldigt sich, als er bemerkt, daß er mich geweckt hat. In seiner Hand hält er ein zusammengebundenes Seerosenblatt.

Temben: Das schickt dir Miat: einen *makau*-Fisch und junge Kürbisblätter. Sie hat heute eine Menge Fische gefangen. Sie läßt dich fragen, ob du ihr etwas Salz mitbringen kannst.

Ich bedanke mich und verspreche, Salz zu bringen. Nun hat es keinen Sinn mehr, mich nochmals hinzulegen. Ich packe meine Sachen zusammen, fülle Salz in eine Tüte und mache mich auf den Weg ins Dorf. Als ich die Treppe zu Miats Haus hinaufsteige und den dunklen Raum betrete, heißt mich niemand willkommen. Der kleine Kambel springt aus dem hinteren Hausteil herbei. Er erklärt, daß Miat bei Guse sei, um für Kaso Schmuck für die morgige Initiation auszuleihen. Ein Kind sei eben zu ihr

gelaufen, um auszurichten, daß ich gekommen bin. Ich setze
mich zur Truhe und beschließe, hier zu warten. In der Tür erscheint neugierig ein Mädchen aus der Nachbarschaft und setzt
sich, ohne ein Wort zu sagen, zu mir. Im hinteren Hausteil
rührt sich etwas. Wundan schlüpft unter dem Moskitonetz hervor und reibt sich den Kopf. Er ist krank und hat geschlafen.
Da steht er und weiß nicht recht, was er mit mir anfangen soll.
Jetzt hat er einen Einfall. Er weist auf einen großen Eimer
neben der Tür und sagt: »Komm, schau dir das Krokodil an, das
Temben vorgestern gefangen hat.« Im Eimer schwimmt unruhig
ein kleines Krokodil hin und und her. Wundan packt es mit der
einen Hand fest am Maul, mit der anderen am Schwanz. Das
Tier zappelt vor meinen Augen. Wundan horcht nach draußen,
legt es in den Eimer zurück und sagt: »Das ist meine Mutter!«
Von mehreren Kindern umgeben, kommt Miat schnellen
Schrittes auf das Haus zu, springt die Treppe hoch und hält mir
die Hand hin.

Miat: Du Arme. Lange mußtest du ganz alleine in meinem Haus
auf mich warten. Ich war bei Guse, um Schmuck für Kaso
auszuleihen. *Miat erblickt das Salz, das ich neben meine
Tasche auf den Boden gelegt habe.*
Ah, das Salz. Das kommt zu spät, wir haben bereits gegessen
sen und uns woanders Salz beschafft.

Ich denke, daß mir Miat zu verstehen gibt, daß sie eine selbständige und unabhängige Frau ist. Sie holt den Schmuck für
Kaso, und auch das Salz hat sie anderswo besorgt. Die Kinder
rennen im Haus umher. Jedes hat sich etwas von dem Muschelschmuck umgehängt. Sie genießen den Klang der aufeinander
schlagenden Muscheln. Miat befiehlt ihnen, den Schmuck in
eine große Tasche zu legen und dann sofort zu verschwinden.
Einzig Paswat bleibt bei uns. Miat legt mehrere geräucherte
Fische vor ihn auf den Boden. Zufrieden sitzt er da und ißt
einen Fisch nach dem anderen. Es ist still. Miat lehnt sich an
den Pfosten und atmet auf. Sie erzählt über den heutigen Fischfang.

Bereits gestern abend hatte sie viele kleine *makau*-Fische im See gesehen. Früher als sonst verließ sie heute morgen das Haus und schlug Wundan vor, sie zu begleiten. Es gab viele Fische, und mit einem Speerwurf fingen sie gleich drei bis vier auf einmal. Später kam Guse dazu. Zu dritt fingen sie so viele Fische, daß sie sie im Dorf reihum verteilen und sogar noch welche verkaufen konnten. Miat zählt auf, wem sie wie viele Fische geschenkt und wem sie wie viele verkauft hat. Jetzt steht sie auf und nimmt mich bei der Hand.

Miat: Komm schauen.

Wir gehen zum Räuchergestell im hinteren Teil des Hauses. Miat hebt das Blatt, mit dem die Fische zugedeckt sind: Da liegen unzählige *makau, bigmaus, kalwa* und Aale. Bewundernd rufe ich aus:

Florence: So viele Fische habt ihr gefangen, das ist großartig. *Pause.* Auch mir hast du einen geschenkt.
Miat: Als ich auf den Fisch zielte und ihn traf, dachte ich, der ist für Florence. Ich legte ihn im Kanu auf die Seite. Als ich ihn ausnahm und schuppte, dachte ich wieder an dich und wickelte ihn speziell in ein Blatt ein.

Ihre Worte berühren mich zwiespältig. Ich bin gerührt, daß sie von den unzähligen Fischen, die sie heute fing, einen ganz speziell für mich bestimmt hat, doch werde ich den Eindruck nicht los, daß mich Miat in eben diesen Fisch verwandelt hat, den sie auswählte, mit dem Speer durchbohrte, ausnahm und schuppte. Mit Fischen kennt sie sich aus und weiß mit ihnen umzugehen.

Florence: Mit den Fischen kennst du dich aus, doch seit wir über meine bevorstehende Abreise und den Tod deiner Mutter gesprochen haben, hast du Mühe mit mir.
Miat: Aber nein. Mit dir habe ich keine Mühe.

Sie lacht und schüttelt den Kopf. Kinder kommen die Treppe herauf und verlangen Fische. Sie rennen zum Räuchergestell. Miat läuft ihnen nach, schreit sie an, nimmt vom Haken eine geflochtene Tasche und geht zum Räuchergestell zurück. Sie packt alle Fische in die Tasche hinein und hängt diese demonstrativ an einem Haken auf.

Miat: Jetzt reicht es aber, ihr seid längst satt. Fische gibt es keine mehr.

Die Kinder schauen erstaunt, lachen, jedes von ihnen hält mindestens einen Fisch in der Hand, den sie schnell vom Gestell genommen haben. Laut schreiend verschwinden sie die Treppe hinunter.

Miat: Ich habe genug von dieser Bande.

Ich schaue auf die Uhr. Eine Stunde ist vorbei.

Florence: Wie machen wir es morgen? Soll ich wegen der Initiation etwas früher kommen?

Miat: Ja, komm früher. Und vergiß den Fotoapparat nicht, diesmal mußt du Kaso im Festschmuck fotografieren.

Der Regenschirm

Ich nehme mir Zeit und spaziere zum Sepik zurück. Die Aufregung der heutigen Begegnung, das Geschrei der Kinder, die herumlaufende Miat verblassen immer mehr. Ich hänge meinen eigenen Gedanken nach und träume vor mich hin. Als ich zu Hause ankomme, strecke ich mich auf der Matte aus. Milan schaut auf.

Florence: Wie ich mich darauf freue, wenn wir von hier weg sind. Ich sehne mich nach Ruhe und Ferien. Bald baden wir im Pazifischen Ozean. Mit Miat gibt es dauernd Aufregung und Hektik. Diese aufgedrehten Iatmul-Frauen, können sie sich denn nie entspannen? Ist für sie das Leben ein Auftritt im Theater? Gestern überschüttete mich Miat mit vier Träumen, heute war sie zuerst nicht da, und als sie kam, begrüßte sie mich mit Handschlag und erzählte wieder von einem grandiosen Fischfang. Als Zwischeneinlagen gab es schreiende Kinder. Kaum entspannt man sich einmal, geht es schon wieder los.

Während ich redete, warf Milan immer wieder einen Blick in sein Notizbuch, das aufgeschlagen vor ihm liegt. Ich hatte den Eindruck, er hörte mir gar nicht richtig zu. Jetzt legt er das Heft zur Seite.

Milan: Die Gespräche, die du und Miat jeden Tag führen, sind für euch eine wichtige Sache. Ihr seid beide in einer Art und Weise engagiert, die ganz außergewöhnlich ist. Ihr habt etwas Besonderes miteinander. Miat ist dir wichtig, oder?
Florence: Wie kannst du das nur fragen? *Pause.* Aber ich bin müde.

Milan: In zehn Tagen fahren wir weg, das ist nicht mehr lange. Dein Problem hat mit dem Abschied zu tun. Miat ist ja, seitdem du sie kennst, eine heftige und leidenschaftliche Frau, zugleich ist sie klug, differenziert, einfühlend. Weshalb stört dich gerade jetzt ihre Heftigkeit und ihre expansive Art?

Mir fällt die Frau in der Provinzhauptstadt ein, deren provozierende und aufgedrehte Art mich so erschöpft hat. Damals verbarg sich hinter meiner Reaktion die Angst vor der Begegnung mit Miat. Jetzt ist es anders. Miat hat sich auf die Gespräche eingelassen, und an die Stelle der Angst vor der Erfüllung meiner eigenen Wünsche ist längst eine reale, sich vertiefende Beziehung getreten. Zwei Monate bereits treffen wir uns Tag für Tag. Und obwohl unsere Abreise bevorsteht, sieht es nicht nach ruhigeren Zeiten aus, im Gegenteil. Miat ist heftig und leidenschaftlich. Habe ich kein Recht darauf, mir etwas Ruhe zu wünschen? Werde ich nun sentimental? Wünsche ich mir einen Abschied in Ruhe, Abgeklärtheit und Gesetztheit? Etwa in dem Stil: Zwei Frauen sagen sich bereichert und verständnisvoll auf Wiedersehen? Was ich mir wünsche, ist etwas anderes, doch darüber weiß ich noch nicht Bescheid.

Als ich mich dem Haus von Miat nähere, kommt sie mir entgegen.

Miat: Gut, daß du kommst. Schau, ich bin dabei, Kalk zu brennen.

Wie schon vor der letzten Initiation hat sie neben dem Haus ein großes Bündel Gras aufgehängt, in dem Muscheln eingepackt sind. Sie hebt die verbrannten und schneeweiß gewordenen Muscheln, die auf den Boden fallen, auf und legt sie in eine Emailleschüssel. Ich lasse mich neben ihr in der Hocke nieder, hebe vorsichtig eine Muschel auf und lege sie in die Schale. Die Hitze des glimmenden Grases ist gewaltig, und uns läuft beiden der Schweiß nur so herunter.

Miat: Die Kinder haben mir wieder geholfen. Ich habe sie für die Arbeit begeistert. Ich malte ihnen aus, wie es für Temben wäre, beim Initiationsfest keinen eigenen Kalk zu haben. Ich sagte: »Stellt euch euren armen Vater vor, ohne eigenen Kalk, an einem fremden Ort!« »Unser Vater muß Kalk haben!« riefen sie und halfen mit.

Miat hebt die letzte Muschel aus der Asche, steht auf und ruft einem Kind zu, die Glut mit Wasser zu löschen. Wir gehen ins Haus hinauf. Aus dem Eimer neben der Tür schöpft sie eine Tasse Wasser und stellt sie neben die Schüssel mit den Muscheln. Tröpfchenweise läßt sie es in den Muschelkalk fallen. Bei jedem Tropfen zischt es leise, und ein wenig Rauch steigt auf. Mit einem Löffel hebt Miat die mit Wasser verklebten Kalkklumpen in eine zweite Schüssel.

Miat: Die meisten Frauen löschen den Kalk nicht so, wie ich es tue. Ich habe diese Art von der alten Kurumbo gelernt.

Kurumbo ist seit mehreren Jahren tot. Sie war eine Frau, wie es keine zweite mehr am Sepik gab. Sie wurde wie ein Mann initiiert und trug auf ihrem Rücken das Muster des Krokodils. Als einzige Frau konnte sie im Zeremonialhaus ein und aus gehen. Kurumbo war eine Frau, die gerne mit jedem Mann Liebe machte. Sie heiratete nie, denn alle Männer waren ihr recht. Ich spiele auf die besondere Stellung Kurumbos an und sage:

Florence: Ist das alles, was du von Kurumbo gelernt hast?
Miat: Ihre anderen Sitten und Bräuche habe ich ihr belassen. Ich brenne nur für meinen Mann Kalk!

Miat schüttet den letzten Löffel in die Schüssel. Ein Kind bringt drei Blechdosen, und Miat füllt sie mit dem frischen Kalk. Schon die ganze Zeit überlege ich, ob unser Gespräch heute wohl so verlaufen wird: Miat arbeitet, und einige Kinder sitzen dabei. Doch Miat hat andere Pläne. Nachdem sie die Deckel der Dosen zugedreht hat, schickt sie die Kinder weg.

Miat: So, jetzt geht ihr hinaus, ich will mit Florence in Ruhe reden.

Heute verschwinden die Kinder schneller als gestern. Ich hole aus meiner Tasche einen Zweig Betel hervor. Miat schält eine Frucht und beginnt sie mit dem frischen Kalk zu kauen. Ich schaue ihren ruhigen Bewegungen zu und denke, wie gut sie die Vorbereitungen für den Ausflug ins Nachbardorf in die Hand nahm. Und da kommt mir meine Reaktion von gestern ganz ungerechtfertigt und übertrieben vor.

Miat: Schon heute früh auf dem See bekam ich Lust auf Betel. Doch meiner war aufgebraucht. Da sah ich Kwaragwi und dachte, die hat bestimmt welchen bei sich. Laut rief ich: »Ich bin hungrig, gib mir ein Stück Sagofladen.« Kwaragwi lachte und fragte: »Willst du wirklich Sagofladen?« Ich sagte nur: »Ich möchte Betel.« »Was ist schon daran, da nimm!« gab sie mir zurück und hielt mir eine Frucht hin. Als ich vom See zurückkam, hatte ich schon wieder Lust danach. Ich ging zu meiner Tochter Kasoagwi und fragte sie, ob sie welchen habe. Sie antwortete: »Dort neben der Feuerstelle liegt ein Zweig, der ist aber für den Verkauf bestimmt.« »Sehr gut, ich habe keinen einzigen Toea«, gab ich zurück und nahm mir einfach davon.

Ein Mann geht am Haus vorbei. Er spricht vor sich hin. Miat lehnt sich aus dem Fenster und wechselt einige Worte mit ihm, dann wendet sie sich wieder an mich.

Miat: Er ist betrunken. Vor Betrunkenen habe ich Angst, sie sind unberechenbar.

Florence: Der Mann ist *spak* vom Alkohol und du vom Betel. (Im Pidgin wird für Betrunkenheit und Aufgedrehtsein durch Betel dasselbe Wort *spak* verwendet.)

Miat: Das stimmt. Manchmal bin ich geradezu süchtig nach Betel. Wie heute morgen, ich mußte einfach Betel haben. Wenn ich Betel kaue, dann fühle ich mich jung. Die alten Frauen stehen am Morgen auf, gehen auf den See fischen, kehren nach Hause zurück und kochen. Dann sitzen sie da und überlegen, was sie unternehmen könnten. Sie führen ein langweiliges Leben. *Pause.*

Von Zeit zu Zeit macht sich Temben über mich lustig und sagt: »Du bist alt geworden.« Ich gebe ihm zurück: »Ich, alt geworden? Du bist ein wahrer Greis!« Manchmal stellen wir uns nebeneinander, alle Kinder sitzen um uns herum und begutachten uns. Einige rufen: »Vater sieht älter aus«, andere: »Nein, Mutter!«

Ich sehe die geschilderte Szene genau vor mir. Die kritischen Blicke der Kinder, Temben und Miat, die sich von der jugendlichsten Seite zeigen. Ich lache. Kokett ist Miat heute, wie gut ihr das steht.

Miat: Auch die Frauen aus den Walddörfern staunen, wenn sie mich auf dem Markt sehen und erfahren, daß ich elf Kinder geboren habe. Sie meinen, vier oder fünf würde man mir ansehen, aber elf niemals.

Miat ißt Betel und strahlt. Auf der anderen Seite des Baches geht Kinembe vorbei und ruft uns zu, ob wir fertig sind und mit zur Initiation kommen.

Miat: Weshalb stört sie uns? Wir haben noch nicht zu Ende gesprochen. Ich sage ihr, daß sie schon vorausgehen soll. Auch Temben sieht man nicht an, daß er Vater von elf Kindern ist. Er ist schon etwas gealtert, aber Männer mit vier bis fünf Kindern sehen oft bereits älter aus als er. Wir beide sind jung geblieben.
Florence: Du liebst ihn.
Miat: Schon als Mädchen habe ich mich in ihn verliebt. Er ist meine erste und einzige Liebe. Meine Familie war dagegen. Sie wollten nicht, daß ich in diesen Dorfteil heirate, weil schon lange keine Frau mehr von hier zu uns geheiratet hat. Ich setzte meinen Kopf durch. Jetzt haben alle längst eingesehen, was Temben für ein guter Mann ist. Läßt man eine Frau nicht ihre erste Liebe heiraten, wird sie weiterhin nur an diesen Mann denken. *Pause.*
Als ich heute morgen Sagofladen backte, kam Pare und setzte sich auf die oberste Treppenstufe. Sie ist alt und

beinahe blind und kann nicht mehr auf den See fahren. Sie schwieg und hatte den Kopf gesenkt, da wußte ich, daß sie zu Hause nichts zu essen hat. Viele ihrer Kinder leben in der Stadt. Und die, die noch hier sind, sorgen schlecht für sie. Ich hatte Mitleid mit ihr und gab ihr einen Sagofladen und einen Fisch. Als sie die Treppe hinunterstieg, sagte ich, daß sie jederzeit wiederkommen könne.

Miat setzt sich mit ihrem eigenen Älterwerden auseinander. Obwohl sie sich immer noch als jugendlich erlebt, fühlt sie sich in die Situation einer alten, fast blinden und verlassenen Frau ein.

Florence: Alt zu werden ist nicht einfach. Alte Leute werden abhängig.
Miat: So ist das Leben. Ich sage meinen Kindern oft, hoffentlich wird sich zumindest eines von euch daran erinnern, wie ich für euch gearbeitet habe, und für mich im Alter sorgen. Sonst war all meine Mühe umsonst, und ich werde enden wie die alte Pare.

Unser Gespräch ist zu Ende, und wir bereiten uns darauf vor, zur Initiation ins Nachbardorf zu gehen. Miat verschwindet im hinteren Teil des Hauses und zieht sich um. Die Kinder kommen auch, eines nach dem andern, schlüpfen in Hosen und Röcke und ziehen sich T-Shirts über den Kopf. Ich nehme meinen Stift gegen die Mücken aus der Tasche und streiche mich damit ein. Miat schaut mir zu. Sie öffnet den Deckel der Truhe, an die ich mich immer anlehne, und sucht nach etwas. Sie hebt Kleiderstücke hoch, Hefte, ein Buch, dann einen Stift. Er sieht meinem ganz ähnlich, ist aber ein Deodorant. Sie reibt sich damit ein, wie ich es eben getan habe. »Gut riechst du«, sage ich. Und da beginnt sie, auch mich an Armen und Beinen einzureiben. Von oben bis unten parfümiert, machen wir uns auf den Weg.

Guses Haus ist das letzte des Dorfes. Dort haben sich schon einige Frauen eingefunden, um gemeinsam ins Nachbardorf zu gehen. Guse fordert mich auf, neben ihr Platz zu nehmen. Sie will wissen, wie lange ich noch hierbleibe und wann ich wiederkomme. Sie zeigt mir ihre Taschen, die besonders kunstvolle Muster haben. Nachdem sich etwa fünfzehn Frauen und ebenso viele Kinder versammelt haben, machen wir uns auf den Weg. Wir gehen durch den Wald, und als wir zu der großen Wiese kommen, die zwischen den beiden Dörfern liegt, weist Miat auf einen Baum und flüstert mir zu.

Miat: Hier hatten die Männer das Verbotszeichen aufgehängt. Doch jetzt ist der Streit zwischen den beiden Dörfern vorbei.

Alle haben im Nachbardorf Verwandte, und wir werden bei jedem Haus begrüßt. Am Rande des Zeremonialplatzes lassen wir uns nieder. Als die geschmückten Männer auftreten, tanzt Miat für ihren Sohn Kaso *naven*. Stunden vergehen. Um Mitternacht verabschiede ich mich und kehre mit Milan zum Sepik zurück.

In Gedanken versunken, bin ich unterwegs ins Dorf. Das gestrige Gespräch mit Miat, der Ausflug zum Initiationsfest haben mir gefallen, und ich freue mich auf die heutige Begegnung. Mein Wunsch wegzugehen erscheint mir jetzt unbegreiflich. Ich schaue auf, als plötzlich Temben und Miat vor mir stehen. Aufgeregt reden beide gleichzeitig auf mich ein. Ich verstehe nicht, worum es geht. Langsam begreife ich, daß es gestern im Nachbardorf zu einer Diskussion gekommen ist. Einige Männer waren der Ansicht, Milan müsse bezahlen, da er sich im Zeremonialhaus aufgehalten hat. Temben und Miat sind außer sich. Temben will nun Milan über den Ausgang des Streites berichten. Ich sage Miat, daß Amuias Schwiegertochter seit dem Morgen im Haus beschäftigt ist und wir dort nicht reden können. Während Temben seinen Weg zum Sepik fortsetzt, gehen wir ins Dorf. Miat erzählt weiter über den Streit. Sie ist empört über das Verhalten der Männer aus dem Nachbardorf. Was die sich einbilden, von Milan, der zum Sepik gehört, Geld zu verlangen. Einfach lächerlich sei das. Alle Männer von hier solidarisierten sich mit Milan und hätten erklärt, er zahle keinen Toea, sonst gingen sie auf der Stelle. Auf dem Weg kommt eine junge Frau daher. Miat bleibt vor ihr stehen. Spannung liegt in der Luft.

Miat: Wir sind böse auf euch! Habt ihr nicht unzählige Male von uns Geld bekommen? Und habt ihr euch dafür auch nur einmal revanchiert? Nun seid ihr bald zwei Monate hier, und noch nie habt ihr uns besucht, kein einziges Geschenk haben wir von euch bekommen.

Die junge Frau lächelt verlegen. »Du hast recht«, sagt sie, »ich werde dafür sorgen, daß die Sache in Ordnung kommt. Ich werde euch zur Versöhnung Betel bringen.« Miat nickt der Frau zu, und wir gehen weiter.

Miat: Das war die Tochter von Tembens Bruder.
Florence: Hast du noch nie mit ihr gesprochen, seit sie ins Dorf gekommen ist?
Miat: Nein, aber jetzt habe ich ihr meine Meinung gesagt.

Miat fährt fort, über die Männer des Nachbardorfes herzuziehen. Ich merke, wie ich mich ärgere. Nun haben wir es wieder: eine Aufregung und Spannung, ein Gefuchtel und Geschimpfe. Und während Miat weiterspricht, sehe ich den palmengesäumten Strand am Pazifischen Ozean. Ich sitze mit Milan auf der Hotelterrasse und genieße die Brise, die vom Meer herüberweht. Im Haus springen schreiend Kinder herum. Miat fährt sie an, verjagt sie, und als wir alleine sind, fährt sie fort, in vorwurfsvollem Ton zu erzählen.

Miat: Heute morgen auf dem See gab es wieder viele Fische. Ich wollte dir einen zur Seite legen, aber er wurde schlecht. *Pause.*
Ich wußte nicht, wer auf Paswat aufpassen könnte. Kasoagwi war noch auf dem Fest, und ich suchte sie vergeblich. Dann gab ich ihn meiner Tochter Taga, und die beklagte sich, daß sie genug hat von dem ewigen Kinderhüten.

Miat spricht wieder über den Streit der Männer. Ich sitze da und denke, ich sollte irgend etwas unternehmen, damit die Spannung sich legt. Ich lehne mich bequem an die Truhe an und denke an den Palmenstrand. Susan in der Hauptstadt fällt mir ein, ihre ruhige und überlegte Art. Ich sehe sie vor mir, wie sie mich durch ihre große Brille kritisch ansieht. Wie gerne würde ich jetzt mit ihr unsere Diskussion über die Probleme der Frauen in einem Land der Dritten Welt fortsetzen. In meinen Gedanken versunken, höre ich nur mit halbem Ohr zu, was Miat erzählt. Nur einmal werfe ich ein, daß die Weißen überall, wo sie hinkommen, Probleme schaffen. Davon will Miat nichts wissen. »Nein, die Weißen sind gut, aber die Leute aus dem Nachbardorf sind schlecht.« Am Himmel ziehen graue Wolken auf, es sieht nach einem Gewitter aus. Es dauert nicht lange, und ein schwerer, tropischer Regen fällt. Nun wendet sich Miat einem neuen Thema zu:

Miat: Temben hat draußen am Sepik keinen Schirm bei sich, der Arme wird völlig durchnäßt werden. Du hast deinen Schirm bei dir, dir passiert nichts.

Je länger Miat die Leiden ausmalt, die Temben durch den Regen bevorstehen, um so mehr nimmt mein Ärger zu. Seit wann macht den Iatmul Regen etwas aus? Gar einem erwachsenen Mann? Ich schaue auf die Uhr. Fünfzig Minuten reden wir bereits, und ich beschließe, aufzuhören. Ich stehe auf und verabschiede mich. Miat ruft mir aus dem Fenster nach.

Miat: Der arme Temben, ganz ohne Schirm muß er nach Hause gehen. Dir kann nichts passieren.

Was ich mache, ist ungewöhnlich: Ich verlasse das Haus Miats in strömendem Regen. Das würden die Iatmul nicht tun. Nur wer vom Regen überrascht wird und keinen geeigneten Unterschlupf findet, setzt seinen Weg fort. Unterwegs begegne ich Frauen, die von einem Walddorf zurückkommen und die mich erstaunt fragen, woher ich komme und weshalb ich den Regen nicht abgewartet habe. Ich antworte kurz angebunden. Der Weg

217

ist aufgeweicht; ich ziehe meine Sandalen aus, sie sind schwer von der Erde, die an ihnen klebt. Nach einer beschwerlichen Wegstunde komme ich zu Hause an. Die ganze Zeit erwartete ich, Temben zu begegnen. Der sitzt zufrieden mit Milan bei einem Tee und hat gar nicht daran gedacht, sich dem Regen auszusetzen. Ich begrüße die beiden. Auf ein Gespräch lasse ich mich nicht ein. Ich ziehe mich um, wasche meine Füße, den mit Erde bespritzten Rock und die mit Erde verklebten Sandalen. Nach einer Weile beschließt Temben, sich auf den Weg zu machen. Es regnet noch immer. Ich weiß nicht, was stärker ist, mein Mitleid oder mein Wunsch, Miat zu zeigen, wie unnütz all ihre Sorgen waren. Ich biete Temben meinen Schirm an. Erfreut nimmt er ihn entgegen und verabschiedet sich. Als Milan mich fragt, was mit mir los sei, lade ich meinen Ärger ab und schließe mit der Bemerkung, daß ich morgen nicht mit Miat sprechen, sondern mich ausruhen werde.

Am Abend hören wir Musik, und Kinembe kommt zu Besuch. Ich fühle mich gut bis zum Frühstück. Da beginnen mich Zweifel zu plagen. Ich denke: »Du kannst doch nicht, einfach weil es dir gerade so paßt, ein Gespräch ausfallen lassen, ohne vorher etwas gesagt zu haben. Das wäre ganz unanalytisch und würde eine Störung in der Beziehung bedeuten.« Ich setze mich auf die oberste Treppenstufe und schaue auf den Sepik, der in der Sonne glänzt. Vom Ufer höre ich Kinderstimmen. Ich denke: »Ob du nun heute ein Gespräch mit Miat führst oder nicht, ist ganz belanglos. Der Sepik fließt wie immer, Kinder baden im Fluß, und das Gras wächst mit tropischer Geschwindigkeit. Ein Gespräch weniger oder mehr – heute ruhe ich mich aus.« Frauen kommen auf dem Weg vom Dorf. Sie rufen mir zu. Kinembe und Goli sind auch dabei. Ich sehe, wie Goli vom Weg abzweigt und auf unser Haus zukommt. In der Hand trägt sie einen schwarzen Schirm. Ich begreife noch nicht. Behende springt sie die Treppe hinauf und hält mir den Schirm entgegen.

Goli: Miat hat mir deinen Schirm mitgegeben, damit du nicht in der prallen Sonne zu ihr ins Dorf gehen mußt. *Pause.*

Kommst du nachher im Sepik baden?

Florence: Ja, geh schon voraus.

Kaum ist Goli verschwunden, fällt mir ein, daß mich Miat gestern darum gebeten hat, den Fotoapparat mitzubringen, um Kaso im Festschmuck zu fotografieren, vorgestern ist es dafür schon zu dunkel gewesen. Ich gehe in den hinteren Teil des Hauses, nehme die Kamera aus dem Metallkoffer und schaue nach, wie viele Fotos ich noch machen kann. Zwei weitere Filme lege ich bereit.

Als ich am Nachmittag die Treppe zu Miats Haus hinaufsteige, heißen mich mehrere Stimmen willkommen. Miat sitzt beim Fenster, und etwas von ihr entfernt sitzen Temben und Wundan. Sie haben vor sich Muschelschmuck am Boden ausgebreitet. Ich lege die Kamera auf die Truhe und setze mich zu Miat.

Miat: Guse meinte, daß du unbedingt auch für sie Fotos von Kaso machen sollst.

Florence: Ich habe mehrere Filme bei mir und kann viele Fotos machen.

Es entwickelt sich ein Gespräch, und ich erfahre, daß Kaso bereits im Wald ist, wo er sich vorbereitet. Als ich Wundan frage, ob er denn nicht auch fotografiert werden möchte, schüttelt er den Kopf. Er habe ja nicht mitgetanzt, da er krank gewesen sei, auch gebe es für ihn nicht genug Schmuck. Kaso sei der ältere Bruder. Er sei jetzt nicht wichtig. Während die zwei Männer den Muschelschmuck kunstvoll mit verschiedenen Blättern verzieren, sitzt Miat ruhig da. Ich denke, welche unsinnige Idee es von mir gewesen ist, gerade heute auf ein Treffen verzichten zu wollen. Alle sind entspannt, und allen scheint es ganz wichtig zu sein, daß ich Kaso im Festschmuck fotografiere. Ich bin froh, hier zu sein. Die Männer legen den Schmuck in eine große Tasche und gehen in den Wald zu Kaso. Wenn alles so weit ist, werden sie uns rufen. Miat nimmt eine Zigarette aus der Schachtel, ich neige mich zu ihr hin und gebe ihr Feuer. Sie nimmt einen tiefen Zug.

Miat: Heute gab es auf dem See wieder viele Fische. Auf der Tonplatte dort in der Feuerschale liegt ein Fisch für dich und einer für Temben. Deinen Fisch habe ich mit *apika*-Blättern in ein Bananenblatt gewickelt. Für deinen Fisch sorgt Taga, für den von Temben sorge ich. *Pause.*

Gestern abend, während des Initiationsfestes, kam es beinahe zu einer Hochzeit. Satagwa ging ins Haus von Suangel und sagte, daß sie ihn heiraten will. Alle waren dagegen, sie sei schon einmal verheiratet gewesen und bald darauf wieder weggelaufen. So schickte man sie nach Hause zurück. Noch eine andere junge Frau ging gestern ins Haus eines Mannes. Diese Heirat wird vielleicht zustande kommen. *Pause.*

Ich habe Suangel das Leben gerettet. Seine Mutter wurde nach mir schwanger. Als ich Kaso gebar, gebar sie auch; Suangel war eine Frühgeburt. Sie wurde schwer krank und konnte ihn nicht stillen. Ihre Mutter kümmerte sich um ihn. Wenn er schrie, brachte sie ihn zu Frauen, die selbst stillten, und die gaben ihm die Brust. Doch bald hörten sie damit auf. Alle dachten sich: »Es muß einen Grund geben, weshalb die Mutter krank ist und ihr Kind nicht stillen kann. Jemand muß die Ahnen erzürnt haben, und dafür rächen sie sich nun. Wenn wir den Säugling stillen, verstoßen wir gegen die Absichten der Ahnen, und sie werden uns dafür bestrafen.« Aus Angst, selbst in Gefahr zu geraten, hörten sie auf, das Kind zu stillen. Ich war die einzige Frau, die Suangel Tag für Tag weiter stillte. Auf das eine Bein legte ich Kaso, auf das andere Suangel. Er trank, bis er einschlief. Nach einiger Zeit bekam auch ich es mit der Angst zu tun, und ich fragte mich, ob es nicht doch gefährlich für mich sei, Suangel zu stillen. Ich fragte meinen Onkel und meinen Vater um Rat. Die beiden berieten sich, befragten die Ahnen und beruhigten mich. Ich könne Suangel ruhig weiter stillen. So rettete ich ihm das Leben. Bis heute ist er ganz besonders lieb zu mir, schenkt mir Betel und kümmert sich um meine Kinder. Seine Eltern sind der Ansicht, daß Suangel und Kaso gleichzeitig heiraten sollen, da sie zusammengehören. Auch ich würde eine Frau wie Satagwa für Kaso ablehnen. *Pause.*

Suangels Mutter wird nie vergessen, was ich für sie getan habe. Tembens Bruder aber vergißt, was wir alles für ihn geleistet haben, und läßt uns links liegen.

Vor dem Haus ruft Temben, daß Kaso bereit sei. Ich hänge den Fotoapparat um. Miat und ich schlagen den schmalen Weg ein, der am Haus vorbei in den Wald führt. Bald kommen wir zu einer Lichtung. Die Szenerie ist geheimnisvoll, wie aus einer Iatmul-Mythe: Ein schöner junger Mann, als Ahne geschmückt, und zwei Frauen treffen sich an einem verlassenen Ort. Kaso ist etwas verlegen, im Mittelpunkt unserer Bewunderung und Aufmerksamkeit zu stehen, und rückt sich den prächtigen Kopfputz zurecht. Ich stelle die Kamera ein. Kaso hat die Sonne im Rücken, ich heiße ihn sich umdrehen. Er schaut ernst in die Kamera, manchmal auch an ihr vorbei auf den Boden oder in die Krone eines Baumes. Ich fotografiere ihn von allen Seiten, frage ihn nach seinen Wünschen. Plötzlich steht Wundan da. Miat, die sich bisher zurückhielt und mir das Fotografieren ganz überließ, schlägt vor, ein gemeinsames Bild der Brüder zu machen. Wundan ziert sich nicht. Er stellt sich neben seinen älteren Bruder und lacht in die Kamera. Ich mache mehrere Bilder. Dann finden sie, daß es genug sei. Miat und ich kehren zum Haus zurück. Temben arbeitet an einer Holzplastik und will wissen, ob alles gut gegangen ist. Alle sind heute ruhig und entspannt. Liebevoll machen sie mit, als Kaso im Festschmuck fotografiert wird. Miat und ich setzen uns wieder zum Fenster.

Miat: In einer Woche fährst du weg. Noch eine Woche lang werden wir jeden Tag miteinander sprechen. Bald bist du wieder zu Hause und wirst über deine Reise erzählen. Ist es bei euch auch so, daß jemand, der von einer Reise zurückkehrt, von allen empfangen und begrüßt wird?

Florence: Bei uns ist das nicht anders als bei euch. Alle werden mir Fragen stellen. Ich werde über uns erzählen. Viele meiner Freundinnen und Freunde kennen dich, sie haben von dir gehört und über dich in meinen Büchern gelesen. Ich werde auch erzählen, wie ich Kaso, deinen ältesten Sohn, im Schmuck eines Krokodiltänzers fotografiert habe.

Miat fällt mir ins Wort: Und vergiß nicht zu berichten, daß ich für dich Fische gefangen habe, und besonders den heute, den *makau* in *apika*-Blättern, mußt du erwähnen. Vergiß auch nicht das Hühner- und Entenessen und wie sich alle Männer vom Dorf mit Milan solidarisiert haben. Auch daß wir zusammen am Initiationsfest im Dorf am Fluß waren, mußt du erzählen.

Florence: Wir haben miteinander viel erlebt. Ich habe nichts vergessen.

Miat: Ich auch nicht. Alles ist in meinem Kopf. Auch unsere Gespräche von deinem ersten Aufenthalt. Ich kann mich an alles erinnern.

Wundan betritt den Raum. In der Hand hält er einen Strauß Blätter von Kasos Schmuck. Er nimmt einige davon, umwickelt ihre Stiele mit einer feinen Schnur und bindet den kleinen Strauß an meiner Tasche fest. Es sind Blätter des *tep*-Strauches. Ihr Geruch ist würzig und frisch.

Florence: Wen ich auch treffen werde, wird am Geruch dieser Blätter erkennen, daß ich an einem Fest teilgenommen habe.

Wundan lacht mich an. Miat nimmt den in Bananenblätter gewickelten Fisch von der Tonplatte und begleitet mich bis vors Haus. Als ich bei der Wegbiegung angelangt bin, schaue ich zurück. Sie steht unter dem Haus, an einen Pfosten gelehnt. Ich winke ihr zu. Ich bin glücklich und weiß nicht weshalb. Nicht nur Miats Geste mit dem Schirm, auch die Begegnung verlief so, wie ich es mir nur hätte wünschen können. Miat war ruhig, der Fisch schmorte auf der Tonplatte, und kein Kindergeschrei störte uns. Doch je länger ich darüber nachdenke, was mich denn eigentlich so glücklich macht, um so größere Zweifel regen sich: War es wirklich eine ruhige Miat, ein Fisch und fehlendes Kindergeschrei, was ich mir so sehr gewünscht habe?

Ging es mir um Ruhe? Seit mehreren Wochen stelle ich mich auf Miat ein und versuche, dem zu folgen, was sie bewegt. Gestern fiel mir das schwer, und heute wollte ich gar auf das Gespräch verzichten. Ich hatte genug davon, mich einzustellen, immer zur Verfügung zu sein. Was ich mir wünschte, ohne davon zu wissen, war eine Umkehr unserer Rollen. Einmal sollten meine Bedürfnisse im Vordergrund stehen. Ich wollte Miat sein. Mit dem Schirm, dem Fisch und der entspannten Atmosphäre ging mein Wunsch in Erfüllung. Nun freue ich mich auf den Strand am Pazifischen Ozean und auf die Gespräche, die uns noch bleiben.

Daß die Entspannung in unserer Beziehung möglich wurde, hängt damit zusammen, daß sich die Angst Miats gelegt hat, sie werde das gleiche Unglück wie nach dem Tod ihrer Mutter nochmals erleben, wenn ich sie verlasse. Es gelang ihr, die Beziehung mit mir aufrechtzuerhalten und sie zugleich zu erweitern. Bereits gestern, als wir zur Initiation gingen, war ich ein Teil der Frauengruppe, und Milan wurde durch die Solidarisierung aller Männer ein Teil der Männergruppe. Heute setzte Miat meine Integration fort. Wie Guse für Kaso Schmuck ausleiht, wie Temben und Wundan ihn schön machen, mache ich die Fotos, auf die sich alle freuen. Schon nach unserem Besuch im Dorf am Fluß hatte sie die Idee, ich sollte Fotos machen und *naven* tanzen. Daß ich als weiße Frau nicht *naven* tanzen kann, leuchtete ihr ein. Aufs Fotografieren aber verstehe ich mich. Diesmal ist es ihr gelungen, mich geschickt einzusetzen. Gemeinsam mit ihr und ihrer Familie bis hin zu Guse nehme auch ich an der Bewunderung ihres Sohnes teil. Wie wichtig und entspannend für Miat die Erweiterung unserer Beziehung ist, zeigt sich auch daran, was sie mir nahelegt, zu Hause zu erzählen: über die beiden Initiationsfeste, das Weihnachtsessen und den Fisch, den sie mir heute zubereitete. Das Essen steht für die Intimität unserer Beziehung. Ich gehöre zu ihrer Familie, die sie ernährt. Die Ausflüge in die beiden Nachbardörfer stehen für die erweiterte Gruppe, das ganze Dorf.

In der heutigen entspannten Atmosphäre erinnert sich Miat

an frühere Zeiten, als Kaso noch klein war. Stark ist das Bild ihrer mütterlichen Fähigkeiten: Sie stillt gleichzeitig zwei Kinder. Während Miat über ihre Unsicherheit sprach, ob sie die Ahnen nicht erzürnte, als sie den anderen Säugling stillte, und erzählte, wie sie ihren Vater und ihren Onkel um Rat fragte, ging mir durch den Kopf, ob sie nicht genauso unsicher war, als sie sich mit mir, der fremden Frau, einließ. Als wir uns vor vierzehn Jahren kennenlernten und Miat sich mir schon damals wie keine andere Frau im Dorf zuwandte, lebten ihr Vater und ihr Onkel noch. Hat sie diese auch meinetwegen um Rat gefragt? Und vielleicht beruhigt sie gerade jetzt, kurz vor meiner Abreise, die Vorstellung, daß sie sich mit unseren Gesprächen nicht in Gefahr begeben hat und daß ihr nicht dasselbe Unheil droht wie einst ihrem Vater, der sich auch mit den Weißen eingelassen hat und dessen Frau später starb. Miat integriert mich in ihre Gruppe. Und die Vorstellung, im Einklang mit den Ahnen und den großen Männern ihres Klans zu stehen, macht sie sicher.

Das Treiben der Baumgeister

Als ich mich am nächsten Tag Miat gegenübersetze und meine Tasche neben mich lege, fallen die Blätter, die Wundan gestern daran angebunden hat, ab. Miat bindet die Stiele wieder zusammen und macht den kleinen Blätterstrauß an der Tasche fest. Ich ziehe den Reißverschluß auf, ein Zweig Betel kommt zum Vorschein.

Miat: Du bist eine liebe Frau.
Florence: Auch du bist eine liebe Frau.

Miat lacht nur, bricht eine Frucht ab und schält sie. Aus ihrer Tasche nimmt sie die Büchse mit dem Kalk und ein Stück Betelpfeffer. Sie kaut, spuckt die Masse unters Haus und wischt sich mit der Hand über den Mund. Sie läßt sich Zeit.

Miat: Am Morgen kam die alte Sotmeliese vorbei und fragte, ob eine meiner Töchter sie auf den See begleiten kann. Sie hatte von den vielen *makau*-Fischen gehört und wollte zu gern auch welche haben. Sie ist alt und sieht schlecht. Taga begleitete sie: Sotmeliese wird rudern und Taga den Speer werfen. *Pause.*
Heute waren die Fische vorsichtig. Es gab viele, aber die dachten wohl: »In den letzten Tagen haben sie eine solche Menge von uns gefangen, jetzt reicht es für eine Weile.« Ich hatte Glück. Guse aber hatte Pech, und ich gab ihr sechs von meinen Fischen. *Pause.*
Als ich nach Hause kam, wartete hier Mbangul. Sie ist die Frau meines *wau* (Mutterbruder) und lebt in einem Nachbardorf, das weiter entfernt flußaufwärts liegt. Sie stammt

aus demselben Klan wie meine Mutter. Sie erzählte, daß an ihrem Haus ein Pfosten ersetzt werden muß. Als ihr Mann ein Loch auszuheben begann, bekam sie Mitleid mit ihm. Er ist alt und sein Rücken gebeugt. Da ist ihr in der Nacht eine Idee gekommen: »Ich frage Miat, ob sie mir ihren Sohn Pengal ausleiht, der ist stark und versteht zu arbeiten.« Bei Tagesanbruch hat sie sich auf den Weg gemacht und ist hierher gekommen. Als Wundan davon hörte, erbot er sich, auch mitzugehen. Bevor sich die drei auf den Weg machten, hielt ich meinen Söhnen eine Rede. Ich sagte: »Als ihr noch klein wart und ich kein Essen für euch hatte, bin ich oft ins Nachbardorf zur Familie meiner Mutter gegangen. Sie haben mir immer geholfen. Nun seid ihr groß. Jetzt ist es an euch, ihnen beizustehen.«

Florence: Ich kann mich erinnern, wie du früher erzählt hast, daß du schon als Mädchen, wenn du mit deiner Familie Streit hattest, zu deinen mütterlichen Verwandten gepaddelt bist.

Eine Frau ruft vom Weg herauf, daß Tembens Bruder eben dabei sei, für seine Schwiegermutter das Totenessen zu verteilen. Alle sollen mit Teller und Tasse zu ihm kommen.

Miat: Ich gehe nicht hin. Wir sprechen gerade miteinander. Aber meine Kinder sollen gehen.

Sie lehnt sich aus dem Fenster und ruft ihren Kindern die Nachricht zu. Dann schweigt sie lange.

Miat: Mitte der siebziger Jahre, als die Wasserpflanze Salvinia unsere Seen und Bäche überdeckte, ging es uns schlecht. Wir Frauen fingen kaum noch Fische. Wir aßen Süßkartoffeln, ja selbst die Blätter der Süßkartoffeln und unreife Bananen. Wir hatten Hunger. Bald waren wir nur noch Haut und Knochen. Endlich beschloß die Regierung, etwas zu unternehmen, um uns zu helfen. Beamte kamen ins Dorf und zählten alle Erwachsenen und alle Kinder. Dann hörten wir lange nichts mehr. Eines Tages legte ein Boot der Regierung am Sepikufer an und brachte Essen. Das ganze Dorf war versammelt und half mit, die Reissäcke und die Kartons mit Fischkonserven auszuladen. Die Beamten sagten, wir sollen mit dem Verteilen warten, bis sie zurückkämen. Unsere Kinder waren außer sich. Sie tanzten vor Freude. In der Nacht schliefen sie auf den Reissäcken und Kartonschachteln am Sepikufer. Zwei Tage verstrichen, und kein Beamter zeigte sich. Da beschloß unser Dorfvorsteher, die Verteilung selbst in die Hand zu nehmen. Wieder versammelte sich das ganze Dorf. Die Familien mit den meisten Kindern erhielten die größten Portionen. Wir und zwei andere Familien bekamen je drei Säcke Reis und einen Karton Konservendosen. Seit langem waren wir nicht mehr so satt geworden. Wir aßen uns voll, bis wir nicht mehr konnten. Als die Regierungsbeamten später kamen, waren sie zuerst unzufrieden, sahen dann aber ein, daß wir recht hatten, das Essen zu verteilen. *Pause.*

Zwei Dosen Fisch hat ein *winjumbu* (ein Baumgeist) gestohlen. Dort hinten hatten wir die Büchsen gestapelt, am Morgen fehlten zwei.

Florence: Steht hier in der Nähe ein *winjumbu*-Baum?

Miat: Ja, gar nicht weit von hier im Wald. Der *winjumbu*, der dort wohnt, stiehlt uns auch hin und wieder Löffel oder Teller. Er trifft sich mit den Toten und hält mit ihnen Tauschmarkt ab. Er gibt ihnen Fische, und sie geben ihm dafür Muschelschmuck. Er liebt Muschelschmuck über alles. *Pause.*

Der *winjumbu*, der hier in der Nähe wohnt, hat sich in mich verliebt. Er hatte beobachtet, wie ich jeden Tag in den Wald ging, um Holz zu sammeln, und bei seinem Baum vorbeikam. Da muß er sich verliebt haben. Eines Tages, als ich bei seinem Baum pißte, stach er mich mit einem spitzen Knochen in den Oberschenkel. Ich spürte einen leichten Stich und dachte mir nichts dabei. Am nächsten Tag hatte ich große Schmerzen, und mein Bein schwoll an. In der Nacht träumte ich: Der *winjumbu* steht vor mir und sagt:

»Ich bin in dich verliebt. Ich habe dich gestochen. Ich bin es gewesen und niemand anders!« Einige Tage später, es war Nacht und wir schliefen alle, kam er ins Haus hinauf. Er war nicht alleine. Seine Frau begleitete ihn. Sie sagte: »Geh nur zu der Frau, in die du dich verliebt hast. Geh! Dort im Moskitonetz schläft sie.« Er hob das Netz hoch, da schreckte ich auf und schrie laut. Temben erwachte. »Was ist hier los?« rief er. Da bekam es der *winjumbu* mit der Angst zu tun und verschwand. Es dauerte nicht lange, und die Schwellung an meinem Bein ging zurück. *Pause.*

Noch eine Geschichte habe ich mit einem *winjumbu* erlebt. Es war vor vielen Jahren, als ich schwanger war und Kwaigambu, mein erstes Kind, erwartete. Mein Vater ging in den nördlich gelegenen Wald, um für Amuia ein Kanu zu schnitzen. – Sie fährt noch heute damit auf die Seen und zum Markt. – Mein Vater war bereits zehn Tage fort, und ich vermißte ihn. Temben und ich beschlossen, ihn zu besuchen. Als wir kamen, freute er sich sehr. Temben half ihm, den großen Baum, den er gefällt hatte, zu behauen. Während die beiden arbeiteten, suchte ich im Wald nach Betelpfeffer. Ich entfernte mich immer mehr von ihnen. Als ich zu einem riesigen *winjumbu*-Baum kam, flog ein Vogel mit lautem Aufschrei an mir vorbei. Ich dachte, das ist ein schlechtes Zeichen, und eilte zu meinem Vater und zu Temben zurück. Am nächsten Tag war mein Fuß geschwollen. Von Tag zu Tag schwoll er mehr an, und die Schmerzen nahmen zu. Da beschlossen Temben und ich, nach Hause zurückzukehren. Bald konnte ich keinen Schritt mehr machen und weinte nur noch vor mich hin. Wenn ich scheißen mußte, trug mich Temben in den Wald neben dem Haus, durch die Spalten des Bodens pißte ich. Es war nicht mehr auszuhalten, und ich machte alle verrückt. An einem Tag band ich mir eine Schnur fest um den Oberschenkel, am anderen um die Wade. Es half alles nichts. Da kam mein Vater mit dem neuen Kanu ins Dorf zurück. Als er mich sah, sagte er: »Im Wald muß dich ein *winjumbu* verletzt

haben.« Wir ließen einen Zauber machen, und die Schmerzen hörten auf. Doch die Schwellung ging nicht zurück. Da machte Temben mit einer Rasierklinge einen Einschnitt. Du kannst dir nicht vorstellen, was alles herauskam: Eiter, Blut, Wasser, ein großes Blatt voll. Unheimlich war das. Langsam verheilte die Wunde. Später hatte ich noch eine ähnliche Schwellung an der Hand. Die Krankheit ging vom Fuß hinauf, verheilte aber schnell. *Pause.*
Deshalb sage ich meinen Kindern immer: »Geht nie zu nahe zu einem *winjumbu*-Baum.«

Florence: Aus der Liebe der *winjumbu* entstehen schreckliche Qualen.

Miat: In der Tat. Was sind das für Wesen? Wir sehen sie nicht, und dabei sind sie so gefährlich.

Taga kommt die Treppe herauf. Aus einer großen geflochtenen Tasche packt sie rote malaiische Äpfel und die Stengel von Seerosen aus. Beides sind für die Iatmul Leckerbissen. Taga hat sich keck ein Stirnband umgebunden und strahlt.

Miat: Als heute morgen Mbangul hier zu Besuch war, wollte sie wissen, wie lange du und Milan noch hierbleiben. Mein *wau* möchte dich gerne sehen. Er hat gesagt: »Ich will Florence, meine *lawa*, begrüßen, bevor sie in ihr Land zurückreist.«

Der Mann von Mbangul gehört zur Generation von Miats Vater. Er ist einer der letzten alten Männer am Sepik, die die Zeiten der frühen Kolonisierung miterlebt haben. Während meines ersten Aufenthaltes besuchte ich ihn oft. Damals überreichte er mir nach einem Besuch ein kräftiges Huhn und erklärte sich damit zu meinem *wau*, meinem Mutterbruder, und mich zu seiner *lawa*, dem Kind seiner Schwester. Seither haben Miat und ich denselben *wau*. Seine Einladung, ihn zu besuchen, gefällt uns, und wir besprechen, welcher Tag dafür in Frage käme. Übermorgen, beschließen wir, könnten wir unseren *wau* besuchen.

Zu Hause bespreche ich mit Milan unsere Pläne. Auch er

hat Lust mitzukommen und möchte außerdem morgen das Dorf auf der anderen Flußseite besuchen. Gegen Abend kommt Temben mit dem alten Kenganwan vorbei. Dieser besitzt ein Motorkanu und will es uns für die Fahrt flußabwärts vermieten. Die drei Männer diskutieren und verhandeln. Nach rund zwei Stunden sind sie sich einig. Wir mieten das Motorkanu für eine Tagespauschale und zahlen das Benzin. Temben wird als Fahrer mitkommen. Übermorgen besuchen wir mit dem Motorkanu meinen *wau*. Für den Ausflug morgen ins Dorf auf der anderen Flußseite genügt ein gewöhnliches Kanu.

Es ist schon dunkel, als ich dazu komme, das heutige Gespräch aufzuschreiben. Es macht mir keine Mühe, mich an alles genau zu erinnern. Die Atmosphäre war entspannt, und Miat folgte ihren Einfällen. Sie erinnerte sich an Ereignisse, die Jahre zurückliegen. Als ich Milan mein Protokoll vorlese, ist auch er beeindruckt. Wir vertiefen uns in ein Gespräch. Es geht uns darum, die unbewußte Bedeutung von Miats Erinnerungen zu verstehen. Sie erzählt zuerst, wie sie der alten Sotmeliese ihre Tochter und Mbangul ihre zwei Söhne ausleiht. Miat geht es gut, sie kann anderen helfen. In dieser Stimmung erinnert sie sich an die schwierigen Zeiten, als die Wasserpflanze Salvinia die Seen und Bäche bedeckte und alle Hunger litten. Das Besondere an dieser Erinnerung liegt in der Umkehrung, die in ihr enthalten ist. Sind es in der Realität des Iatmul-Alltages die Frauen, die das Essen für ihre Familien beschaffen und die Kinder zum Tanzen und Staunen bringen, sind es hier Beamte der Regierung, also Männer. Sie bringen den hungerleidenden, abgemagerten Dorfbewohnern Essen. Das Essen, das die Männer bringen, erwarten alle mit großer Ungeduld und Hoffnung. In dieser Verschiebung liegt Miats unbewußte Vorstellung. Was die Männer eigentlich bringen, sind Kinder. Essen steht für Kinder, für Reichtum und Zufriedenheit. Die Iatmul sagen, eine Frau, die keine Kinder gebiert, wird mager und schnell alt. In dieser ersten Erinnerung Miats sind die Männer etwas Positives, sie bringen den Frauen das, wonach sie hungrig sind: Kinder.

In den zwei folgenden *winjumbu*-Geschichten wird das Kinderbekommen als etwas Schreckliches, Unheimliches, ja Lebensgefährliches erlebt. Der erste *winjumbu* verliebt sich in Miat und verletzt sie, er sticht einen Knochen in sie hinein. Dies bewirkt eine Schwellung an ihrem Fuß. Die Schwellung steht für das Schwangerwerden, die Verletzung für das Geschwängertwerden, die Penetration der Frauen durch die Männer. Unheimlich sind die Veränderungen des Körpers einer Frau: Er schwillt an und schmerzt. Die Männer werden von den Frauen als Wesen erlebt, die mit Zauberkräften ausgerüstet sind. Die Schwangerschaft ist eine Verzauberung der Frauen durch die Männer. In der ersten *winjumbu*-Geschichte kommt es zu einer Schwangerschaft, die wieder zurückgeht. Kein Kind wird geboren. Während der zweiten *winjumbu*-Geschichte ist Miat tatsächlich mit Kwaigambu schwanger. Und wie sie die Schwellungen, die Schmerzen und das Aufschneiden beschreibt, erinnert an eine Geburt. Blut, Wasser, Unheimliches kommt aus ihrem Körper heraus. Ein solches Blatt wie dasjenige, in dem die Flüssigkeiten aus ihrem Körper aufgefangen wurden, benützen die Frauen bei einer Geburt, auf das Blatt gleitet das Kind beim Austritt aus dem Körper.

Es liegt nahe anzunehmen, daß Miat hier ihre erste Geburt, bei der sie ein totes Kind gebar, beschreibt. Damals, als sie das zweite Kind erwartete, waren die Ängste vor der Geburt wieder ganz real, und Miat konnte sie, verschoben auf die Schwellung am Fuß, verarbeiten. Und wofür stehen die zwei Dosen Fisch, die der *winjumbu* stahl? Sie sind die Zwillinge, an denen Miats Mutter starb. Zuerst geschenkt, dann wieder genommen. Die zwei Kinder aber, die Miat, wie sie gestern schilderte, stillte, stehen für Miats Erfolg. Statt zwei zu verlieren, schenkt sie zwei Kindern das Leben. Und zwei Söhne schickte sie heute zu ihrem *wau*. In der Position einer starken Frau, die sich in Sicherheit befindet, kann Miat sich mit den großen Themen ihrer Kindheit auseinandersetzen. Liebemachen, Schwangerschaft, Geburt und Tod. Ohne Männer gäbe es keine Kinder. Es sind die Männer, welche die geheimnisvollen Veränderungen im Körper der Frauen bewirken. Sie sind begehrt und gefährlich zugleich.

Der gewöhnliche Vater

Als wir am folgenden Morgen das Kanu besteigen, um auf die gegenüberliegende Flußseite zu paddeln, schlägt Temben vor, ich soll, wie es sich für eine Iatmul-Frau gehört, das Steuer übernehmen und im Heck Platz nehmen. Temben macht sich über mich lustig. Er weiß, daß ich ein Kanu nur mit Mühe steuern kann und schon gar nicht in der starken Strömung des Sepik. Zugleich lobt er damit Milan, denn dieser kann, wie es sich für einen Iatmul-Mann gehört, aufrecht stehend in einem noch so schmalen Kanu paddeln. Temben steht im Heck, Milan im Bug, und ich sitze in der Mitte, die zwei haben die Führung übernommen. Da die Strömung auf dem Fluß stark ist und das Dorf fast gegenüber liegt, paddeln wir nahe am Ufer zuerst ein Stück flußaufwärts. Dann erst fahren wir auf den Fluß hinaus. Angst überfällt mich. Unendlich weit entfernt erscheint mir das andere Ufer, die Strömung allzu stark, unser kleines Kanu hoffnungslos verloren. Temben und Milan paddeln ruhig, und ich stelle mir vor, daß sie keine Angst haben.

Am Rande des Dorfes legen wir an. Auch hier steht ein Haus, das von der Dorfgemeinschaft erbaut wurde, um Habseligkeiten einzustellen. Die Seitenwände und ein Teil der Veranda sind demoliert. Später erfahren wir, daß es Jugendliche getan haben, aus Wut und als Protest gegen ihre Väter. Wir wollen zum Zeremonialhaus. Es steht wie in allen Dörfern der Iatmul auf einem langen, weiten, von Kokospalmen gesäumten Platz. Es ist das älteste und schönste Zeremonialhaus am Sepik, mit einem schlanken, hohen Giebel, mit großen Trommeln und prächtig geschnitzten Pfosten. Im unteren Teil des Hauses gibt es keine Wände, und von weitem sehen wir, daß sich die Männer hier versammelt haben. Etwas Besonderes muß vorgefallen sein. Bevor wir den Raum betreten, bleiben wir stehen. Temben geht voraus, hinter ihm Milan und dann, im Schutz der beiden, ich. Frauen ist der Zutritt in diese Männerwelt nicht erlaubt. Weiße Frauen bilden eine Ausnahme: Halb Frau, halb Mann, dürfen sie hier eintreten. Auf den hohen Bänken, die der ganzen Länge nach links und rechts stehen, sitzen die Männer. Wir begrüßen jeden einzelnen. Und nun erfahren wir, weshalb sie sich so zahlreich versammelt haben. Es geht um das Haus, das die Dorfgemeinschaft erbaut hat: Welche Jugendlichen wagen es, dort ihr Unwesen zu treiben? Mit welchen Maßnahmen können sie wieder zur Vernunft gebracht werden? Die Stimmung ist gespannt. Die Männer sind wütend über die Provokation ihrer Söhne. Wütend sind sie vor allem deswegen, weil sie nichts dagegen machen können. Sie werden sie beschimpfen, ihnen mit Bußen oder gar Gefängnis drohen, aber sie wissen selbst, daß sie mit solchen Maßnahmen ihre Autorität nicht wieder zurückgewinnen.

Ich springe von der Sitzfläche hinunter. Die Pfosten des Zeremonialhauses sind wie ein plastisches Bilderbuch der Iatmul-Mythologie. In jeden einzelnen sind mythische Szenen geschnitzt. Frauen- und Männergestalten, Tiere, Pflanzen und Gestirne stehen hier gleichwertig nebeneinander. Sie sind nur Hüllen, Erscheinungsformen der alles belebenden Kraft, des mythischen Urwesens. Dem Leben ist jede Hülle recht. Ich bleibe vor der Darstellung der Suiwolimange stehen. Suiwolimange kommt, von ihren sechs Ferkelkindern gefolgt, daher. Sie ist das Sinnbild der mächtigen Mutter. Kräftig ist sie gebaut, und ihre Kinder stehen ihr in nichts nach. Ich gehe weiter zu Maiem. Maiem, der schönste aller Männer, von allen Frauen geliebt und von den Männern aus Eifersucht getötet. Es sind dieselben Männer, die eben darüber beraten, wie sie es den Jugendlichen heimzahlen könnten, welche diese prächtigen Schnitzereien herstellen. Ich setze mich wieder zu Milan und Temben auf die Sitzfläche. Ich schaue auf den Zeremonialplatz hinaus. In einiger Distanz führt der Weg der Frauen und Kinder vorbei. Mehrere Frauen, mit großen Taschen auf dem Rücken, kommen daher. Es ist bald Mittag, und sie kehren vom Fischfang auf den Seen zurück. Bald machen auch wir uns auf den Heimweg. In gleißender Sonne paddeln wir über den Fluß.

Es ist vier Uhr, als ich ins Dorf gehe. Paswat und Miat stehen in der Tür.

Miat: Eben schauten wir aus dem hinteren Fenster auf den Weg. Von weitem sahen wir den schwarzen Schirm. »So ist es gut«, sagten wir, »da kommt der Schirm, auf den wir warten!«

Florence: Ich bin heute spät, wir sind erst mittags von unserem Besuch im Nachbardorf zurückgekehrt.

Miat legt Paswat, der sich neben sie gesetzt hat, in ihren Schoß. Er ist müde und schläft bald ein.

Miat: Nach unserem Gespräch gestern schlug ich das Trommelsignal für alle erwachsenen Frauen aus meiner Dorfhälfte. Der Weg zum See war ganz von hohem Gras bewachsen, das geschnitten werden mußte. Die meisten Frauen kamen nicht, sie schickten einfach ihre Kinder. Ich schimpfte über die Faulheit der Mütter, Guse und Kwaragwi stimmten mir zu, und wir beschlossen, ihnen morgen auf dem See alle Schande zu sagen. Nachdem wir das Gras geschnitten hatten, fragte mich Guse, ob ich genug Sago zu Hause habe. »Nein«, sagte ich. Sie gab mir zwei große Brocken. *Pause.*
Am Morgen begleiteten mich Kaso, Taga und Kambel auf den See. Sie nahmen die Plätze von Wundan und Pengal ein, die bei meinem *wau* sind. Sie wollten heute unbedingt viele Fische fangen. Da die *makau*-Fische das lange Männerpaddel von weitem sehen und wegschwimmen, gab ich Kaso mein kurzes Frauenpaddel. Ich ließ die Kinder fischen und schaute meine Reusen nach. Unterwegs traf ich Guse, sie sagte: »Wenn du deine Arbeit beendet hast, komm zu mir. Ich habe für uns zwei Essen mitgebracht.« — Schon gestern hatte sie etwas mit dabei. — Als ich fertig war,

paddelte ich zu ihr, wir banden unsere Kanus zusammen und aßen. Guse hatte einen ganzen Topf Reis mit geraspelter Kokosnuß vermischt und geräucherte *makau*-Fische mitgebracht. Da ich keinen Teller bei mir hatte, füllte sie mir den Reis in den Pfannendeckel. *Miat lacht.*

Florence: Wie Mädchen, die ein Picknick machen, habt ihr zwei auf dem See gegessen.

Miat: So ist es. Wir ließen es uns schmecken und redeten. *Pause.*

Wie ist euer Ausflug gewesen?

Florence: Die Schnitzereien im Zeremonialhaus sind großartig. Suiwolimange gleicht dir, sie hat wie du viele gesunde Kinder. *Pause.*

Temben hat sich über mich lustig gemacht: Er hat vorgeschlagen, ich soll das Kanu steuern. Kannst du dir vorstellen, was daraus in der Strömung des Sepik geworden wäre? Ein Kanu steuern können nur Iatmul-Frauen.

Miat lacht und malt sich aus, wie das Kanu unter meiner Steuerung hin und her getrieben und nie auf der anderen Flußseite angekommen wäre. Wir sehen vom Fenster aus die Frau vorbeigehen, von der alle sagen, sie sei dumm. Miat verzieht das Gesicht zu einer Grimasse.

Miat: Ich mag nicht, wenn sie ins Haus heraufkommt. Sie macht mit vielen Männern Liebe, sie hat bestimmt eine Geschlechtskrankheit. Ein Mann hat sich in der Stadt mit Prostituierten herumgetrieben und den Tripper ins Dorf gebracht. Sicher hat er sie angesteckt. Immer wieder habe ich Mitleid mit ihr. Ich weiß nicht, weshalb. Temben und Kaso aber mögen sie nicht. »Diese Frau betritt unser Haus nicht!« sagen sie, und wenn sie heraufkommen will, schicken sie sie einfach weg. *Pause.*

Mein Sohn Kambel aber liebt sie. Manchmal setzt er sich auf die Treppe und hält lange Reden: »Wer es wagen sollte, ihr Böses anzutun, sich über sie lustig zu machen oder sie gar zu schlagen, der wird es mit mir zu tun bekommen. Jetzt bin ich noch ein kleiner Junge, doch wenn ich erwachsen bin, werde ich es euch heimzahlen. Ich werde euch alle töten!« So redet Kambel und wendet sich dabei an die Leute, die auf dem Weg vorbeikommen. *Pause.*

Manchmal kommt die Frau hierher, bleibt unten an der Treppe stehen und ruft leise Kambels Namen. Dann gibt er ihr etwas zu essen, einen Fisch oder einen Sagofladen. Sie kann nicht gut fischen, und deshalb wollte er heute auch mit auf den See kommen, um für sie Fische zu fangen. *Pause.*

Vor einiger Zeit kehrten Kambels Geschwister von einem Ausflug zurück und brachten eine Menge Zuckerrohr mit. Das hat sie beobachtet und bat Kambel, ihr davon zu geben. Kambel hat aber am Ausflug gar nicht teilgenommen. Als am Abend der Diebstahl entdeckt wurde, sagten alle, das kann nur Kambel gewesen sein. Seine Geschwister schimpften ihn aus, doch er läßt sich durch nichts beirren. Er kann seiner »Mutter« keinen Wunsch abschlagen. Er liebt sie über alles, und niemand darf es wagen, etwas gegen sie zu sagen. Das ganze Dorf lacht über seine Verliebtheit.

Die Geschichte von Kambel berührt mich. Ein kleiner Knabe ist in eine dumme Frau verliebt, und nichts kann ihn von seinen Gefühlen abbringen. Bedauernswert und stark zugleich erscheint er in seiner Entschlossenheit. Ich frage mich, weshalb mir Miat diese Geschichte erzählt, denn ich spüre, daß ich damit mehr zu tun habe, als es auf den ersten Blick scheint. Ich habe keine Zeit, darüber nachzudenken. Ich stelle Miat eine Frage, die mir auf der Zunge liegt. Ich wundere mich, weshalb der Junge die dumme Frau Mutter nennt.

Florence: Weshalb sagt er zu ihr Mutter, die Frau kommt doch nicht aus deinem Klan?
Miat: Ich habe Kambel dieser Frau zur Adoption gegeben.
Florence: Wirklich?
Miat: Ja. Eigentlich gab ich ihn Tembens älterem Bruder. Den wollte keine Frau heiraten, weil er ein verkrüppeltes Bein hatte. Schließlich war diese Frau bereit dazu. Sie hätte auch

keinen anderen Mann gefunden, dumm, wie sie ist. Als
Tembens Bruder starb, kehrte Kambel zu uns zurück.
Pause.

Zwei Tage nachdem ich Kambel geboren hatte, kam Tembens Bruder zu mir und sagte: »Dieses Kind möchte ich
haben. Ich habe keine eigenen Kinder. Alle meine Namen,
all meine Kokospalmen und anderen Bäume, die ich gepflanzt habe, werden ihm gehören.« Ich war damit einverstanden. Kambel ist ein Name aus der Namenlinie von Tembens Bruder. *Miat weist auf die Truhe, an die ich mich
immer wieder anlehne.* Da drinnen liegen die Hefte mit den
vollständigen Namenlinien von Tembens Klan. Auch Zaubersprüche stehen drin. Tembens Bruder hat sie ihm kurz
vor seinem Tod gegeben. *Pause.*

Als Temben die Zaubersprüche las, bekam er es mit der
Angst zu tun. Der gefährlichste ist der für die Schwindsucht. Es gibt dafür zwei Formeln. Mit der einen kann die
Krankheit ausgelöst, mit der anderen geheilt werden.
Temben weiß nicht, welcher wozu gut ist. Sagt er den
Zauberspruch auf, der die Krankheit auslöst und schluckt er
dabei Spucke hinunter, wird er selbst krank und stirbt.

Florence: Zaubersprüche sind eine gefährliche Sache. Man muß
sich darin auskennen.

Miat: Temben stand seinem Vater nie nahe. Sein älterer Bruder
aber hat von ihm alle Zaubersprüche, Namenlinien und
mythologischen Erzählungen gelernt. Temben sagte immer,
er wird das später nachholen. Dann wurde sein Bruder unerwartet krank und starb innerhalb von vier Tagen. Temben
hat nichts mehr von ihm erfahren. Nur die Hefte sind ihm
geblieben, und nun kennt er sich darin nicht aus. *Pause.*

Als sein Bruder noch lebte und wir krank wurden, gingen
wir oft zu ihm, und er heilte uns.

Florence: Auch dein Vater und dein Onkel kannten sich in der
Mythologie aus.

Miat: Das war gut so. Ich mußte nicht zwanzig oder gar dreißig
Kina für einen Zauberspruch bezahlen. Es reichte, wenn ich

ihnen zwei bis drei Kina gab. Ganz umsonst konnten sie es nicht machen. Sonst wären sie selbst oder jemand aus der Familie krank geworden. Als ich solche Schwierigkeiten hatte, Paswat zu gebären, ließen wir einen Zauber machen, bevor wir auf die Krankenstation fuhren.

Es ist das erste Mal, daß Miat über Zauberei spricht. Mythologie, Namenlinien und Zauberei sind vor allem die Domäne der Männer. Jemandem nahezustehen, der zaubern kann, ist gut, denn er kann bei Krankheit helfen. Ihr Vater, Onkel, Schwiegervater und der Bruder Tembens kannten sich darin aus. Doch Zaubersprüche sind auch gefährlich, und sie können Unheil anrichten. Wer zaubern kann, ist mächtig und gefährdet zugleich, denn jeder Zauber kann auf ihn zurückfallen und ihn selbst treffen. Ich frage mich, weshalb Miat gerade jetzt dieses heikle Thema aufgreift. Sie schweigt und überlegt.

Miat: Als Piakna starb, war ich auf dem See und fischte. Da hörte ich vom Dorf her Klagerufe. Ich erschrak und fragte mich, wer wohl gestorben sei. Ich paddelte, so schnell ich konnte, zum Ufer. Stieg aus dem Kanu, ließ es liegen, wo es war, und lief auf dem Weg ins Dorf. Da sah ich Temben. Jetzt wußte ich: Piakna ist tot. Ich fiel zu Boden, stand wieder auf, machte zwei Schritte und fiel wieder hin. Ich war nicht mehr bei Sinnen. Meine Hände, meine Arme und Beine zitterten wie Schilf im Wind. Ich rannte durchs Dorf zu Piaknas Haus. Ich ging nicht zuerst nach Hause, um Tagendemi, den ich eben geboren hatte, zu holen. Ihn gab es nicht mehr. Es gab nur noch Piakna. Als ich das Haus betrat, sah ich Amuia, die Tagendemi auf dem Schoß hielt und ihn zur Beruhigung an ihrer ausgetrockneten Brust saugen ließ. Jetzt vergaß ich ihn ein zweites Mal. Ich zitterte und hielt mich an den Frauen fest, die sich versammelt hatten. Ich sagte: »Laßt mich durch, ich will zu meinem Bruder.« Piakna lag auf einer Matte auf dem Boden. Ich fiel neben ihn hin, preßte mein Gesicht auf das seine und weinte und schrie. Später sagte man mir, daß mich sogar die Män-

ner im Zeremonialhaus gehört haben und meinetwegen zu
weinen begannen. Ich wußte nicht, was um mich herum geschah. Ich hielt Piakna umschlungen und sagte: »Weshalb
bist du gestorben und nicht unser Vater? Er ist alt und
krank, du aber bist jung. Wer dich getötet hat, soll auch
mich töten. Weshalb bist du gestorben? Ich will mit dir zusammen sterben. Du läßt drei Frauen und zwölf Kinder zurück. Wer wird für sie sorgen? Bin ich etwa ein Mann?« Ich
schrie, bis meine Stimme versagte. Dann konnte ich nur
noch weinen. Alle Frauen und Kinder waren eingeschlafen.
Ich blieb wach, bis der Morgen anbrach. Amuia hatte mir
längst Tagendemi auf den Schoß gelegt. Er trank und schlief
ein. *Pause.*
Viele fragten: »Weshalb starb Piakna und nicht mein Vater?«

Florence: Was hat der Tod Piaknas mit deinem Vater zu tun?

Miat: Mein Vater hat einen Mann verzaubert. *Pause.*

Er hat ihn getötet. Deshalb ist Piakna gestorben. Der Tote
rächte sich. Er sagte sich: »Weshalb soll nur ich sterben, ich
nehme Piakna ins Totenland mit.« *Pause.*

Drei Wochen nach Piaknas Tod hat sich mein Vater umgebracht. Ich war zu Hause. Er saß dort in der Ecke auf seinem Hocker und hielt eine Kokosnußschale mit Wasser in
der Hand. Dann trank er die Schale in einem Zug aus. Er
hatte einen Zauber gemacht und sich selbst getötet.
Pause.

Hätte mein Vater mich seine Zaubersprüche gelehrt, könnte
ich sie den Kindern meines Klans weitergeben. Jetzt stehen
sie in einem Heft, das ein Sohn Piaknas in die Stadt mitgenommen hat. Er wird es bestimmt verlieren. Ich aber hätte
es gut aufbewahrt.

Miat schweigt. Auch ich sage nichts. Was mir Miat eben erzählt
hat, ist ganz außergewöhnlich. So direkt und konkret sprechen
die Iatmul sonst nicht über Zauberei. Jetzt verstehe ich erst,
weshalb sich Miat diesem Thema zuwandte. Sie wollte über

ihren Vater erzählen. Über ihren bewunderten und geliebten Vater. Er ist schuld, daß ihr Bruder starb. Als sie klein war, starb seinetwegen ihre Mutter, jetzt ihr Bruder. Miat spricht nüchtern und ohne Vorwurf. Ihr Vater war schwach und ließ sich verführen, seine Macht auszuspielen. Aus dem bewunderten Vater der Kindheit ist ein ganz gewöhnlicher Mann geworden. Kein Glanz haftet mehr an ihm. Einzig im Bild seines Todes kehrt Miats Bewunderung noch einmal zurück: Ihr Vater bringt sich selbst um. Er wird nicht zum Opfer. Seine mythologischen Kenntnisse verleihen ihm zum letzten Mal Großartigkeit. Dies alles wird nun ein Ende haben. Das Heft mit den Zaubersprüchen wird verlorengehen. Ich sehe Miat an. Sie wirkt nicht bedrückt oder gar traurig. Ernst ist sie. Jetzt sieht sie mich an.

Miat: Morgen fahren wir zusammen ins Nachbardorf zu unserem *wau. Pause.*
Wenn ihr in die Schweiz zurückfahrt, möchte euch Kaso schrecklich gerne in die Provinzhauptstadt begleiten. Glaubst du, daß das geht?
Florence: Wenn es Platz gibt im Kanu, kann er mitkommen.
Miat: In wenigen Tagen fahrt ihr wirklich weg. Ich würde auch gerne mitkommen. Aber meine vielen Kinder brauchen mich.
Florence: Es wäre schön, wenn du mitkommen würdest.

Milan steht vor dem Haus und ruft meinen Namen. Wir wollen im Dorf Besuche machen, und er hat versprochen, mich abzuholen. Ich verabschiede mich von Miat und gehe die Treppe hinunter. Als ich neben Milan stehe, schauen wir zu ihr hinauf. Sie lehnt sich weit aus dem Fenster.

Miat: Wie ich mich freue, euch beide zu sehen. *Tränen laufen ihr übers Gesicht. Da lacht sie und wischt sie mit der Hand weg.* Geht nur! Morgen früh kommen wir zu euch zum Sepik, und dann fahren wir zu unserem *wau.*

Kaum haben wir einige Schritte gemacht, sieht mich Milan erstaunt an. Auch für mich kamen Miats Tränen unerwartet. Wie recht sie hat. Unser Abschied steht vor der Tür.

Als wir von unseren Besuchen aus dem Dorf zurückkehren, schreibe ich das Gespräch auf. Ich sitze auf der Matte, eine Kartonschachtel als Tisch vor mir und vertiefe mich in die Liebesgeschichte von Miats Sohn. Jetzt habe ich Zeit. Und was ich erkenne, ist nichts anderes als die Liebesgeschichte zwischen Miat und mir. Bin ich doch niemand anderes als die dumme Frau. Ich treibe mich mit zwei Männern im Dorf auf der anderen Flußseite herum. Ich kann kein Kanu steuern. Ich bin triebhaft und will immer wieder etwas von Miat haben. Wie die dumme Frau, die nicht fischen kann und es dauernd mit anderen Männern treibt, bin ich zu nichts gut. Doch obwohl ich zu nichts tauge, mag mich Miat. So wie ihr Sohn der einzige im Dorf ist, der diese Frau hingebungsvoll liebt. An ihrem Sohn erkennt Miat die Absurdität ihrer Liebe zu mir. Und wie er sich durch niemanden davon abbringen läßt, steht Miat weiterhin zu mir. Zwar spricht alles dagegen, und sie weiß selbst nicht, weshalb sie das tut. Doch ändern will sie daran nichts.

Es ist zehn Uhr morgens, und von Miat und Temben fehlt jede Spur. Auf dem Weg kommt eine Gruppe Männer daher. Schweigend und bedrückt machen sie bei unserem Haus halt. Wir erfahren, daß Kapmakal gestorben sei. Vor einigen Tagen hat er uns noch besucht. Er wirkte alt und gebrechlich, doch an den Tod dachten wir nicht. Ich mache mir Gedanken darüber, wie Miat und Temben zu ihm standen. Vielleicht müssen wir unseren Besuch im Nachbardorf verschieben. Als die beiden eine Stunde später kommen, schlagen sie vor, gleich loszufahren. Temben nimmt unter dem Haus den Benzintank und macht das Kanu bereit. Die beiden Männer setzen sich ins Heck, Miat, Paswat und ich in die Mitte. Temben wirft den Motor an, und wir fahren auf den Fluß hinaus. Angenehm weht mir der Wind ins Gesicht. Seit unserem Besuch auf dem Markt bis zur Fahrt gestern über den Fluß habe ich keinen einzigen Ausflug gemacht. Ich freue mich, unterwegs zu sein.

Nach einer halben Stunde Fahrt sehe ich am Ufer Wundan und Pengal. Und neben ihnen, ist das nicht mein *wau*? An seinen weißen Haaren und seinem hohen Wuchs erkenne ich ihn wieder. Mit einer ausladenden Geste heißt er uns willkommen und führt uns in sein Haus. Ich packe Reis aus, Miat Fische, wir beide haben, wie es sich gehört, Geschenke mitgebracht. Er lacht uns zufrieden an. Neben der Tür stehen ein Tisch und Stühle bereit. Ich habe die Wahl: Entweder setze ich mich zu den Männern oder zu den Frauen auf den Boden. Ich entschließe mich für die Frauen. Ich bin neugierig, die Frau, die aus dem Klan von Miats Mutter stammt und diese noch gekannt hat, besser kennenzulernen. Sie ist klein, fest und hat unregelmäßige Gesichtszüge. Lebhaft und herzlich ist sie. Sie hält Miat am Arm und lobt Wundan und Pengal. Dank ihrer Hilfe gehe die Arbeit schnell voran. In drei Tagen werden die Pfosten des Hauses ersetzt sein. Dann beginnen die beiden über den Fischfang, den Markt und über Leute zu reden. Ich schaue mich um. Mein *wau* ist ein großer Handwerker. Sein Haus ist besonders geräumig und sorgfältig gearbeitet. Jede Bindung, mit der zwei Balken zusammengebunden sind, ist ein kleines Kunstwerk. Und welche Ordnung hier herrscht! Nichts liegt herum, alles ist fein säuberlich auf Gestellen untergebracht. Ich schaue zu den Männern hinüber. Sie sitzen einander auf zwei Stühlen gegenüber und sind in ihr Gespräch vertieft. Ich höre die Namen von Miats Vater und ihrem Onkel. Sie sprechen über vergangene Zeiten. Der *wau* ist der letzte, der noch am Leben ist. Er muß gerade deshalb wichtig sein für Miat. In ihrem Dorf gibt es keinen Mann mehr aus dieser Generation, auf den sie zählen könnte. Ihre zwei Söhne, die ihm helfen, und unser Besuch hier stärken die alten Beziehungen.

Ich mische mich wieder ins Gespräch der Frauen ein. Die Zeit vergeht. Als wir davon sprechen, daß wir nun gehen werden, ruft der *wau* nach einem Jungen. Er befiehlt ihm, einen Hahn einzufangen. Und schon ertönt das Gackern eines aufgeregt durch die Gegend rennenden Hahnes und die Schreie von Kindern, die ihn verfolgen. Wundan und Pengal werden auf zwei Kokospalmen geschickt. Behende klettern sie den hohen Stamm hinauf und werfen Nuß um Nuß herunter. Als wir aufstehen und zum Ufer gehen, übergibt der *wau* Miat und mir einen weißen Hahn, das Geschenk an seine zwei *lawa*. Im Kanu liegen die Kokosnüsse schon bereit, und Miat bekommt von der Frau noch ein großes Fischnetz und Betel geschenkt. Jetzt wird sie noch mehr Fische fangen. Aus dem Kanu winken wir noch lange zurück.

Miat kaut Betel. Ihr Mund verfärbt sich leuchtend rot. Ich bin müde und überlege mir, ob wir heute noch ein Gespräch führen sollen. Temben, der das Kanu lenkt, und Milan, der bei ihm sitzt, sind in eine Diskussion vertieft. Paswat schaut zu den beiden hin und redet eifrig auf Miat ein. Ich bin zu weit entfernt und verstehe nicht, was er sagt.

Miat: Er wollte wissen, was die beiden miteinander haben. Ich sagte ihm, sie sprechen miteinander.

Ich begreife, daß Paswat seiner Mutter die gleichen Fragen gestellt hat wie ich mir.

Florence: Und wir zwei? Haben wir heute auch noch ein Gespräch?
Miat: Selbstverständlich.
Florence: Und wer hütet Paswat in der Zwischenzeit?
Miat: Das wird Temben übernehmen.

Seit jenem Tag, an dem ich mir wünschte, einmal keine Gespräche zu haben, ist mir klargeworden, wie sehr Miat an unseren Treffen liegt. Sie will keinen Tag darauf verzichten. Es scheint, als wollte sie mit mir eine Sache zu Ende führen und brauchte dazu jeden Tag, der uns noch bleibt. Als wir an der Siedlung am Fluß vorbeifahren, winken uns Leute vom Ufer her zu. Hier wohnt auch Tembens Bruder. Miat winkt zurück und beginnt mit rotem Mund über Tembens Bruder herzuziehen.

Miat: Dreimal hat er uns um Geld angepumpt. Er wird bestimmt ein viertes Mal kommen, doch dann werfe ich ihn aus dem Haus. Nun habe ich endgültig genug.

Sie beugt sich über den Rand des Kanus, spuckt die zerkaute Betelmasse ins Wasser. Miat ist zufrieden. Sie kehrt von einem Ausflug bei ihrem *wau* zurück und sitzt bequem in einem Motorkanu mit den zwei Weißen. Als wir an der Anlegestelle ankommen, erfahren wir von der kleinen Goli, daß Amuias Schwiegertochter im Haus Dinge hinterlegt hat und bald zurückkommen wird. Mein Vorschlag, wir könnten einmal unter dem Haus miteinander sprechen, wird von Miat und Temben abgelehnt. Die Frau solle nur wagen, ein Wort gegen uns zu sagen! Und energisch stößt Miat die Tür zu Amuias Haus auf, eine Tasche, die auf dem Boden liegt, schiebt sie mit dem Fuß zur Seite.

Miat: Gestern abend, als es so stark regnete, saßen wir zu Hause. Da ertönte in der Nacht ein Trommelsignal aus der Richtung von Kapmakals und Kamandemis Häusern. Ich sagte: »Hoffentlich ist Kapmakal nicht gestorben.« Temben fuhr mich an: »Wie kannst du nur so daherreden? Kapmakal war nicht krank, weshalb soll er jetzt plötzlich tot sein?« Kaso ging ans Fenster und horchte hinaus. Er hörte ferne Klagerufe. Später stellte sich heraus, daß Kapmakal wirklich gestorben ist. Kaso ging mit einigen Leuten in der Nacht zur Siedlung am Fluß, um die Nachricht zu überbringen. Wegen Regen und Wind konnten die Verwandten dort die Trommeln nicht hören. Als Temben davon erfuhr, schimpfte er: »Die sollen ihre eigenen Leute in der Nacht zum Sepik schicken und nicht meinen Sohn!«

Florence: Weshalb ist Temben auf die Familie von Kapmakal böse?

Miat: Die Tochter von Kamandemi, dem Bruder Kapmakals, wollte Kaso heiraten. Sie packte ihre Sachen zusammen und zog zu uns. Ihr Vater aber holte sie nach Hause zurück. Er sagte: »Ich will nicht, daß du einen Dorfjungen heiratest,

einen Mann ohne Schulbildung.« Kurze Zeit später schickte
er das Mädchen ins Haus von Guse. Sie sollte deren Sohn
heiraten. Der aber sagte: »Eigentlich wolltest du ja meinen
älteren Klansbruder, Kaso, zum Mann. Wenn du nun mich
heiraten willst, bin ich einverstanden. Auf mich aber mußt
du drei Jahre warten, erst dann bin ich mit meiner Schule
fertig. Vorher kann ich dich nicht heiraten.« Das war ihrem
Vater wieder zu lang, und er verheiratete sie an einen anderen Mann. Letzthin beklagte er sich im Zeremonialhaus, daß
er bis heute noch keine Brautgabe bekommen hat. Darauf
meinte der Mann von Guse trocken: »Das hast du nun von
deiner eigenen Dummheit. Einem Mädchen darf man seinen
Willen nicht brechen.« *Pause.*
Gestern ist Kapmakal gestorben. Kamandemi wird der nächste sein. Jetzt lebt er ganz alleine in der Siedlung. Sein Haus
wird bald zerfallen. Das Gras und der Busch werden alles
überwachsen. Hätte er Kaso zum Schwiegersohn genommen, er hätte das Haus repariert, das Gras geschnitten, und
das Leben würde weitergehen. Nun wird der Ort bald verlassen sein.

Ich denke, wie verletzend es für Miat sein muß, daß ihre Söhne,
die alle keine abgeschlossene Schulbildung haben, als ungebil-
dete Dorfjungen angesehen werden. Die Zeiten haben sich geändert. Was für Miat und ihre Generation noch gut war, ein
wenig lesen und schreiben zu können und Pidgin zu beherrschen, gilt heute als minderwertig. Besonders von den jungen
Männern wird mehr erwartet, als ein paar Jahre die nahe Mis-
sionsschule besucht zu haben und sich in den Angelegenheiten
des Dorfes auszukennen. Sie sollten in den Städten eine möglichst gut bezahlte Stelle als Lohnarbeiter finden. Da es am
Sepik keine weiterführenden Schulen gibt, gehen viele Leute in
die Städte. Dort können die Kinder Schulen besuchen und später Berufsausbildungen abschließen. Keines von Miats Kindern
lebte längere Zeit außerhalb des Dorfes, und so hatte keines
die Gelegenheit, in der Stadt in eine Schule zu gehen. Es ist

Miat wahrscheinlich aufgrund ihrer eigenen Lebensgeschichte schwergefallen, eines ihrer Kinder weggehen zu lassen. Das hätte für sie bedeutet, eine schlechte Mutter zu sein, die sich nicht um ihre Kinder kümmert, so wie ihre Mutter Miat sich selbst überlassen hat.

Florence: Heute ist alles anders: Was für dich und Piakna noch gut war, reicht nicht mehr aus. Man erwartet von den jungen Männern, daß sie Geld verdienen.

Miat: Das ist nicht richtig. Meine Söhne sind gute Männer. Sie kennen sich in den Angelegenheiten des Dorfes aus. *Pause.*
Am Morgen ging ich ins Haus des Toten. Ich weinte nur ein wenig. Ich log und sagte, ich muß zu meinem *wau*, er hat mich gerufen, weil er krank ist. Ich hatte keine Lust, lange zu bleiben. *Pause.*
Während ich auf dem See fischte, hat Paswat gesehen, wie Kapmakal zum Friedhof getragen wurde. Als ich nach Hause kam, bestürmte er mich: »Mama, stell dir vor, Guses Mann ist gestorben.« Er verwechselte ihn mit Kapmakal. »Die Männer haben ihn an einen Bambus gebunden und trugen ihn wie ein Schwein zum Friedhof. Komm, gehen wir und graben ihn wieder aus. Jemand hat ihn getötet. Wir müssen ihn herausholen, daß er wieder leben kann. Komm, schnell!«

Florence: Ein kleines Kind versteht nicht, daß der Tod endgültig ist.

Miat: Nein. So wird er jetzt einige Tage reden, dann wird er es vergessen.

Miat war etwa so alt wie Paswat, als ihre Mutter starb. Wie treffend er den Tod aus der Sicht eines Kindes beschreibt! In seinen Vorstellungen wurde der Mann getötet. Doch könnte er wieder leben, würde man ihn nur ausgraben.

Miat: Heute nacht versammeln sich die Frauen im Trauerhaus. Ich werde nicht hingehen. Die gehören zu einem anderen Klan. Als Kapmakals Frau gestorben ist, da ging ich hin.

Sie kam auch zu allen Trauerfeiern unseres Klans. Als Piakna gestorben war, wollte sie auch kommen. Da sagte ich ihr: »Laß es sein, du bist alt und schwach.« *Pause.*
Piakna wurde aus unserem Klan ausgeschlossen. Auch aus der Gemeinschaft des Zeremonialhauses.

Florence: Wie ist das möglich?

Miat: Man sagte, mein Vater gehöre eigentlich zum Klan der Saun, und deshalb sei Piakna auch ein Saun und kein Mbowi.

Florence: Dein Vater ist als Kind von seinem Vater, der ein Saun war, einem Mbowi-Mann zur Adoption gegeben worden. Damit verlor dein Vater die Zugehörigkeit zu den Saun.

Miat: Es gab ein großes Gerede im Zeremonialhaus. Piakna wehrte sich, er sagte: »Das könnt ihr nicht mit mir machen, das ist Wahnsinn.« Zu mir sagte er: »Was soll ich nur tun? Ich kann doch nicht mein Leben ändern, alles, was ich bin, kommt von den Mbowi. Ich bin Mbowi. Ich kann nicht, selbst wenn ich möchte, zu einem Saun werden.« Ich mischte mich auch in den Streit ein und sagte: »Und ich, bin ich etwa auch keine Mbowi mehr? Ist mein Name Miat neuerdings kein Name aus dem Klan der Mbowi?«

Florence: Wer hat den Streit angezettelt?

Miat: Piaknas eigene Klansbrüder. Sie waren schon immer eifersüchtig auf ihn.

Florence: Was sie taten, heißt bei euch soviel wie jemanden umbringen.

Miat: So ist es.

Florence: Was hat dein Vater dazu gemeint?

Miat: Er war schon krank. Er konnte das Haus nicht mehr verlassen und sich im Zeremonialhaus nicht mehr verteidigen. Nur ein Klansbruder setzte sich für Piakna ein. Sonst waren alle gegen ihn. *Pause.*
Bevor Piakna starb, sagte er zu mir: »Diejenigen, die du bisher deine Klansbrüder genannt hast, sind es von nun an nicht mehr. Auf sie kannst du dich nicht mehr verlassen.«

In diesem Moment kommt die Schwiegertochter Amuias zur Tür herein, wirft uns wortlos einen Blick zu, stellt einen Spaten an die Wand, hebt die Tasche hoch und geht. Kaum war sie in der Tür erschienen, begann Miat laut über deren Ehemann herzuziehen.

Miat: Wenn sich dein Mann einbildet, er kann Kinembe heiraten, dann täuscht er sich. Ich werde dafür sorgen, daß kein einziger dieser elenden Mbowi-Männer eine Frau meines Bruders bekommt. Kinembe ist noch jung und wird wieder heiraten, einen Mbowi-Mann aber nicht. *Pause.* Wenn ich richtig über euch herziehe, dann werdet ihr alle krank werden. Viele Leute sagen: »Nehmt euch vor Miat in acht!«

Miat ist aufgebracht. Eine Frau steht vor der Tür und sagt, daß sie ihr Sago gebracht hat. Wir stehen auf. Miat geht mit der Frau den Sago holen. Bei uns im Haus ist Temben. Er hält Paswat auf dem Schoß und wartet. Als er erfährt, daß uns Amuias Schwiegertochter nicht einmal gegrüßt hat, erklärt er, wieviel er zum Bau dieses Hauses beigetragen habe und daß die Frau aber auch gar nichts dazu zu sagen habe. Bevor Miat und Temben mit Paswat ins Dorf zurückkehren, verabreden wir, daß ich morgen zu ihr kommen werde. Wenig später höre ich, wie Amuias Schwiegertochter mit festen Hammerschlägen die Tür des Hauses zunagelt und lautstark über Miat herzieht.

Heute entwarf Miat eine negative Bilanz ihrer Lebenssituation. Ihre Söhne werden als bloße Dorfjungen angesehen, die keine Schulbildung besitzen, und ihr Bruder wurde aus dem Klan der Mbowi und der Zeremonialgemeinschaft ausgeschlossen. Der einst mächtige Klan der Mbowi ist zerfallen. Die wichtigsten Männer sind gestorben. Was bleibt, sind Klansbrüder, die sich zerstritten haben und auf die sie nicht mehr zählen kann. Daß Miat gerade heute so realistisch ihre Situation schildern kann, hängt mit unserem Besuch zusammen: Bei ihrem alten *wau* und dessen Frau fühlte sie sich aufgehoben und in Sicherheit. Aus dieser Position fällt es leichter, die Realität nüchtern zu betrachten.

»Lus olgeta«

Am Morgen kommt die Nachricht, daß heute im Dorf auf der anderen Flußseite eine Versammlung stattfindet. Temben und Milan fahren hin. Als ich mich am Nachmittag auf den Weg mache, begegne ich Kwaragwi. Sie sagt, daß sie eben Miat getroffen habe, die ins Nachbardorf gegangen sei.

Als ich bei Miats Haus ankomme, ist sie in der Tat nicht da. Die Kinder geraten in Aufregung. Kambel schlägt energisch auf die Trommel. Das Nachbardorf liegt hinter einem Wald. Miat wird das Trommeln bestimmt nicht hören. Ich lasse mich bei der Truhe nieder. Die Kinder stehen noch eine Weile herum, dann gehen sie vors Haus und spielen weiter. Ich warte. Eine Stunde vergeht. Da springt Tiri die Treppe hinauf, hinter ihr erscheint Miat. Sie lacht, streckt ihre von Betel rotgefärbte Zunge heraus, springt die Treppe wieder hinunter, wirft ihre Unterhose zum Trocknen ins Gras neben dem Weg und kommt wieder herauf. Sie muß eben gebadet haben, in ihrem Haar glänzen Wassertropfen.

Miat: Du wartest bestimmt schon lange hier. Ich sagte den Kindern: »Wenn Florence kommt, soll sie auf mich warten. Ich werde bald zurück sein.« *Pause.*
Ich ging mit der jungen Frau von nebenan ins Nachbardorf. Sie hat zu Hause nichts zu essen, und ihr Vater ist vom Hunger so schwach, daß er sich am hellichten Tag hinlegte. Die Frau wollte Fisch für Sago erwerben. Wir mußten lange suchen, bis wir jemanden fanden, der am Tausch interessiert war. Alle wollten Geld für die Fische haben. *Pause.*
Bist du nicht zur Versammlung gefahren?

Florence: Nein, ich wollte ja nicht hingehen.

Miat wendet sich zu den Kindern, die sich zu uns gesetzt haben:
Verschwindet jetzt!

Doch nichts geschieht. Ich denke, daß es um meine Abreise
geht. Es wäre einfacher für Miat, wenn sie dabei aktiv bleiben
könnte und nicht von mir verlassen würde. So wie sie ins Nachbardorf gegangen ist und wie sie eben die Kinder fortschickte.
Keines der Kinder rührt sich. Miat holt aus ihrer Tasche eine
Betelfrucht hervor und schält sie. Sie wirkt unruhig und gespannt. Ich überlege mir, was ich tun könnte. Da beginnt sie,
vom morgendlichen Fischfang zu erzählen, doch nicht wie sonst
in ihrer präzisen Art. Sie springt von einer Sache zur andern.
Nur langsam wird sie ruhiger. Als sie jetzt die Kinder erneut
wegschickt, verschwinden diese auf der Stelle.

Miat: Ich habe von einer Frau erfahren, daß Amuias Schwieger-
tochter die Tür zugenagelt hat und herumerzählt, aus der
Truhe sei etwas gestohlen worden.
Florence: Sie ist eifersüchtig auf uns zwei. Jetzt macht sie uns
Probleme.
Miat: Sie hat nichts zu sagen. Die Pfosten des Hauses hat Tem-
ben eigenhändig eingesetzt. Sie soll nur still sein. *Pause.*
Der Hahn von unserem *wau* krähte heute morgen als erster.
Die Kinder waren darüber begeistert und meinten: »Ist das
ein guter Hahn, den müssen wir behalten!«
Florence: Vielleicht haben sie recht, und wir sollten ihn am Le-
ben lassen.
Miat: Das kommt nicht in Frage. Er ist ein Geschenk unseres
wau, und wir werden ihn essen. *Pause.*
Im Nachbardorf wurde ich gefragt, weshalb Kapmakal gestorben sei. Ich habe gesagt, darüber weiß ich nicht Bescheid.
Florence: Die Angelegenheit mit Kapmakals Bruder Kamandemi, der nicht zuließ, daß seine Tochter Kaso heiratete, hat
damit nichts zu tun?
Miat: Nein, das ist eine Sache, die nicht zum Tod führt und die

die Ahnen nicht bestrafen. Was mit Piakna geschah, das ja. Auch wenn die Männer im Zeremonialhaus miteinander streiten und schlecht über jemanden reden. *Pause.*

Die Männer aus dem Klan von Temben sind böse, daß viele Frauen in den Klan von Kapmakal und Kamandemi geheiratet haben und von dort keine zurückgeheiratet hat. Das ist nicht recht. Eigentlich sollten die Töchter Männer aus dem Klan ihrer Mütter heiraten, damit das Gleichgewicht wieder hergestellt wird. *Pause.*

Meine Heirat war eine große Sache. Ich heiratete wie schon meine Mutter auf dem Zeremonialplatz. Meine Verwandten plünderten das Haus von Tembens Vater vollständig aus. Fischreusen, Fischspeere, Sagovorratstöpfe, Feuerschalen, alles, was sie nur tragen konnten, nahmen sie mit, selbst die Hühner. Und von den Palmen holten sie alle Kokosnüsse herunter. Am Abend war das Haus leer. Als Tembens Vater das sah, sagte er: »Schick diese Frau zurück. Ihre Verwandten sollen alles wieder herbringen!« Ich saß nicht weit entfernt von ihm und hörte jedes Wort. Da sagte Temben: »Die Brautgabe habe ich mit meinem eigenen Geld bezahlt. Schickst du meine Frau zurück, so siehst du mich jetzt zum letzten Mal. Gleich morgen werde ich unser Dorf für immer verlassen und in eine Stadt ziehen.« Darauf wußte sein Vater nichts zu sagen. *Pause.*

Ich wäre Temben in die Stadt gefolgt. Auch ich hätte das Dorf für immer verlassen. Ich liebte nur ihn und wollte keinen anderen Mann.

Florence: Temben liebte auch nur dich und hat dich seinem Vater gegenüber verteidigt.

Miat: Was dieser sagte, hätte er nicht sagen sollen. Später habe ich es ihm zurückgegeben.

Als ich aufstehe, um zu gehen, verabreden wir, daß ich auch morgen ins Dorf komme. Unterwegs zum Sepik denke ich immer wieder daran, wie Miat heute wegging und wie überrascht und durcheinander sie war, als sie mich zu Hause antraf.

Die Idee, ins Nachbardorf zu gehen, kam ihr, als sich die Zeit für unser Gespräch näherte und sie sich vorstellte, ich sei bei der Versammlung und würde heute nicht kommen. Und genau so wird es ja auch bald sein. Die Zeit für unser Gespräch wird sich nähern, und ich werde weg sein. Wieder wirke ich wegen meiner bevorstehenden Abreise wie die *pes i drai*-Frau, die sich abwendet und Miat alleine zurückläßt. Um dieses Gefühl des Zurückgelassenwerdens zu bezeichnen, verwenden die Iatmul den Pidgin-Ausdruck »lus olgeta« (*lus* heißt verlassen, verloren, im Stich gelassen; olgeta heißt ganz, vollständig). Ich denke, daß Miat heute dieses Gefühl, das durch meine bevorstehende Abreise droht, vorwegnimmt und daß es ihr darum geht, aktiv zu bleiben. Sie war diejenige, die wegging, und ich hatte auf sie gewartet. Ich nehme mir vor, morgen darüber zu sprechen.

Seit einigen Tagen hat sich herumgesprochen, daß wir heute Besuch bekommen: eine europäische Familie, die in der Provinzhauptstadt lebt. Der Vater leitet ein Entwicklungsprojekt und möchte, bevor er nach Deutschland zurückkehrt, den Sepik kennenlernen. Am Morgen schneidet Temben um unser Haus Gras. Alles soll sich hier in bester Ordnung präsentieren. Mbara, ein alter Mann, mit dem Milan früher viel zusammengearbeitet hat, kommt uns mit seiner Frau und seinem Sohn besuchen. Sie bringen als Geschenk eine große Tasche Süßkartoffeln. Es ist unsere bevorstehende Abreise, die sie dazu veranlaßt. Alle sitzen auf dem Boden. Ich mache Tee, stelle Tassen und Zucker hin und gieße ein. Es bahnt sich ein Gespräch über alte Zeiten an. Langsam sollte ich mich auf den Weg ins Dorf machen. Ich ziehe bereits meine Sandalen an, als Miat in der Tür erscheint. Sie trägt eine Tasche voller Kokosnüsse und Bananen.

Erstaunt sage ich: »Du hier? Das ist eine Überraschung!« Sie begrüßt unsere Gäste und setzt sich dazu. Sie erzählt, daß Wundan und Pengal aus dem Dorf ihres *wau* zurückgekehrt sind und die Kokosnüsse und Bananen als Geschenke für ihre Hilfe beim Hausbau mitgebracht haben. Da kommt auch Wundan selbst die Treppe herauf und setzt sich zur Tür. Miat fragt mich, ob ich ihm Malariatabletten geben könne, er sei krank. Während ich ihm die Tabletten gebe, gehen die Gespräche weiter. Alle genießen es, stark gezuckerten Tee zu trinken und bei uns zu sein.

Nach einiger Zeit verabschieden wir uns. Die Tür zu Amuias Haus ist noch immer zugenagelt, und wir beschließen, bei Miat im Dorf zu sprechen. Den ganzen Vormittag hat es geregnet, und der Weg ist naß und glitschig. An meinen Sandalen klebt immer mehr Erde. Ich ziehe sie aus. Ich schaue, wo Miat ihre Füße hinsetzt. Sie geht vor mir, die volle Tasche auf dem Rücken. Wir sprechen über dies und jenes: ob die weißen Gäste heute wohl kommen werden, über den Regen und die Mücken, die uns plagen. Als wir bei Miats Haus ankommen, gehen wir zuerst zum Bach. Unsere Füße und Beine sind mit Erde verschmiert. Miat hält mich an der Hand, so rutsche ich am Ufer nicht aus. Mit der freien Hand wasche ich meine Füße. Als ich fertig bin, entdeckt Miat noch Flecken an meinem Bein und wischt sie weg. Nachdem auch sie sauber ist, steigen wir die Treppe ins Haus hinauf. Miat stellt die Tasche mit den Kokosnüssen und Bananen neben die Tür. Sie reibt sich mit der Hand übers Haar und wirft den Kopf zurück. Die Tasche war schwer, und sie ging den ganzen Weg vornübergebeugt. Wir setzen uns zum Fenster und zünden uns eine Zigarette an.

Miat: Heute waren die Fische wieder ängstlich und ließen sich nicht mit dem Speer fangen. In den Reusen aber fand ich einige Fische. Vier Reusen nahm ich von ihrer alten Stelle weg und legte sie an einem neuen Ort aus, wo das Wasser niedriger ist. Auch das Netz, das ich geschenkt bekommen hatte, nahm ich mit, um es auszulegen. So wie ich es mache, macht es sonst keine Frau. Sie verstehen nicht, wie ich es mache. Ich hänge das Netz aus, daß es nur an einer Seite festgemacht ist. So kann ein dahertreibender Baumstamm es nicht zerreißen. Die anderen Frauen aber machen ihre Netze auf allen Seiten fest, und so werden sie immer wieder zerrissen. *Pause.*

Zu Hause angekommen, backte ich Sagofladen. Ich beeilte mich. Ich wollte dich überraschen.

Florence: Ich dachte, ich packe jetzt meine Sachen zusammen und gehe ins Dorf. Ich schlüpfte eben in die Sandalen, da sah ich dich. Heute hast du mich überrascht, gestern ich dich.

Miat: Man sagte mir, daß du zu Hause auf mich wartest. Da bin ich nur noch gerannt. Ich badete schnell im Bach und kam hierher. Ich dachte, du würdest nicht kommen, doch du hast hier auf mich gewartet.

Florence: Ich reise bald ab. Als sich gestern die Zeit für unser Gespräch näherte und du geglaubt hast, ich würde nicht kommen, hast du dich vielleicht *lus olgeta* (verloren, verlassen, unglücklich) gefühlt. Und damit das Gefühl nicht zu stark wird, bist du dann selbst weggegangen.

Miat: Genau. So war es, wie du es beschreibst. *Miat lacht und schlägt mir mit der Hand aufs Bein.* Genau so.

Sie nimmt aus der Tasche eine Betelfrucht und schält sie; öffnet die Dose mit dem Kalk, steckt ein Stück Betelpfeffer in den Kalk und beginnt zu kauen. Sie lehnt sich zurück.

Miat: Als Milan das letzte Mal hier war, kam er mit einem Mann vom Nationalmuseum. Mehrere Frauen, auch ich, gaben ihm schöne Taschen mit, die er in der Stadt verkaufen wollte. Bis heute hat er sich nicht gemeldet. Auch Geld hat er keines geschickt. Wenn du ihn triffst, mußt du ihn unbedingt daran erinnern.

Florence: Ich werde ihn fragen, was mit den Taschen los ist.

Miat: Wenn du gehst, werde ich traurig sein. Dann ist Florence weg, mit der ich jeden Tag sprechen konnte, die mir half, als ich keinen Sago hatte und in Schwierigkeiten war. Florence, die mir immer wieder Betel brachte. *Pause.*
Ich brauchte nur zu sagen, was mir fehlt, und du hast mich schon verstanden. Ich mußte kein Geschrei machen und dich lautstark darum bitten. *Pause.*

Ich habe nie eine Schwester gehabt. Piakna ist tot. Du bist wie meine Schwester. Wenn du gehst, werde ich weinen.

In Gedanken verloren kehre ich zum Sepik zurück. Ich bin traurig. Goli und Jimmy, die mich vor unserem Haus erwarten und mich für ein Bad im Sepik begeistern wollen, gelingt dies heute nicht. Es ist, als wollte ich vorwegnehmen, wie es sein wird, wenn ich wieder in Europa bin. Ich werde keine Gespräche mehr mit Miat haben, unsere Auseinandersetzungen, unsere Zweisamkeit werden ein Ende haben. Ich mag weder im Sepik baden noch mit jemandem reden. Den Rücken zur Tür gewandt, lasse ich mich auf der Matte nieder und schreibe das Gespräch auf. Dann lese ich es durch. Und je länger ich mich darin vertiefe, um so klarer sehe ich, wie sehr Miat daran liegt, mich als zugewandte, aufmerksame und großzügige Frau zu erleben. Ich habe keinen einzigen Fehler, nicht den geringsten Makel. Miat idealisiert mich. Über das andere Bild, das in unserer Beziehung immer wieder zum Tragen kam, die *pes i drai*-Frau, haben wir schon oft gesprochen, über das der idealisierten Frau noch nicht.

Den ganzen Abend denke ich immer wieder an das morgige Treffen. Ich überlege hin und her, was ich Miat sagen soll. Bis ich merke, daß ich es am liebsten bleiben ließe. Miat soll mich weiterhin für die beste Frau der Welt halten, und die Gespräche sollen für immer weitergehen.

Mein Foto in der Truhe

Am Abend ist bei uns viel los. Das europäische Ehepaar mit drei Kindern ist angekommen. Moskitonetze werden aufgehängt, Matratzen hingelegt, Leintücher darübergezogen, Taschen und Schachteln voller Eßwaren verstaut. Wir sind eine Kultur der vielen Güter. Was wir zum Leben brauchen, und sei es nur für zwei Tage, füllt im Nu ein Iatmul-Haus. Die Frau brachte selbstgebackenes Brot mit, für Milan und mich nach zwei Monaten ohne Brot eine Delikatesse. Dazu gibt es frisches Obst nach unserer Gewohnheit: Äpfel, Birnen und Orangen. Alles schmeckt, als würde ich es zum ersten Mal essen. Für unsere Gäste ist der Sepik aufregend, ja romantisch. Das blättergedeckte Haus, die Toilette im Busch, die Petroleumlampe, der Eimer mit Wasser. Nur die Mücken kann niemand hinnehmen, die Sprays und Stifte sind unaufhörlich in Betrieb. Vor allem den Mann machen sie ganz nervös. Da die Besucher alle gut Pidgin können, kommen auch Kinembe, Pamdaua und die Kinder voll in den Genuß eines Gespräches. Goli, Jimmy und Watkut haben sich vorbereitet. Seit Tagen belagern sie mich mit Fragen: Wie alt die Kinder sind, ob sie Pidgin sprechen und schwimmen können und wie sie heißen. Nun begrüßen sie die drei Kinder mit ihren Namen und haben nur eines im Sinn, ihnen morgen die Umgebung zu zeigen.

Nach dem Frühstück gehen die Erwachsenen mit Milan ins Dorf. Die drei weißen Kinder wollen nicht mitgehen. Sie sitzen auf der Matte bei der Tür und überlegen, was sie tun könnten. Verstecken- oder Familiespielen? Das älteste Mädchen holt eine Schachtel mit einem Würfelspiel aus der Reisetasche. Sie ruft die Regeln in Erinnerung, dann würfeln alle. Die Kleinste hat

Glück und fängt an. Drei braungelockte Kinder sitzen in unserem Haus am Ufer des Sepikflusses und spielen. »Das gilt nicht, der Würfel steht schief. Du mußt die Würfel zusammen werfen. Jetzt bin ich an der Reihe. Bescheiße nicht immer. Warte es ab, du wirst schon wieder Glück haben.« Als eines auf die Toilette muß, sehe ich, wie unsicher es auf dem leicht wippenden Boden des Hauses geht. Fremd fühlen sie sich hier. Es ist meine bevorstehende Abreise und die Trennung von Miat, die mich diese Kinder so sehen lassen. Und ich kann nicht genug davon bekommen, ihnen zuzuhören und zuzuschauen. In jeder Geste, in jedem Wort dieser weißen Kinder erkenne ich mich wieder. Ich weiß nur zu gut, daß ich nicht zu einer Iatmul-Frau geworden bin, weil ich gelernt habe, auf dem wippenden Boden des Hauses sicher zu gehen. Meine Beziehung zu Miat war möglich, obwohl wir so verschieden sind. Sie war möglich, weil ich die ganze Zeit darum gekämpft habe, Miat in ihrer Besonderheit zu akzeptieren. Und weil sie ihrerseits dasselbe tat. Und jetzt, wo ich Abschied nehmen muß, soll ich in Konfusion geraten? Ich muß die Idealisierung, die in der Einstellung von Miat zu mir im Vordergrund steht, deuten.

Gegen Mittag kommt die Frau alleine aus dem Dorf zurück. Sie hat Miat kennengelernt und erzählt begeistert über ihre Begegnung. Miat habe ihr gezeigt, wie sie Sagofladen bäckt, und ihr drei Fische als Geschenk mitgegeben. Miat sei eine imponierende Frau. Wie recht sie hat. Während sie sich hinlegt und ausruht, mache ich mich auf den Weg. Dort, wo der Weg zum See abzweigt, begegne ich Miat, Tiri und Paswat. Miat trägt einen Eimer bei sich. Zu viert gehen wir zum See und schöpfen Wasser. Auf dem Rückweg hält mich Paswat vertraulich bei der Hand, und ich passe meine Schritte seinen an. Zu Hause sitzt Temben. Er erzählt, daß der Entwicklungshelfer im Nachbardorf unbedingt Fotos von den Initianden machen wollte. Die Männer verlangten dafür zehn Kina. Temben ist unzufrieden, und als er schon dazu ansetzt, sich über die geldgierigen Nachbarn auszulassen, sage ich:

Florence: Die haben doch recht gehabt. *Und Miat pflichtet mir bei.*

Miat: Er ist schließlich der Leiter einer Schule, in der die Schwarzen zu Ladenbesitzern ausgebildet werden. So ist es nichts als recht, wenn er bezahlen muß. *Temben muß über Miats Argumente lachen. Er steht auf und läßt uns alleine.*
Heute gab es viele Fische, aber sie waren schwierig zu fangen. Ich fing sechs mit dem Speer, und sechs waren in meinen Reusen. Plötzlich kam ein gewaltiger Wind auf. Ganz selten gibt es auf dem See so starken Wind. Mehrere Kanus kippten samt Frauen um. Die Nachbarin hatte ihr kleines Kind mit, und als ihr Kanu kenterte, dachte sie nur: Meinem Kind darf nichts passieren. Fest drückte sie es an ihre Brust. Als sie wieder auftauchte, setzte sie es auf das umgekippte Kanu. Das Kanu und das Kind haltend, schwamm sie ans Ufer. Ihr Fischspeer, ihr Messer, ihre Tasche, alles trieb davon und ging verloren. *Pause.*
Auch Pengals Kanu kenterte. Alle Fische, die er gefangen hatte, fielen ins Wasser. Ich versteckte mich im hohen Gras. Mit beiden Händen hielt ich mich links und rechts am Schilf fest. Mein Kanu kenterte nicht. Ich wartete, bis der Wind nachließ, dann kehrte ich ins Dorf zurück.

Pengal verliert alle Fische, die Frau ihr Hab und Gut. Doch Miat verliert nichts. Ist der gefährliche Wind ein Bild dafür, was drohen könnte, wenn ich nun abreise? Miat weiß sich geschickt zu helfen, ihr kann nichts geschehen.

Miat: Zu Hause entfachte ich in der Feuerschale ein Feuer, legte die Tonplatte hinein und bereitete alles für das Fladenbacken vor. Da kam die weiße Frau. Sie blieb vor dem Haus stehen. Erst als ich ihr sagte, sie solle heraufkommen, kam sie. Interessiert schaute sie mir beim Backen zu. Sie wollte genau wissen, wie ich das mache. Dann sah sie sich die verschiedenen Fische an. Ich erzählte ihr von dir. Ich sagte: »Florence kann Fladen backen, Fische fangen und auf den Markt fahren.«

Ich schaue Miat an. Beide beschäftigen wir uns mit dem Abschied, Miat auf ihre und ich auf meine Weise. Jetzt weiß ich, was ich ihr sagen will.

Florence: Du sprichst über mich, als wäre ich eine perfekte Iatmul-Frau. Manchmal erlebst du mich wie eine Frau, die sich von dir abwendet, wie vorgestern, als du glaubtest, ich sei weg, und du das Gefühl hattest, daß du »lus olgeta« bist. Das ist das eine Gesicht dieser Frau. Das andere Gesicht ist genau das Gegenteil: Da bin ich nur gut.

Miat fällt mir ins Wort: Ja, du bist eine gute Frau. Du stehst mir nahe und sprichst jeden Tag mit mir. Alle anderen Frauen wie Turi oder Guse sind nicht so. Einen Tag wenden sie sich mir zu, am nächsten drehen sie mir den Rücken zu. Du bist anders.

Florence: Was du sagst, ist wahr; wir haben jeden Tag miteinander gesprochen, und ich bin wohl eine gute Frau. Doch in deinen Vorstellungen darf ich nur gut sein. Ich darf keinen einzigen Fehler haben, nicht den geringsten Makel. Aber schau uns an: Du bist eine Iatmul-Frau, deine Mutter war eine Iatmul-Frau. Ich komme aus der Schweiz, und meine Mutter ist eine Schweizerin. Ich kann das Kanu nicht über den Fluß steuern, hier am Sepik könnte ich keine Familie ernähren. Auch wenn ich mir Mühe gebe, dich zu verstehen, bin ich doch ganz anders. Und wenn du an die vielen Gespräche denkst, die wir geführt haben, so war es ja nicht so, daß ich deine Gedanken und Gefühle immer verstanden habe. Manchmal fiel es mir schwer, und es dauerte, bis ich begriffen habe, was dich bewegt. Das hast du bestimmt bemerkt und dich gefragt: Was ist jetzt mit ihr los? Wie befremdlich Florence heute ist. Es kann gar nicht anders sein, als daß du dich über mich geärgert hast. Aber im Handumdrehen hast du deinen Ärger zur Seite geschoben und mich wieder zu einer guten Frau gemacht, die alles kann und alles versteht. Das ist ein Wunsch, der ganz stark ist. Es ist, als dürftest du mich nur gut sehen. *Während ich spreche, nickt Miat mehrmals mit dem Kopf, jetzt sagt sie leise:*

Miat: Was du sagst, ist wahr. *Sie schweigt und schaut aus dem Fenster.* Ich weiß nicht, was ich sagen soll. Ich bin ganz durcheinander. *Pause.* Bald gehst du fort. *Pause.*

Guse wollte immer wieder von mir wissen, was wir denn jeden Tag reden. Ich antwortete ihr: »Ich erzähle Florence vom Fischfang, vom Kochen, von den Kindern. Einfach das, was ich den ganzen Tag mache.« Heute morgen hat sie mich wieder danach gefragt, und als ich es ihr wieder erklärte, schlug sie mit der flachen Hand begeistert auf die Kanuwand, daß es dröhnte, und sagte: »Ich will auch so eine Freundin haben wie du. Es soll noch so eine kommen. Sie muß perfekt Iatmul sprechen, und dann werde auch ich tägliche Gespräche haben.« *Pause.*

Das ganze Dorf sagt, wir zwei seien Schwestern. *Pause.*

Wer wird mir so nahestehen wie du? Wer wird mir nun helfen, wenn ich in Schwierigkeiten gerate? Wie du mir geholfen hast, für meine Kinder Sago zu kaufen. *Pause.*

Immer, wenn es mir schlecht geht, hole ich aus der Truhe, an die du dich immer anlehnst, dein Foto hervor, das du mir vor Jahren geschenkt hast. Dann spreche ich mit dir und sage: »Wenn du jetzt hier wärest, du würdest mir helfen.« Was ich dir sage, Florence, ist kein leeres Wort. Ich habe dein Foto schon oft hervorgenommen und so mit dir gesprochen. Temben und die Kinder haben es gesehen.

Florence: Wenn du dich verlassen und verloren fühlst, dann holst du mich aus der Truhe hervor. Und dein Gefühl, *lus olgeta* zu sein, wird kleiner. So muß es schon einmal gewesen sein, als du noch ein Kind warst.

Miat: Als meine Mutter starb und Amuia ihren Platz einnahm, hat sie mir oft den Rücken zugewandt, und ich fühlte mich alleine. Es stimmt, was du gesagt hast. Ich wünschte mir immer eine Frau, die mir beisteht. Das war schon immer mein größter Wunsch. *Pause.*

An jenem Tag vor vierzehn Jahren, als du das erste Mal zu

mir nach Hause gekommen bist, dachte ich mir, es ist gar nicht möglich, daß mich diese Frau gern hat. Als du aber mit Milan wiedergekommen bist, da wußte ich: Sie hat mich gern. *Pause.*

Du kommst aus der Schweiz und ich vom Sepik. Du hast deine Mutter, und ich habe meine Mutter, und dennoch ist unsere Mutter dieselbe, und wir zwei sind Schwestern. *Pause.*

Den Rock, den du mir als Geschenk mitgebracht hast, werde ich waschen und mit dem Foto in der Truhe verstauen. Findet ein Fest statt, werde ich ihn tragen. *Pause.*

Ich möchte nicht, daß du schon am Montag wegfährst, ich möchte, daß ihr bis zum Dienstag bleibt.

Florence: Dann fahren wir erst am Dienstag.

Miat holt Paswat, der im Moskitonetz geschlafen hat, setzt ihn auf ihre Schultern und begleitet mich zum ersten Mal ein Stück Weg. Dort, wo der Bach sich zu einem kleinen Weiher erweitert, verabschieden wir uns. Nach einer Weile schaue ich zurück. Miat steht mit Paswat an derselben Stelle und winkt mir nach. Das ist der Abschied, denke ich und gehe durch die abendliche Landschaft zum Sepik.

Abschied

Am Morgen verabschieden sich unsere weißen Gäste und fahren ab. Milan und ich kehren ins Haus zurück und schauen uns um: Leer ist es hier und still. Eine Stunde später kommt Temben mit zwei Männern. Alle drei machen einen bedrückten Eindruck und wollen lange nicht mit der Sprache herausrücken. Schließlich beginnt Temben zu sprechen. Gestern abend sei im Dorf ein Gerede aufgekommen. Der Mann von Guse will, daß Milan und ich für das Haus hier Miete bezahlen. Einen genauen Betrag habe er nicht genannt, doch klein wird er nicht sein. Temben und die drei Männer finden diese Forderung ganz unsinnig, da Milan ja am Hausbau mitgeholfen habe. Doch das Gerede sei nun einmal da, und sie seien nur gekommen, um uns darüber zu informieren. Besorgt, wie sie gekommen sind, kehren sie ins Dorf zurück.

Nun haben wir es: Ärger. Die zugenagelte Tür von Amuias Schwiegertochter war nur ein harmloser Vorbote. Wie immer in solchen Fällen werde ich wütend und ziehe über Guses Mann her. Nachdem ich mich über ihn ausgelassen habe, mache ich Milan und mir Vorwürfe, uns zuwenig um ihn und seine Frau gekümmert zu haben. Dann schlage ich vor, ihm das Geld zu geben, um Ruhe zu haben. Erst nachdem ich meinen Gefühlen freien Lauf gelassen habe, gewinne ich meine Fassung zurück. Die Forderungen von Guses Mann hängen mit unserer bevorstehenden Abreise zusammen. Immer wenn wir den Sepik verließen, wurden solche Forderungen an uns gestellt. Die schwierigen Gefühle, welche der Abschied hervorruft, werden damit bewältigt. Mit seinen Forderungen vertritt Guses Mann nicht nur seine Frau, die erlebt, wie Miat tagtäglich etwas mit der weißen Frau hat, sondern auch alle anderen, die das Gefühl haben, zu kurz gekommen zu sein. Wie hätten wir dreihundert Menschen zufriedenstellen können? Der Konflikt ist unvermeidbar. Meine Vorstellung, dem Mann das Geld für die Miete zu geben, um dann Ruhe zu haben, ist eine aggressive Phantasie. Von Ruhe nach der Bezahlung könnte sowieso keine Rede sein. Es geht ihm auch nicht in erster Linie um das Geld. Guse und ihr Mann möchten von uns mit Respekt verabschiedet werden. Recht hat er, sich zu melden.

Vor drei Tagen habe ich damit begonnen, von all den Leuten, die uns während unseres Aufenthaltes geholfen haben, eine Liste aufzustellen. Für die Nahrungsmittel, die man uns gebracht hat, haben wir nie bezahlt. Hie und da haben wir uns, besonders bei Kinembe und Pamdaua, die uns fast täglich mit Krebsen, Fischen und Gartenprodukten versorgt haben, revanchiert. Wir luden sie ein, im Motorkanu zum Markt zu fahren, halfen ihnen mit Kerosin für die Lampen, mit Öl, Salz und Zucker aus. Seit zwei Tagen verteilen wir im ganzen Dorf Geschenke. Doch auf meiner Liste fehlt der Name von Guse und ihrem Mann. Ihrer Familie geht es besonders gut, da Söhne in den Städten arbeiten und Geld schicken. So kam ich nicht auf die Idee, sie zu beschenken. Es kann nicht so bleiben. In eine große blaue Plastiktüte packe ich Geschenke ein. Ich habe noch einige Matrizen fürs Färben der Schnüre, die bei den Frauen großen Anklang fanden. Ich stecke sie für Guse, die so kunstvolle Taschen herstellt, in die Tüte. Milan wird am Nachmittag zu Guses Mann gehen und ihm die Geschenke der Weißen überbringen. Ich bin erleichtert, daß die Angelegenheit unter Männern geregelt wird und meine Gespräche mit Miat dadurch nicht belastet werden.

Am Nachmittag gehen wir zusammen ins Dorf. Miat sitzt am Fenster. Sie schaut auf den gefüllten Plastiksack und will wissen, wohin Milan unterwegs ist. Sie ist erleichtert, wie sie nun von ihm erfährt, er statte Guses Mann einen Besuch ab. Ich lege den Schirm auf die Truhe und lasse mich ihr gegenüber am Boden nieder.

Miat: Heute morgen auf dem See sahen wir Frauen, wie die Männer vom Nachbardorf die frisch initiierten Jungen wuschen. Der Schrei, den die versammelten Männer von sich gaben, ist derselbe, den wir Frauen ausstoßen, wenn es ungewöhnlich viele Fische gibt. Zurück im Dorf gab ich von den Fischen, die ich fing, mehreren Frauen, auch den Kindern meiner Klansschwester, die noch immer mit ihrem kranken Säugling im Spital ist. Für Milan und dich schmoren zwei auf der Tonplatte. Ich habe sie mit Gemüse in Bananenblätter eingewickelt. Bevor ihr den Sepik verlaßt, müßt ihr noch einmal von meinen Fischen essen. *Pause.*
Wundan kam heute mit auf den See, er fing auch eine ganze Menge. Er sagte: »Ich habe es satt. Weshalb gibst du immer so viele Fische weg? Mir reicht es!« Er packte seine in eine Tasche ein, machte sie gut zu, damit niemand sah, was darin war, und ging nach Hause. Ich habe immer wieder Mitleid, wenn ich eine Frau sehe, die wenig gefangen hat. Deshalb verteile ich meine Fische. Sonst denken die Frauen: »Weshalb fängt Miat immer so viel und ich nicht?« Doch was Wundan sagt, ist richtig, er sprach meine geheimsten Gedanken aus. Zu Hause bat er mich, die Fische heute nicht zu kochen, sondern auf Stäbchen aufzuspießen und zu räuchern. Ich machte es so, wie er es sich wünschte. *Pause.*
Gestern nach unserem Gespräch besuchte ich die Frau im Nachbardorf, deren Tasche ich damals an den Weißen verkauft habe. Wir saßen zusammen, aßen Betel und erzählten uns gegenseitig über den schrecklichen Wind, der uns auf dem See überraschte. Sie schilderte, wie die Frauen aus ihrem Dorf kenterten, und ich schilderte, wie die Frauen von hier kenterten. Wir lachten. Es erging uns gleich in beiden Dörfern.

Miat nimmt aus der Schachtel, die vor uns auf dem Boden liegt, eine Zigarette. Ich gebe ihr Feuer und zünde mir auch eine an. Sie nimmt einen tiefen Zug und lehnt sich zurück. Sie überlegt sich etwas. Jetzt schaut sie mich an.

Miat: Ich muß dir erzählen, wie ich als Mädchen, im Alter von Kambel (acht Jahre), fast bis zu der Regierungsstation am unteren Sepik gefahren wäre. Du weißt, daß der Vater von Temben schlecht für seine Frau sorgte. Er baute ihr kein Haus, schnitzte ihr kein Kanu, er kümmerte sich nicht um sie. Da zog sie ins Haus ihrer Brüder zurück. Da sie kein Kanu hatte, mußte sie, wenn sie während des Hochwassers jemanden besuchen wollte, ihre zwei kleinen Kinder auf die Schultern nehmen und durchs Dorf schwimmen. Alle sagten: »Nimm dir einen anderen Mann!« Es dauerte nicht lange, und sie heiratete einen Mann, der gut für sie sorgte. Er baute dieses Haus hier, in dem wir wohnen. Er rief die Männer des ganzen Dorfes zur Mitarbeit auf. Drei Schweine schlachtete er für das Festessen. Alle halfen mit außer meinem Bruder Asagame und seinem Freund. Die zwei drückten sich, und noch am selben Abend wurden sie von den Männern verprügelt. In derselben Nacht verschwanden sie. Sie setzten sich in ein Kanu und paddelten davon. Als ihr Verschwinden spät in der Nacht entdeckt wurde, gab es eine große Aufregung. Die Mutter Asagames beschloß, ihnen zu folgen und sie zurückzuholen. Mich und meine Freundin hieß sie mitkommen. Wir packten Essen für mehrere Tage ein und paddelten los. Bei jedem Dorf legten wir an und fragten nach den zwei jungen Männern. Bei jedem Dorf erfuhren wir dasselbe. »Ja, wir haben die zwei gesehen. Sie paddelten hier vorbei. Doch jetzt müssen sie bereits beim nächsten Dorf sein.« Im letzten Dorf vor der Regierungsstation erhielten wir dieselbe Auskunft. Nun war klar, daß wir sie nicht mehr einholen konnten. So gaben wir auf und kehrten zurück. *Pause.*
Die zwei haben ein Schiff genommen, das sie in die Stadt brachte, und kamen erst Jahre später zurück.

Übermorgen fahren Milan und ich zur gleichen Regierungsstation. Wie ihr Bruder und sein Freund ihres Weges gingen, werden auch wir fortgehen, und es gibt keine Möglichkeit, uns davon abzuhalten. Doch werden wir, wie schon die beiden jungen Männer, wieder zurückkommen.

Miat: Als Tembens Stiefvater noch lebte und hier wohnte, war dieses Haus anders eingerichtet. Es gab mehrere Zwischenwände.
Florence: So wie es die Weißen mit den Zimmern machen?
Miat: Ja, so. Wir haben es von euch abgeschaut. Als der Stiefvater starb, nahmen wir alle Wände wieder heraus.

Ich denke, zum Glück, und schaue mich um. Ich versuche mir vorzustellen, wie dieses Haus, durch Zwischenwände verstellt, wohl ausgesehen haben mag. So wie es jetzt ist, ein übersehbarer, großzügiger Raum, habe ich es seit meinem ersten Treffen mit Miat in Erinnerung.

Miat: Hier, wo wir zwei sitzen, war schon immer mein Platz. Als Tembens zweite Frau hierher zog, lebte sie im hinteren Teil des Hauses. Ich sorgte dafür, daß sie sich nicht breitmachte, und wies ihr einen Platz an der hinteren Hauswand zu. Als sie dabei war, ihr erstes Kind zu gebären, saß ich hier, wo ich jetzt sitze. Ich drehte ihr den Rücken zu und begann ein Lied vor mich hin zu singen, mit den Beinen gab ich den Takt dazu, als würde ich tanzen. Viele Frauen waren da, um ihr bei der Geburt zu helfen. Doch es ging nicht voran. Sie hatte große Schmerzen. Schließlich schickten die Frauen nach Tembens Vater. Er kam und machte Zaubersprüche, um die Geburt voranzubringen. Es half alles nichts. Während sie Schmerzen hatte und alle besorgt waren, saß ich da, sang, lachte vor mich hin und rauchte Zigaretten, was ich sonst nie tat. Immer hatte ich ihr den Rücken zugewandt. Als die Dämmerung einbrach, legte ich meine Kinder schlafen und entfachte ein Feuer. Ich achtete darauf, daß es nicht zu groß wurde, damit nur ich etwas davon hatte, nur mein Platz hier erleuchtet war. Die Frau gebar noch immer nicht, und die Schmerzen nahmen zu. Da wandte sie sich an mich: »Hör auf damit, mir den Rücken

zuzuwenden, so kann ich mein Kind nie gebären. Hör auf!«
Schnippisch gab ich ihr zur Antwort: »Was geht mich dein
Kind an? Kindergebären tut weh, das ist nun mal so. Was
kann ich daran ändern?« Die Frau war verzweifelt und sagte
nichts mehr. Es war spät in der Nacht, als Tembens Vater zu
mir kam und mir einen Zweig Betel in die Hand legte. Er
bat mich, damit aufzuhören, die Geburt zu verhindern. Ich
nahm den Betel an. Es dauerte nicht lange, und die Frau gebar ihr Kind. Da sagten alle: »Miat versteht sich aufs Zaubern.« Das ist nicht wahr, ich kenne mich in der Zauberei
nicht aus.

Florence: Du kennst dich aber darin aus, jemandem den Rücken
zuzuwenden. Ist das nicht ebenso wirksam wie Zauberei?

Miat: Das hat die Frau auch gesagt. »Wenn du damit nicht auf-
hörst, werde ich sterben.« Es stimmt: Jemandem den Rük-
ken zuzuwenden ist ebenso wirksam wie Zauberei. *Pause.*
Auch jemanden aus dem Klan zu werfen ist wie ihm den
Rücken zuzuwenden.

Florence: Du denkst an deinen Bruder Piakna.

Miat: Ja, ihm ist das passiert.

Florence: Du weißt, was es heißt, wenn dir jemand den Rücken
zuwendet, und du weißt, was es heißt, wenn du jemandem
den Rücken zuwendest.

Miat: Ja, darin kenne ich mich aus.

Unser Gespräch ist zu Ende. Morgen wird für uns ein Ab-
schiedsessen stattfinden. Miat und ich stiften den Hahn, den wir
von unserem *wau* bekommen haben. Temben wird das Essen
zubereiten.

Am Abend schreibe ich das Gespräch auf. Miat hat einen
Weg gefunden, mit meiner Abreise so umzugehen, daß ich
weder die idealisierte, nur gute Frau bin, noch jene, von der sie
sich haßerfüllt abwenden muß. In der Erinnerung an die
schwierige Geburt der zweiten Frau Tembens ist die Lösung
enthalten. Miat erhält einen Zweig Betel vom alten Schwiegervater, der sie einst, am Tage ihrer Hochzeit, so sehr gekränkt

hat, und läßt sich bewegen, ihre distanzierte, ablehnende Haltung aufzugeben. Miat ist versöhnlich.

Ich habe Lust, Wein zu trinken, und gieße mir ein Glas Chianti ein. Ich genieße den etwas bitteren Geschmack. Ich lege mich auf die Matte und schaue in den hohen Dachstuhl. Ich stelle mir vor, wie es in Europa sein wird. Die Leute werden gespannt sein, keine Zeit haben, nicht wirklich neugierig sein, nur wissen wollen, was sie bereits wußten, und alle werden dauernd ihre Taten und Unterlassungen moralisch legitimieren. Ich wende mich an Milan und schildere, wie es im internationalen Flughafen Zürich-Kloten sein wird. Dem allen halte ich die Gesellschaft der Iatmul und Miat entgegen. Ich bin des Lobes voll und fahre solange fort, bis es Milan zuviel wird. »Was ist mit dir los? Wirst du etwa sentimental?« meint er trocken. Ich schweige. War ich nicht schon einmal soweit? Als ich mich über Miats Heftigkeit ärgerte und mir einen Abschied in Ruhe und Abgeklärtheit wünschte? Etwa im Stil: Zwei Frauen sagen einander bereichert und verständnisvoll auf Wiedersehen. Ist Sentimentalität unsere Art und Weise, mit Trennungen und Abschied umzugehen? Soll sie uns helfen, die Trauer zu umgehen? Ich denke an Miat. Wie geht sie damit um? Miat ist traurig und voll Gefühl, sentimental ist sie nicht.

Nach dem Frühstück hänge ich den Fotoapparat um. Milan und ich gehen ins Dorf. Die näheren Freundinnen und Freunde werden uns am Abend besuchen, von allen anderen wollen wir uns jetzt verabschieden. Als wir Miats Haus betreten, sitzt sie vor ihrer Feuerschale und bäckt eben einen Fladen. Vor einer anderen Feuerschale auf der gegenüberliegenden Seite sind Temben und Kaso beschäftigt. Sie braten die Fleischstücke in einer Pfanne an. Der aufsteigende Duft erinnert mich daran, daß wir seit Weihnachten kein Fleisch gegessen haben. Ich mache zuerst von den Kindern, dann von Miat und Temben Fotos. Die Sonne ist hell, und die Kontraste sind allzu hart. Als ich zum ersten Mal an den Sepik kam, waren Fotos den Leuten fremd, und sie fanden wenig Interesse daran. Das hat sich geänderte. Heute freuen sich alle über ein Bild. Ich darf keines der neun Kinder vergessen. Auch Kasoagwi, die mit ihrem Mann einige Häuser weiter wohnt, kommt vorbei.

Dann machen Milan und ich Besuche. Einige wollen nicht glauben, daß die Zeit unseres Aufenthaltes schon vorbei ist. Sie sagen: »Dabei hätte ich euch noch soviel zu erzählen gehabt.« »Ja, dann eben das nächste Mal«, antworten wir. Und nun will man hören, wann wir wiederkommen werden. Alle wissen, daß die Reise von der Schweiz nach Papua-Neuguinea teuer ist, und es leuchtet ihnen ein, wenn wir sagen, daß wir wiederkommen möchten, jetzt aber noch nicht sagen können, wann das sein wird. Bei einigen Leuten denke ich, daß ich sie nie wiedersehen werde. Keman spricht es aus: »Ich bin alt und krank, ich werde bald sterben. Wir müssen für immer Abschied nehmen.« Maringi aber ist wie immer zu Späßen aufgelegt, und der Abschied von ihm fällt leicht. Stunden später kehren wir zu Miat und Temben zurück. Das Essen schmeckt ebenso köstlich wie jenes am Heiligen Abend. Besuche kommen und gehen. Frauen bringen Geschenke: Taschen mit schönen Mustern, die ich zu Hause an meine Freundinnen weitergeben soll. Nachdem die Teller leer gegessen und weggestellt sind, legen uns Miat und Temben ans Herz zu schreiben, und Kaso erklärt uns, welche Turnschuhe er haben möchte. Wir versprechen, sie aus der Hauptstadt zu schicken. Dann will Temben wissen, ob Miat und ich auch heute noch ein Gespräch haben. »Selbstverständlich«, ist Miats Antwort. Das wirkt wie ein Zeichen, nach und nach verlassen alle das Haus, und wir bleiben alleine zurück.

Miat: Im See gab es heute morgen nur wenige Fische, doch im Netz, das ich geschenkt bekommen habe, hingen sechs *makau*.

Florence: Nun hast du nicht nur deine Reusen, sondern auch noch das Netz.

Miat fällt mir ins Wort: Und den Fischspeer und die Haken. Ich bin gut ausgerüstet. *Pause.*

Ich schaute mit Guse die Reusen nach. Da kam die Nach-

barsfrau in ihrem Kanu. Sie fragte uns: »Wollen wir zusammen Schilf schneiden, um einen neuen Platz für die Reusen zu schaffen? Wir waren einverstanden und besprachen, welcher Tag dafür am besten wäre. Ich schlug den Donnerstag vor, da kommen die Frauen mit viel Betel vom Markt zurück. Mit Betel geht die Arbeit leichter von der Hand. Das leuchtete den beiden ein, und wir verabredeten uns für Donnerstag. *Pause.*
Guse und ich sprachen darüber, wie viele Fische in unseren Reusen waren. Die Nachbarsfrau aber schwieg. Von der Seite warf ich schnell einen Blick in ihr Kanu und sah dort eine Menge Fische liegen. Ich dachte: »Weil sie sich so gut im Fischen auskennt, hat sie uns vorgeschlagen, mit ihr zusammen die Reusen auszulegen.«

Es ist das erste Mal, daß Miat davon spricht, daß eine andere Frau besser fischen kann als sie. Sie erlebt die Nachbarsfrau als zugewandt und um sie besorgt. Miat ist in ihrer Frauengruppe gut aufgehoben.

Miat: Gestern nachmittag nach unserem Gespräch ging ich nochmals zum See. Da sah ich, daß sich ein Haken, den Guse ausgelegt hatte, hin und her bewegte. Eine Schildkröte hing daran. Weit und breit war niemand zu sehen, ich hätte sie stehlen können. Ich nahm sie vom Haken und brachte sie Guse. Als heute früh ihr Mann hier vorbeiging, sagte er: »Du bist eine gute Frau, wie dich gibt es nicht viele.« Er hat recht. Hie und da habe ich große Lust, etwas zu stehlen, doch dabei bleibt es auch. Temben ist wie ich. Einmal hat ein Tourist seine Kamera im Zeremonialhaus liegengelassen. Temben trug sie ihm bis zum Schiff am Sepik nach.

Ich schaue auf meine Kamera, die neben mir auf der Truhe liegt. Ich denke daran, daß ich morgen abfahren werde. Immer wieder vergesse ich, daß die Iatmul den Abschied mit einer Sache, einem Gegenstand, leichter überbrücken.

Florence: Ich habe für dich zu Hause Geschenke bereit. *Miat lacht. In ihr Lachen sage ich:* Wenn du noch nie etwas gestohlen hast, dann heiße ich Miat.

Miat schlägt begeistert mit der flachen Hand auf mein Bein: Zum Beispiel habe ich einen zerbrochenen Spiegel aus Amuias Haus gestohlen. Ich habe übrigens mit der Schwiegertochter gesprochen. Ich stellte sie zur Rede und fragte, was sie gegen mich habe. »Gar nichts«, antwortete sie und meinte, eine andere Frau muß wohl die Türe zugenagelt haben. *Pause.*

Als Kind habe ich dauernd gestohlen. Ich habe sogar andere Kinder dazu angeleitet. Eines Tages habe ich den Kindern vorgeschlagen, die Melonen im Garten eines alten Mannes zu stehlen. Alle waren einverstanden, und wir machten uns auf den Weg. Während der Mann ahnungslos im vorderen Teil des Gartens arbeitete, aßen wir, hinter den Ranken der Yamspflanzen versteckt, eine Melone nach der anderen. Zufrieden und mit vollen Bäuchen kehrten wir ins Dorf zurück. Doch der Mann entdeckte den Diebstahl. Er sah am Boden die unzähligen schwarzen Kerne, die wir ausgespuckt hatten, und begriff. Er ging ins Zeremonialhaus und beklagte sich. Daraufhin beschlossen die Männer, uns eine Lektion zu erteilen. Alle Kinder, auch jene, die nichts mit der Sache zu tun hatten, mußten sich in einer Linie vor dem Zeremonialhaus aufstellen. Jedes wurde einzeln hineingerufen und geschlagen. Ich kam als Anführerin zuletzt dran, und mich prügelten sie besonders stark. Dann schickten sie mich weg. Und als ich schon dabei war, auf den offenen Platz hinauszutreten, drehte ich mich um und schrie den versammelten Männern zu: »Ihr seid alle Dreckskerle!« So schnell ich nur konnte, lief ich davon und versteckte mich im Wald. *Pause.*

Und als ich schon eine junge Frau und in Temben verliebt war, stahl ich noch immer. Einmal schlug ich meinen Freundinnen vor, in Tembens Garten Mais zu stehlen. Weil ich ihn liebte, wollte ich ihn bestehlen. Wir rösteten die Maiskolben in der Glut und aßen uns voll. Auf dem Heimweg ins Dorf kam uns Temben entgegen, da versteckten wir uns schnell im hohen Gras. *Pause.*

Manchmal, wenn wir Melone aßen, warf ich ein Stück weg und sagte: »Das ist für Temben.« Die Kinder lachten mich wegen meiner Verliebtheit aus. *Pause.*

Das ist unser letztes Gespräch. Die ganze Zeit habe ich dir von mir erzählst. Was werde ich dir erzählen, wenn du wiederkommst?

Am Abend kommen Kinembe, Pamdaua, ihre vier Kinder, Temben, Miat und Paswat. Ich verteile Geschenke. Und während Milan und ich die letzten Sachen zusammenpacken, unterhalten sich unsere Gäste. Hie und da sagt jemand, wie still es nun am Sepik wird, wenn wir weg sind. Zum Schluß hält Temben eine Rede. Er sagt, wie sehr sich alle über unseren Aufenthalt gefreut haben, daß sie uns eine gute Reise zurück in die Schweiz wünschen und daß wir wiederkommen sollen. Hier sei unsere zweite Heimat. Die Frauen nicken ihm beistimmend zu. Dann stehen alle auf, nehmen die Geschenke mit und gehen in die Nacht hinaus.

Am nächsten Morgen stehen wir um fünf Uhr auf. Temben meinte, daß wir bei Anbruch des Tages wegfahren sollten, um die Regierungsstation noch vor dem Abend zu erreichen. Milan und ich trinken unseren Kaffee. Wir packen die letzten Dinge zusammen und sind fertig, als Miat und Temben kommen. Das Gepäck ist schnell ans Ufer getragen.

Miat und ich bleiben allein im Haus zurück. Während ich mich im leeren Haus umsehe, läßt sich Miat, an die hintere Wand gelehnt, in der Hocke nieder. Schweigend und in Gedanken verloren überschaut sie den Raum. Dann blickt sie mich an, steht auf, nimmt meine Tasche und hängt sie um. Sie geht die Treppe hinunter voran zum Sepik. Mehrere Leute haben sich oben am Ufer versammelt. Während Temben Anweisungen gibt, wie das Kanu beladen werden soll, rauchen Miat und ich eine Zigarette. Temben gibt das Zeichen zum Einsteigen. Ich umarme Kinembe und Pamdaua. Goli gibt mir einen Kuß. Miat steigt als einzige mit mir zum Kanu hinunter. Sie gibt mir meine Tasche und bleibt stehen. Jetzt umarme ich sie. Wir halten uns die Hand. Temben stellt den Motor an, ein Junge stößt das Kanu vom Ufer ab. Miat geht in die Hocke, und ich sehe Tränen in ihren Augen. Nun hebt sie die Hand, die sie sich vors Gesicht gehalten hat, hoch und winkt. Ich schaue zurück, solange ich sie sehen kann.

Glossar

Personen

Die Namen der meisten Personen sind geändert worden.

Miat: ca. 50jährige Frau.

Temben: Miats Mann, etwas über 50 Jahre alt.

Kinder von Miat und Temben, fünf Mädchen und sechs Knaben:

    Kwaigambu: 23jährige Tochter, verheiratet. Lebt mit ihrem Mann und ihrem Sohn in einer Küstenstadt.

    Kasoagwi: 21jährige Tochter, verheiratet, eine Tochter.

    Kaso: 18jähriger Sohn, initiiert.

    Wundan: 16jähriger Sohn, initiiert.

    Pengal: 14jähriger Sohn.

    Tagendaua: 12jährige Tochter.

    Tiri: 10jährige Tochter.

    Kambel: 8jähriger Sohn.

    Wuren: 6jährige Tochter.

    Tagendemi: 4 ½jähriger Sohn.

    Paswat: 2 ½jähriger Sohn.

Nagwan: Miats Vater, der vor vier Jahren starb.

Amuia: Miats Stiefmutter.

Piakna: Miats Bruder, der vor vier Jahren starb.

Asagame: Miats Bruder, lebt seit vielen Jahren in einer Küstenstadt.

Kinembe und Pamdaua: Zwei Frauen des verstorbenen Piakna, Miats Bruder.

Turi und Guse: Zwei Freundinnen Miats, mit denen sie täglich auf dem See fischt.

Weitere Frauen, Männer und Kinder des Dorfes.

Orte

Papua-Neuguinea (Papua New Guinea), Insel im südwestlichen Pazifik. 3,01 Mio. Einwohner (1980); Hauptstadt Port Moresby; seit 1975 unabhängig; Regierungsform: parlamentarische Monarchie im Rahmen vom British Commonwealth. Währung: Kina = 100 Toea (1986 K 1,– = DM 2,70).

Papua-Neuguinea ist nach Grönland die größte Insel der Erde. Sie wird in über 2000 km Länge von einem Zentralgebirge durchzogen, das im Westteil bis über 5000 m Höhe erreicht.

Ein *Iatmul-Dorf* von 300 Einwohnern. Es liegt gut eine halbe Wegstunde vom Fluß entfernt. Alle Häuser stehen auf Pfählen, da der Fluß während der Regenzeit ansteigt und die ganze Landschaft unter Wasser steht.

Die Bevölkerung

Die Iatmul leben im Nordosten des Landes; an den Ufern des Sepikflusses in einer topfebenen Landschaft, in der es mehr Wasser und Sumpf als festen Boden gibt, bauen sie ihre Dörfer.

Bis in die 30er Jahre hatten die Iatmul wenig Kontakte mit den weißen Kolonisatoren. Dann wurden junge Männer als Arbeitskräfte für die Plantagen an den Küsten rekrutiert. Heute lebt ein Großteil der Bevölkerung in städtischen Siedlungen. Nur dort können Kinder in weiterführende Schulen geschickt werden, nur dort kann regelmäßig Geld verdient werden, nur dort ist eine Partizipation an der modernen Entwicklung des Landes möglich. Zur Situation der Iatmul in den Städten *(vgl. Weiss 1991).*

Die Iatmul sind weltweit für ihre kreativen künstlerischen Fähigkeiten bekannt, ihre Schnitzereien sind die Zierde europäischer und amerikanischer Museen und Galerien.

Die Ökonomie

Grundlage der Ernährung sind Fisch, Gartenprodukte und das stärkehaltige Mehl der Sagopalme, das bei einem Nachbarvolk eingetauscht wird. Im Bereich der Ökonomie gibt es die beiden Berufe der Fischerin und des Handwerkers. Die Frauen beschaffen über 80 % der Nahrung, die Männer bauen die Häuser und Kanus.

276

Bis zur Kolonisierung lebten die Iatmul von dem, was sie sich aus ihrer natürlichen Umwelt aneignen oder mit Nachbarn tauschen konnten. Heute spielt Geld für die tägliche Ernährung immer noch eine untergeordnete Rolle. Doch industriell hergestellte Waren sind ein Bestandteil des Alltagslebens geworden, sie können nur gegen Geld erworben werden.

Die Zeit

Die Gespräche finden im Jahre 1986 während der Niedrigwasserzeit statt. Der Fischfang ist gut. In zwei Nachbardörfern finden Initiationen für die jungen Männer statt. Ein alter Mann stirbt.

Das Klima

Es ist feucht und heiß. Hin und wieder fallen kurze, aber heftige tropische Regen. Die Mücken sind vor allem bei Anbruch der Dunkelheit eine Plage.

Die sprachliche Situation

Alle Iatmul sprechen zwei Sprachen, das Iatmul und das *Melanesische Pidgin*, die Lingua Franca *Papua-Neuguineas*. Ausgenommen davon sind kleine Kinder und alte Leute, die das Pidgin nicht beherrschen. Die Gespräche mit Miat werden in Pidgin geführt, das sie wie ihre Muttersprache spricht. (Zum Verhältnis von Sprache und Geschlecht *vgl. Weiss, 1987a.*)

Verwandtschaftsbegriffe, religiöse und mythologische Ausdrücke und die Namen von Tieren und Pflanzen nennt sie stets in Iatmul, da sie präziser sind als die Pidginausdrücke.

Die kursiv geschriebenen Wörter sind Iatmul- und Pidginausdrücke.

Die Gespräche

Jeden Tag findet ein einstündiges Gespräch statt. Dazu treffen wir uns entweder bei Miat zu Hause oder im Haus ihrer Stiefmutter, die in die Stadt zu Besuch gefahren ist, nur wenige Gespräche finden in meinem Haus statt. In der Regel sind wir alleine, ausnahmsweise ist manchmal ein kleines Kind Miats dabei.

Dank

Für die Durchsicht des Manuskripts und für kritische Diskussionen danke ich: Paul Parin, Goldy Parin-Matthèy, Marco Morgenthaler, Ines Savini, Manù Hophan und Anna Katherina Ulrich.

Die Fritz Sarasin-Stiftung hat durch ihre großzügige finanzielle Unterstützung meine Forschung in Papua-Neuguinea möglich gemacht.

Kommentierte Bibliographie

Ethnologische Bibliographie

Ein knappe, dennoch umfassende Einführung in die gesellschaftlichen Verhältnisse der Iatmul findet sich in *Weiss, 1981: 31–78* (A. Die natürliche Umgebung, B. Die Dorfgemeinschaft, C. Das Verwandtschaftssystem, D. Grundzüge des ökonomischen Systems, E. Die Einflüsse der Kolonisierung).

Bateson, 1932: 245–291, 401–453, kann auch als eine Einführung dienen, ist jedoch weniger systematisch angeordnet und länger; bringt sehr wenig über den Alltag und die ökonomischen Tätigkeiten, dafür mehr über die Kultur im engeren Sinn, d.h. die Denkformen, die kultischen Gesänge, die Semantik der gesellschaftlichen Gliederung.

Das Wirtschaftssystem

Einen Überblick über alle Typen der Arbeiten und ihre Verzahnung bietet *Weiss, 1981: 213–308.*

Hauser, 1977: 21–37, macht quantitative Angaben über den Fischfang, den zentralen weiblichen Produktionsbereich (den zentralen männlichen Bereich stellt das Handwerk dar). Die Tauschbeziehungen mit den Sagomehl produzierenden Dörfern der Sawos beschreiben *Schindlbeck, 1980: 154–248,* und *Hauser, 1977: 38–63,* wieder mit quantitativen Angaben (über die Mengen von Sago und Fisch).

Das Basler Völkerkundemuseum besitzt eine reiche Sammlung der Iatmul-Produkte; in Zusammenhang mit dieser Sammlung wurde ein Dokumentationsprojekt (mit Unterstützung des Schweizerischen Nationalfonds) durchgeführt. Ein Teil der Ergebnisse wurde in einer systematischen Darstellung des ökonomischen Systems der Iatmul veröffentlicht, die jeden einzelnen Produkttypus berücksichtigt und abbildet. (Ein anderer Teil des Projekts befaßt sich mit der gegenständlichen Welt des Rituals.)

In einem gemeinsamen Artikel haben Maya Nadig und Florence Weiss die Situation der Ethnologin an zwei kontrastierenden Beispielen analysiert: Probleme der Feldforschung in einer klassenlosen Gesellschaft und in einer Klassengesellschaft – *Weiss, 1976: 37–68.*

Stanek, 1983: Teil 1, beschreibt die ersten flüchtigen Kontakte der Iatmul mit den deutschen Expeditionen, dann die Etablierung der australischen Verwaltung im Gebiet des Sepikflusses; und die am Ende der 60er Jahre einsetzende Umwandlung der kolonialen Verwaltungsstruktur in eine sogenannte nationale, ohne daß der repressive Charakter dieser Einrichtung sich gewandelt hätte.

Seit den 20er Jahren wurden die Iatmul als Arbeitskräfte auf den Plantagen und in den Kolonialstädten verwendet. *Weiss, 1982: 151–168,* zeigt auf, auf welche Weise die dorfinternen Konflikte und die kulturspezifischen Konfliktlösungsmodelle der Iatmul mit der neuen kolonialen Situation verknüpft sind. Nicht nur die Abwanderung selbst und die Einstellungen der Iatmul werden beschrieben, sondern auch der widersprüchliche Umgang der Ethnologin mit den Auswirkungen der Kolonialgeschichte.

Das Verwandtschaftssystem

Eine Darstellung der semantischen Strukturen der iatmulischen Verwandtschaft (unter Berücksichtigung der früheren Forschungen und Analysen) sowie des funktionellen Zusammenhangs zwischen dem Verwandtschaftssystem und der Mythologie finden sich in *Stanek, 1983: Teile 2 und 3.*

Die geschlechtsspezifischen Rollen

Margaret Mead braucht in ihren Schriften oft das Beispiel der Iatmul, deren Kultur sie zum Teil aus eigener Erfahrung, vor allem aber aufgrund der Forschungen von Gregory Bateson kennt. Es handelt sich immer nur um kurze, fragmentarische Verhaltensbeschreibungen, die dem Verhalten eines anderen Volkes gegenübergestellt werden; die zahlreichsten Angaben über die Iatmul finden sich in ihrem berühmten Buch *Mann und Weib (Reinbek 1958).*

In Batesons Analyse der Iatmul-Kultur, die in enger Zusammenarbeit mit Mead entstanden ist, spielt der Kontrast zwischen dem männlichen und dem weiblichen Charakter eine zentrale Rolle *(Bateson, 1936; 123–197).* Er beschreibt die geschlechtsspezifischen Lebensstile und bestimmt in groben Zügen die geschlechtsspezifischen Persönlichkeitsstrukturen.

Hauser, 1977, beschreibt die Stellung der Frau in verschiedenen Bereichen des gesellschaftlichen Lebens: die Produktion, die Ehe und die

Schwägerschaftsbeziehungen, die Zauberei, die Kopfjagd und die Mythologie.

Weiss, 1989: 77–87, schildert, welche Stellung die Frau in der Iatmul-Gesellschaft während ihrer Schwangerschaft und in der Zeit unmittelbar nach der Geburt ihres Kindes einnimmt.

Die Stellung des Kindes

Weiss, 1981, ist eine breit angelegte Untersuchung der Kinderwelt. Den Ausgangspunkt bilden authentische Schilderungen der Kinder, die im Wortlaut wiedergegeben sind und einen Einblick in die verschiedensten Bereiche ihres Alltags ermöglichen. Der analytische Teil des Buches befaßt sich mit der Beteiligung der Kinder an den Arbeiten der Erwachsenen oder mit ihren autonomen produktiven Unternehmungen. In *Weiss, 1993: 96–153,* werden die Ergebnisse dieser Arbeit in ihren analytischen Hauptlinien zusammengefaßt.

Das Ritual

Bateson, 1936, konzentriert sich auf die Beschreibung des transvestitischen Rituals *naven* und versucht seine Besonderheit im Zusammenhang mit dem gesamtkulturellen Verhaltens- und Denksystem zu sehen. Diese bedeutende Arbeit wurde 1971 auch in französischer Übersetzung veröffentlicht.

Stanek, 1983: Teile 3 und 4, bringt neue Beschreibungen der *naven*-Rituale und ihrer Struktur; stellt eine Übersicht über die Formen des rituellen Transvestitismus außerhalb des *naven* zusammen und bestimmt seine Stellung in der Schwägerschaftsbeziehung zwischen zwei Verwandtschaftsverbänden.

Weiss, 1995 zeigt auf, daß im Gegensatz zu Batesons *naven*-Darstellung die Frauen eine zentrale Rolle in diesem Ritual einnehmen.

Wassmann, 1982, veröffentlicht eine lange Reihe der kultischen Gesänge in der Originalsprache und in deutscher Übersetzung und versucht, den extrem schwierigen, esoterischen Inhalt zu entziffern.

Stanek, 1977: 52–57, beschreibt den äußeren Ablauf und die Stimmungen eines Kanueinweihungsfestes, einer der typischen Gelegenheiten – neben dem Totenritual und dem Fest zum Abschluß des großen Initiationsrituals –, bei denen die kultischen Gesänge vorgetragen werden.

Spearritt, 1979, analysiert die Musikformen der Iatmul, besonders die Trommelrhythmen und die Flötenmelodien, die einen integralen Bestandteil aller bedeutenderen Rituale bilden.

Schuster, 1969: 140–159, berichtet über den mythologischen Hintergrund der Töpferei in Aibom; *Schuster, 1973: 475–491,* über die rituellen Aspekte der Dorfanlage.

Die Mythologie

Mythische Erzählungen der Iatmul werden in *Schuster, 1965 und 1969; Hauser, 1977; Wassmann, 1982; Stanek, 1982 und 1983,* wiedergegeben.

Die größte Anzahl der Mythen ist in *Stanek, 1982,* zu finden, es handelt sich jedoch nicht um eine gewöhnliche Mythensammlung. Der Autor beschreibt auf eine literarische Weise seine Beziehungen zu den Iatmul-Partnern und zeigt unter Anwendung psychoanalytischer Gesichtspunkte, wie die Mythenerzählung mit der Beziehungsentwicklung zusammenhängt. Die Konzeption des Buches ist aus der gemeinsamen Arbeit erwachsen, die er zusammen mit Fritz Morgenthaler und Marco Morgenthaler und Florence Weiss 1979/1980 in Palimbei unternahm.

Die Sprache

Knappe Angaben über die Iatmul-Sprache finden sich in *Laycock, 1965,* in *Staalsen, 1971,* der erste Versuch, die Satzkonstruktion zu beschreiben. Das Wörterbuch, das Staalsen zusammengestellt hat, wurde noch nicht veröffentlicht, desgleichen die Arbeiten Staneks über die Iatmul-Sprache.

Mihalic, 1971, ist ein Lehrbuch des Melanesischen Pidgin, das seine Grammatik auf eine praktische Art und Weise darstellt und ein Wörterbuch enthält. *Stanek, 1979,* skizziert die Geschichte und die Verbreitung des Pidgin und seine Bedeutung in Papua-Neuguinea und für die Iatmul.

Die Kolonialgeschichte

Curtain, 1978, enthält einerseits authentische Schilderungen von älteren Männern über ihre Erfahrungen in den ersten Jahrzehnten der Arbeiteranwerbung für die Plantagen; andererseits einen authentischen Bericht eines australischen Arbeiteranwerbers, der die terroristischen Methoden, die damals angewendet wurden, offen beschreibt.

Townsend, 1968, sind Memoiren des australischen Kolonialbeamten, der die erste Regierungsstation im Gebiet des Sepikflusses aufgebaut hat. Mit brüsker Offenheit schildert er, wie das Gebiet erobert wurde und wie die Abschaffung der Kopfjagd mit Hilfe von Erhängungen vor sich ging.

Behrmann, 1922, sind Memoiren eines deutschen Geographen, der 1912/1913 als Mitglied einer großen Expedition eineinhalb Jahre im Sepikgebiet verbracht hat. Er legt seinen imperialistischen Standpunkt dar, vermittelt ein gutes Bild über die Ziele und Tätigkeiten der deutschen Expedition. Über die Völker, mit denen er in Berührung kam, kann er jedoch nur wenige und schematische Angaben machen.

Amarshi, 1979, ist die einzige Arbeit, die bemüht ist, die Stellung des Staates Papua-Neuguinea im internationalen Gefüge der ökonomischen und der machtpolitischen Interessen zu sehen und die internen Widersprüche zu analysieren. *Downs, 1980,* beschreibt die Rekonstruktion der kolonialen Ordnung in der Nachkriegszeit und den Übergang zur Unabhängigkeit.

Wer sich für die Auffassungen interessiert, die die internationalen Techno- und Bürokraten über Papua-Neuguinea hegen, der nehme den einschlägigen *Weltbank-Report* zur Hand.

In *Weiss, 1994a; 1994b,* wird dargestellt, welche Veränderung die Kolonisierung auf das Verhältnis der Geschlechter hatte.

Das Geschlechterverhältnis

Weiss, 1995, stellt das Geschlechterverhältnis bei den Iatmul erstmals umfassend dar. Es wird aufgezeigt, welche Zugangsmöglichkeiten und welche Verfügungsmacht Frauen und Männer über gesellschaftliche Ressourcen und Prozesse im Bereich der sozialen Organisation, der Ökonomie und des Rituals haben. Zudem wird auf die ideologischen Konstruktionen eingegangen, und es wird dargelegt, wie die Iatmul selbst das Geschlechterverhältnis erleben.

Literatur

Amarshi, A. / Good, K. / Mortimer, R.: 1979. *Development and dependency. The political economy of Papua New Guinea.* Melbourne: Oxford University Press.

Bateson, G.: 1932. Social structure of the Iatmul people of the Sepik River. *Oceania* 2: 245–291, 401–453.

Bateson, G.: (1936) 1958. *Naven. A survey of the problems suggested by a composite picture of the culture of a New Guinea tribe drawn from three points of view.* Stanford, California: Stanford University Press.

Behrmann, W.: 1922. *Im Stromgebiet des Sepik. Eine deutsche Forschungsreise nach Neuguinea.* Berlin: August Scherl.

Curtain, R.: 1978. Labour migration from the Sepik. *Oral History 6:* 10–85. Papua New Guinea.

Devereux, G.: *Angst und Methode in den Verhaltenswissenschaften.* München.

Downs, I.: 1980. *The Australian Trusteeship Papua New Guinea 1945–75.* Canberra: Australian Government Publishing Service.

Erdheim, M.: 1982. *Die gesellschaftliche Produktion von Unbewußtheit.* Frankfurt a. M.

Hauser-Schäublin, B.: 1977. *Frauen in Kararau. Zur Rolle der Frau bei den Iatmul am Mittelsepik, Papua New Guinea.* Basler Beiträge zur Ethnologie. Basel: Wepf.

Laycock, D.: 1965. The ndu-language family (Sepik-District, New Guinea). *Pacific Linguistics C* 1: 1–250.

Mead, M.: (1949) 1950. *Male and female: A Study of the sexes in a changing world.* New York: Morrow.

Mihalic, F.: 1971. *The Jacaranda dictionary and grammar of Melanesian Pidgin.* Australia: The Jacaranda Press.

Morgenthaler, F.: 1975. Reflex-Modernization in Tribunal Societes, in: Oliver, P. (Hg.): *Shelter, Sign and Symbol.* London: Barrie & Jenkins.

Morgenthaler, F.: 1978. *Technik. Zur Dialektik der psychoanalytischen Praxis.* Frankfurt a. Main.

Morgenthaler, F. / Weiss, F. / Morgenthaler, M.: 1984. *Gespräche am sterbenden Fluß. Ethnopychoanalyse bei den Iatmul in Papua-Neuguinea.* Frankfurt a. Main: Fischer TB. Franz. Übersetzung mit einem Vorwort von George Balandier. 1987. *Conversations au bord du fleuve mourant. Ethnopsychoanalyse chez les Iatmouls de Papouasie/Nouvelle-Guinée.* Genf: Zoé.

Nadig, M.: 1986. *Die verborgene Kultur der Frau. Ethnopsychoanalytische Gespräche mit Bäuerinnen in Mexiko.* Frankfurt a. Main: Fischer TB.

Parin, P. / Morgenthaler, F. / Parin-Matthèy, G.: 1963. *Die Weißen denken zuviel.* Zürich. Atlantis Verlag. Die 3. überarbeitete dt. Auflage (1983) enthält eine ausführliche Bibliographie zur Ethnopsychoanalyse. Frankfurt a. Main: Fischer TB.

Parin, P. / Morgenthaler, F.: 1969. Ist die Verinnerlichung der Aggression für die soziale Anpassung notwendig? In: A. Mitscherlich (Hg.): *Bis hierher und nicht weiter.* München 1974.

Parin, P. / Morgenthaler, F. / Parin-Matthèy, G.: 1971. *Fürchte deinen Nächsten wie dich selbst. Psychoanalyse und Gesellschaft am Modell der Agni in Westafrika.* Frankfurt a. Main

Parin, P. / Morgenthaler, F. / Parin-Matthèy, G.: 1975. *La méthode psychoanalytique au service de la recherche ethnologique.* Paris: Connexions, 15.

Parin, P. / Parin-Matthèy, G.: 1978. Der Widerspruch im Subjekt. Die Anpassungsmechanismen des Ich und die Psychoanalyse gesellschaftlicher Prozesse, in: *Provokation und Toleranz,* Festschrift f. A. Mitscherlich, Frankfurt a. Main.

Schindlbeck, M.: 1980. *Sago bei den Sawos (Mittelsepik, Papua New Guinea). Untersuchungen über die Bedeutung von Sago in Wirtschaft, Sozialordnung und Religion.* Basler Beiträge zur Ethnologie. Basel: Wepf.

Schuster, M.: 1965. Mythen aus dem Sepik-Gebiet, in: *Festschrift Alfred Bühler,* S. 349–384. Basel.

Schuster, M.: 1969. Die Töpfergottheit von Aibom. *Paideuma 15:* 140–159.

Schuster, M.: 1973. Zur Dorfgeschichte von Soatmeli, in: *Festschrift zum 65. Geburtstag von Helmut Petri,* hg. von K. Tauchmann, S. 475–491. Köln, Wien.

Spearritt, G.: 1979. *The music of the Iatmul people of the Middle Sepik River (Papua New Guinea) with special reference to instrumental music at Kandangai and Aibom.* Brisbane: PhD Thesis, University of Queensland.

Staalsen, P.: 1971. Clause relationsahiops in Iatmul. *Pacific Linguistics* A7: 69–76.

Stanek, M.: 1977. Vara kwangu – Le baptème de la pirogue, in: *Musique et Sociétés,* eds. Lichtenhahn, E. / Borel F., S. 52–57. Neuchâtel: Musé d'ethnographie.

Stanek, M.: 1979. Das Melanesische Pidgin. *Vaterland 190.* Luzern.

Stanek, M.: 1982. *Geschichten der Kopfjäger.* Köln: Eugen Diederichs.

Stanek, M.: 1983. *Sozialordnung und Mythik in Palimbei. Bausteine zur ganzheitlichen Beschreibung einer Dorfgemeinschaft der Iatmul, East Sepik Province, Papua New Guinea.* Basler Beiträge zur Ethnologie, Vol. 23. Basel: Wepf.

Townsend, G. W. L.: 1968. *District Officer. From untamed New Guinea to Lake Success, 1921–1946.* Sydney.

Wassmann, J.: 1982. *Der Gesang an den Fliegenden Hund. Untersuchungen zu den totemischen Gesängen und geheimen Namen des Dorfes Kandengei am Mittelsepik (Papua New Guinea) anhand der kerugu-Knotenschnüre.* Basler Beiträge zur Ethnologie. Basel: Wepf.

Weiss, F. / Nadig, M.: 1976. Probleme der Feldforschung in einer klassenlosen und einer Klassengesellschaft. Eine vergleichende Auseinandersetzung mit Erfahrungen in einem neuguinensischen und einem mexikanischen Dorf, in: *Probleme der Feldforschung aus der Sicht junger Ethnologen. Bulletin der Schweizerischen Ethnologischen Gesellschaft, Sondernummer,* Savary, C. (Hg.), S. 37–68, Genève: Musée d'ethnographie.

Weiss, F.: 1979. *The Iatmul People of Papua New Guinea.* Boroko Papua New Guinea: National Cultural Council.

Weiss, F.: 1981. *Kinder schildern ihren Alltag. Die Stellung des Kindes im ökonomischen System einer Dorfgemeinschaft in Papua New Guinea (Palimbei, Iatmul, Mittelsepik).* Basler Beiträge zur Ethnologie, Vol. 21. Basel: Wepf.

Weiss, F.: 1982. Abwanderung in die Städte. Der widersprüchliche Umgang mit kolonialen Ausbeutungsstrategien: Die Iatmul in Papua-Neuguinea, in: *Urban-Ethnologie. Ethnologia Helvetica 6,* hg. von Centlivres-Demont, M., S. 151–168. Bern: Schweizerische Ethnologische Gesellschaft. (Reprint) 1990, in: *Menschen in Bewegung. Reise – Migration – Flucht,* hg. von Baer, G. / Hammacher, S. Basel: Birkhäuser.

Weiss, F.: Schwangerschaft, Geburt und die Zeit danach. Die Iatmul in Papua-Neuguinea, in: *Die Geburt aus ethnomedizinischer Sicht,* Curare Sonderband No. 1, hg. von Schiefenhövel, W. / Sich, D., S. 127–130. Braunschweig/Wiesbaden: Vieweg.

Weiss, F.: 1987. Sprache und Geschlecht bei den Iatmul in Papua-Neuguinea. Untersuchungen zum Verhältnis von ethnologischer Forschung und Sprachgebrauch, in: *Oralité. A propos du passage de l'oral à l'écrit,* Ethnologa Helvetica 11, hg. von Schlechten, M., S. 151–188. Bern: Schweizerische Ethnologische Gesellschaft.

Weiss, F.: 1989. Mutterschaft und frühe Kindheit bei den Iatmul in Papua-Neuguinea, in: *Der Weg ins Leben. Mutter und Kind im Kulturvergleich,* hg. von Kroeber-Wolf, G. S. 77–87. Frankfurt a. Main: interim 8, Museum für Völkerkunde.

Weiss, F.: 1990. The Child's Role in the Economy of Palimbei, in: *Sepik Heritage. Tradition and Change in Papua New Guinea,* hg. von Lutkehaus, N. u. a., Carolina Academic Press.

Weiss, F.: 1991. Frauen in der urbanethnologischen Forschung, in: *Ethnologische Frauenforschung. Ansätze, Methoden, Resultate,* hg. von Hauser-Schäublin, B., S. 250–281. Berlin: Reimer.

Weiss, F.: 1993. Von der Schwierigkeit über Kinder zu forschen. Die Iatmul in Papua-Neuguinea, in: *Kinder: ethnologische Forschungen in fünf Kontinenten,* hg. von Loo, M. van de / Reinhart, M., S. 96–153. München: Trickster.

Weiss, F.: 1994 a. Die Unterdrückung der Fraueninitiation. Zum Wandel des Ritualsystems der Iatmul, in: *Geschichte und mündliche Überlieferung in Ozeanien,* hg. von Hauser-Schäublin, B., S. 237–259. Basler Beiträge zur Ethnologie, Vol. 37. Basel: Wepf.

Weiss, F.: 1994 b. Die Beziehung als Kontext der Datengewinnung. Ethnopsychoanalytische Gesichtspunkte im Forschungsprozeß, in: *Vielstimmiges Gedächtnis. Beiträge zur Oral History,* hg. von Spuhler, G. et al., S. 23–47. Zürich: Chronos.

Weiss, F.: 1995. Zur Kulturspezifik der Geschlechterdifferenz und des Geschlechterverhältnisses. Die Iatmul in Papua-Neuguinea, in: *Das Geschlechterverhältnis als Gegenstand der Sozialwissenschaften,* hg. von Becker-Schmidt, R. / Knapp, G., S. 47–84. Frankfurt a. Main: Campus.